北京物资学院青年博士精品学术专著出版资助项目

贸易成本、二元边际与中国农产品出口升级研究

张 静 著

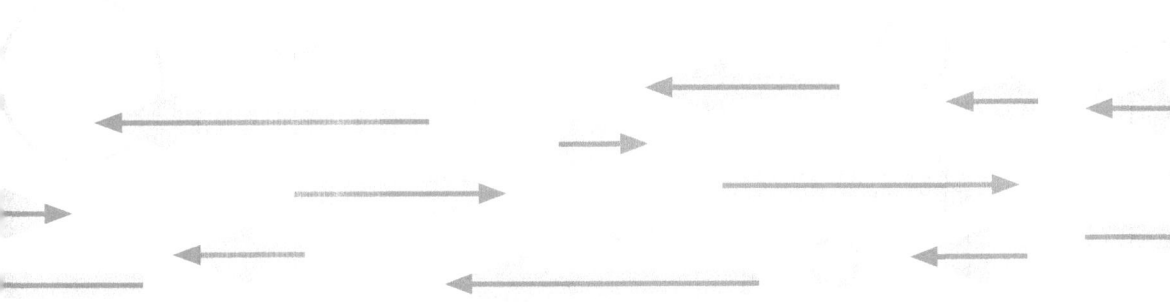

首都经济贸易大学出版社
Capital University of Economics and Business Press
·北京·

图书在版编目（CIP）数据

贸易成本、二元边际与中国农产品出口升级研究/张静著.
--北京：首都经济贸易大学出版社，2020.11
ISBN 978-7-5638-3147-0

Ⅰ.①贸… Ⅱ.①张… Ⅲ.①农产品贸易—国际贸易—研究—中国 Ⅳ.①F752.652

中国版本图书馆 CIP 数据核字（2020）第 209176 号

贸易成本、二元边际与中国农产品出口升级研究
MAOYI CHENGBEN ERYUAN BIANJI YU ZHONGGUO
NONGCHANPIN CHUKOU SHENGJI YANJIU
张　静　著

责任编辑	刘元春
封面设计	风得信·阿东 FondesyDesign
出版发行	首都经济贸易大学出版社
地　　址	北京市朝阳区红庙（邮编 100026）
电　　话	（010）65976483　65065761　65071505（传真）
网　　址	http://www.sjmcb.com
E-mail	publish@cueb.edu.cn
经　　销	全国新华书店
照　　排	北京砚祥志远激光照排技术有限公司
印　　刷	北京建宏印刷有限公司
开　　本	710 毫米×1000 毫米　1/16
字　　数	242 千字
印　　张	13.75
版　　次	2020 年 11 月第 1 版　2020 年 11 月第 1 次印刷
书　　号	ISBN 978-7-5638-3147-0
定　　价	45.00 元

图书印装若有质量问题，本社负责调换
版权所有　侵权必究

序 言

企业异质性理论模型指出，不同企业生产率具有差异性，且一国的出口扩张主要沿着两个边际实现——基于出口数量增长的集约边际和基于出口种类增加的扩展边际。改革开放以来，中国农产品贸易发展迅速，那么中国农产品出口增加依赖扩展边际还是集约边际？与世界其他国家相比，中国人口稠密，农业生产条件有限，此种条件下中国与贸易伙伴国的双边农产品贸易成本如何？双边农产品贸易成本又是如何影响中国农产品出口的二元边际？随着经济全球化的不断加深，中国要实现世界强国的目标，就必须重视农产品发展，实现农产品"走出去"，而实现这一目标就要求企业提高农产品出口质量，促进农产品出口升级。那么中国农产品二元边际对农产品出口升级有何种作用？中国该如何实现农产品出口升级呢？

本书主要研究贸易成本、二元边际与中国农产品出口升级，力求把握贸易成本理论与二元边际理论的最新动向，结合企业异质性理论对三者关系进行研究，通过理论与实证分析相结合，验证贸易成本对二元边际的影响以及二元边际对中国农产品出口升级的影响。

本书共分为9章，其中第1、第2章介绍了本书的研究背景、研究意义、研究方法及理论框架，并整理归纳了相关理论基础与文献综述，作为本书进一步推演和创新的基础。第3章为中国贸易体制及农产品贸易发展。首先梳理中华人民共和国成立以来中国的外贸政策演变，对中国农产品贸易发展进行分析；其次分析我国农产品出口的现实特征。第4章为中国农产品贸易成本测算及分析。先介绍贸易成本测度方法，从中选取合适的方法，再测算中国与贸易伙伴国双边农产品贸易成本、固定贸易成本、可变贸易成本，并对结果进行分析。第5章为中国农产品出口的二元边际分解。首先对中国农产品出口结构进行分析；其次介绍二元边际的分解方法，选取HK法对我国农产品出口边际进行分解，将其分解为扩展边际和集约边际；最后指出中国农产品出口增长的二元边际约束。第6章为贸易成本对贸易边际的影响：理论分析。首先从市场需求理论出发，结合国内企业的生产者行为、国外市场的消费者行为，在考虑企业出口生产率门槛的基础上实现供求市场的一般均衡，通过理论推导构建贸易成本影响二元边际的理论框架，系统分析贸易成本对二元边际的影响；其次分析固定贸易成本对二元边际的影响，在企业维度运用生产率临界值效应模型分析，在市场维度运用目的国收入门槛效应模型分析；最后分析可变贸易成本对二元边际的影响机理。第 7 章为贸易成本对中国农产品出口二元边际的影响：实证检验。首先将前面推导的贸易成本对贸易边际影响的理论模型转化为实证模型，进而探讨贸易成本对我国农产品出口二元边际的影响；最后对模型进行稳健性检验，确保回归结果的有效性。第 8 章为出口边际对中国农产品出口升级的影响。首先从贸易结构角度对中国农产品出口结构进行分析；其次测算中国农产品出口升级状况；然后构建模型，检验农产品出口边际对中国农产品出口升级的影响，并对回归结果进行分析。第 9 章结合前 8 章的论证分析做出总结并提出未来的研究方向。

本书的重点和特色在于将贸易成本、二元边际与中国农产品出口升级放在一起进行系统性研究。书中运用了很多方法和模型，适用于具备一定的经济学基础和国际贸易理论基础的读者阅读。在本书的写作过程中，作者充分利用了文献资料对文章进行拓展和补充，具有一定的学术价值和研究意义。希望书中内容能够给相关研究者一定的启发，共同促进国际贸易相关研究的发展。

目录 CONTENTS

1 绪论 ·· 1
　1.1 研究背景及意义 ··· 1
　　1.1.1 选题背景 ·· 1
　　1.1.2 研究意义 ·· 3
　1.2 研究目标与内容 ··· 3
　　1.2.1 研究目标 ·· 3
　　1.2.2 研究内容 ·· 4
　1.3 概念界定及说明 ··· 5
　　1.3.1 农产品及其范围 ··· 5
　　1.3.2 贸易成本 ·· 6
　　1.3.3 出口边际 ·· 6
　　1.3.4 出口升级 ·· 7
　1.4 研究方法和技术路线 ··· 8
　　1.4.1 研究方法 ·· 8
　　1.4.2 技术路线 ·· 10
　1.5 可能的创新点 ·· 12

2 理论基础与文献综述 ··· 13
　2.1 理论基础 ··· 13
　　2.1.1 古典贸易理论对贸易边际的阐释 ························· 13
　　2.1.2 新贸易理论对贸易边际的阐释 ····························· 14
　　2.1.3 新新贸易理论对贸易边际的阐释 ························· 15
　2.2 文献综述 ··· 15
　　2.2.1 贸易成本相关研究 ··· 15

  2.2.2 贸易边际相关研究 …………………………………… 19
  2.2.3 出口产品升级相关研究 ………………………………… 22
  2.2.4 三者关系研究 …………………………………………… 23
  2.2.5 简要评价 ………………………………………………… 25
 2.3 本章小结 ……………………………………………………… 26

3 中国贸易体制及农产品贸易发展 ……………………………… 28
 3.1 中国对外贸易体制与政策 …………………………………… 28
  3.1.1 计划经济体制下的对外贸易策略（1949—1977 年）…… 28
  3.1.2 改革开放之初的对外贸易政策（1978—1991 年）……… 29
  3.1.3 市场经济条件下的对外贸易政策（1992—2000 年）…… 30
  3.1.4 入世以来的对外贸易政策（2001—2007 年）…………… 31
  3.1.5 金融危机之后的对外贸易政策（2008—2012 年）……… 32
  3.1.6 "一带一路"倡议下的对外贸易政策（2013 年至今）…… 33
 3.2 中国对外贸易发展进程 ……………………………………… 34
  3.2.1 中国对外贸易发展状况 ………………………………… 34
  3.2.2 中国农产品贸易发展状况 ……………………………… 35
 3.3 中国农产品出口分析 ………………………………………… 38
  3.3.1 农产品出口洲际结构 …………………………………… 38
  3.3.2 农产品出口国别（地区）结构 ………………………… 40
  3.3.3 农产品出口种类结构 …………………………………… 41
 3.4 本章小结 ……………………………………………………… 43

4 中国农产品贸易成本测算及分析 ……………………………… 45
 4.1 贸易成本测度方法 …………………………………………… 45
  4.1.1 方法介绍 ………………………………………………… 45
  4.1.2 方法选取 ………………………………………………… 49
  4.1.3 数据来源及说明 ………………………………………… 49
 4.2 中国农产品贸易成本测算结果及分析 ……………………… 50
  4.2.1 农产品贸易成本总体结果分析 ………………………… 50
  4.2.2 分区域农产品贸易成本结果及分析 …………………… 52
  4.2.3 分类农产品贸易成本结果及分析 ……………………… 59

4.3　农产品贸易成本分解 …………………………………… 64
　　　　4.3.1　固定贸易成本 ………………………………………… 64
　　　　4.3.2　可变贸易成本 ………………………………………… 67
　　4.4　本章小结 ………………………………………………… 70

5　中国农产品出口的二元边际分解 ………………………… 71
　　5.1　中国农产品出口的二元边际测度及分解 ……………… 71
　　　　5.1.1　二元边际的测度 ……………………………………… 71
　　　　5.1.2　二元边际的分解方法 ………………………………… 78
　　　　5.1.3　二元边际分解结果及分析 …………………………… 82
　　5.2　中国农产品出口的二元边际约束 ……………………… 85
　　　　5.2.1　农产品出口增长主要靠集约边际拉动 ……………… 85
　　　　5.2.2　产品种类对农产品出口增长贡献较低 ……………… 86
　　　　5.2.3　中国对主要贸易伙伴的农产品出口增长空间缩小 … 86
　　5.3　本章小结 ………………………………………………… 86

6　贸易成本对贸易边际的影响：理论分析 ………………… 88
　　6.1　贸易成本影响贸易边际的理论框架 …………………… 88
　　　　6.1.1　生产者行为 …………………………………………… 89
　　　　6.1.2　消费者行为 …………………………………………… 89
　　　　6.1.3　开放经济条件下的均衡 ……………………………… 90
　　6.2　固定贸易成本对贸易边际的影响机理 ………………… 91
　　　　6.2.1　企业维度：生产率临界值效应 ……………………… 91
　　　　6.2.2　市场维度：目的国收入门槛效应 …………………… 93
　　6.3　可变贸易成本对贸易边际的影响机理 ………………… 94
　　　　6.3.1　企业层面：改进的结构引力模型 …………………… 94
　　　　6.3.2　产品层面：改进的李嘉图比较优势模型 …………… 96
　　6.4　本章小结 ………………………………………………… 97

7　贸易成本对中国农产品出口边际的影响：实证检验 …… 98
　　7.1　计量模型的构建 ………………………………………… 98
　　　　7.1.1　计量模型的设定 ……………………………………… 98

7.1.2 计量模型的转换 …… 100
 7.2 变量选取及数据来源 …… 100
  7.2.1 变量选取 …… 100
  7.2.2 数据来源及说明 …… 103
 7.3 变量处理及内生性问题 …… 104
 7.4 扩展边际影响因素回归结果及分析 …… 106
  7.4.1 全样本回归结果及分析 …… 106
  7.4.2 分品种回归结果及分析 …… 111
 7.5 集约边际影响因素回归结果及分析 …… 115
  7.5.1 全样本回归结果及分析 …… 115
  7.5.2 分品种回归结果及分析 …… 119
 7.6 稳健性检验 …… 124
  7.6.1 替代二元边际 …… 124
  7.6.2 替代贸易成本 …… 126
 7.7 本章小结 …… 129

8 出口边际对中国农产品出口升级的影响 …… 131
 8.1 中国农产品出口结构分析 …… 131
  8.1.1 总体出口结构 …… 131
  8.1.2 分国家出口结构 …… 132
 8.2 农产品出口升级测度方法 …… 134
  8.2.1 测度方法 …… 134
  8.2.2 方法选取 …… 136
 8.3 中国农产品出口升级影响因素分析 …… 137
  8.3.1 模型构建 …… 137
  8.3.2 数据来源及说明 …… 138
  8.3.3 内生性问题及处理 …… 139
  8.3.4 回归结果及分析 …… 139
 8.4 发达国家农产品出口升级经验借鉴 …… 142
  8.4.1 美国农产品出口升级经验借鉴 …… 142
  8.4.2 法国农产品出口升级经验借鉴 …… 143
  8.4.3 加拿大农产品出口升级经验借鉴 …… 143

  8.5 本章小结 …………………………………………………… 144

9 结论与展望 ………………………………………………………… 145
  9.1 主要研究结论 ……………………………………………… 145
  9.2 政策启示 …………………………………………………… 148
    9.2.1 积极采取措施，降低双边农产品贸易成本 ………… 148
    9.2.2 调整农产品出口模式，提高农产品扩展边际的贡献 …… 150
    9.2.3 政府企业共同助力，实现农产品出口升级 ………… 151
  9.3 进一步研究的问题 ………………………………………… 152

参考文献 ………………………………………………………………… 154

致谢 ……………………………………………………………………… 167

附录 ……………………………………………………………………… 169

1 绪 论

1.1 研究背景及意义

1.1.1 选题背景

经济全球化加速了资本、技术等要素在国际间的流动，促进了各经济体的相互渗透、相互延伸，实现了资源在全球范围内的最佳配置。与此同时，经济全球化也促进了世界贸易的快速发展，加速形成世界多边贸易体制，从而加快了国际贸易增长速度。但由于各国自然资源有限，一国在扩大出口规模、提高贸易地位的同时，该国的资源供给必然不断减少，那么如何在有限的资源条件下最大效率地促进出口扩张便成为贸易经济学研究的核心论题。

传统贸易理论认为，不同国家的生产要素是同质的，各国根据比较优势理论生产该国要素密集度较高的产品并在国际市场上进行交易就能获利。该理论假定各国的比较优势不变，即在两国贸易初始，如果 A 国向 B 国出口某种产品，那么无论两国采取何种贸易措施，都无法扭转 A 国向 B 国出口该产品这一事实。换句话说，两国之间的比较优势不可逆。按照比较优势理论，世界上任意两个国家均存在贸易关系，即不存在"零贸易"现象。然而，从现实情况看，许多国家之间并不进行贸易，且部分国家之间存在进出口同类产品的现象，这就说明比较优势理论并不完全符合现实。随着贸易理论的不断发展，产业内贸易应运而生，该理论认为，如果两个国家的经济发展程度相似，那么其居民的消费偏好也具有相似性，要想增加本国出口产品的数量，只需增加该国出口产品的种类即可，这就在一定程度上解释了发达国家之间同时进出口同类产品的现象，但产业内贸易并没有解释国家之间的零贸易问题，因此该理论与现实也并不完全相符。

随着学者们对贸易领域研究的不断深化，新新贸易理论应运而生。新新贸易理论将国际贸易的研究范畴，从传统贸易理论研究的产业间贸易转变为同一产业内部存在差异的企业在国际贸易中所作的选择。企业异质性理论作为新新贸易理论的主要内容，为解释零贸易现象提供了新视角。企业异质性理论认为，现实中并非所有企业都能够进入出口市场，这是由于不同的企业具有不同的规模、人力资本、技术等，致使各企业具有不同的生产率，而出口市场存在一个生产率门槛，只有那些生产率高于门槛值的企业才有能力进入出口市场，那些生产率低于门槛值的企业只在国内市场出售产品。由交易成本理论可知，企业在产品交易时需要承担生产、销售、信息采集等成本，同理，企业进行国际贸易时也需要承担贸易成本。由于各国的资源、文化等存在差异，那么同一企业与不同的国家进行贸易时就需要承担不同的贸易成本，同一企业将不同种类的产品出口至同一国家时也需要承担不同的贸易成本。

随着国际贸易的快速发展以及经济全球化的不断深入，各国之间的经贸合作关系日益紧密，这也使得两国的贸易成本发生了变化，该变化又对各国的贸易规模、贸易流向、贸易结构等产生了深远影响。由此，贸易成本也成为国际贸易研究的核心问题。改革开放以来，中国对外贸易规模不断扩大，其中农产品出口贸易额从1978年的36.5亿美元增加至2018年的755.3亿美元，增长了近20倍。尽管我国农产品贸易发展迅速，但由于中国人口数量众多，导致国内农产品需求量不断上升，如2017年中国人口数量占世界人口数量的18.93%，而耕地面积仅占世界耕地面积的7.70%，即中国的农业发展本身存在着供需不平衡问题，需要进口部分农产品来保证国内需求。过去几十年，中国农产品贸易取得了快速发展，但与此同时，我国农产品在国际市场上遭受的贸易壁垒及反倾销制裁也越来越多。在此背景下，要实现中国对外贸易良好的发展，农产品贸易发展就不容忽视，要实现中国农产品"走出去"，就必须要明确下列问题：①现阶段中国农产品出口增长依赖何种边际？②双边农产品贸易成本大小如何？③双边农产品贸易成本对中国农产品出口二元边际有何影响？④如何更好地促进农产品出口升级，早日实现中国农产品"走出去"？这些问题均是本书的重点。基于此，本书利用1992—2017年中国与主要农产品贸易伙伴国[①] HS1992-6位农产品贸易数据研究双边贸易成本、二元边际与中国农产品出口升级，不仅扩展了贸易边际理论，而且对我

---

① 加拿大、墨西哥、美国、丹麦、芬兰、挪威、瑞典、巴西、阿根廷、智利、乌拉圭、乌克兰、拉脱维亚、立陶宛、波兰、捷克、匈牙利、德国、瑞士、斯洛伐克、英国、法国、罗马尼亚、保加利亚、克罗地亚、西班牙、意大利、希腊、斯洛文尼亚、蒙古、俄罗斯、日本、韩国、哈萨克斯坦、塔吉克斯坦、吉尔吉斯斯坦、土库曼斯坦、乌兹别克斯坦、阿联酋、卡塔尔、沙特阿拉伯、土耳其、伊拉克、伊朗、约旦、阿塞拜疆、格鲁吉亚、巴基斯坦、孟加拉国、尼泊尔、斯里兰卡、印度、菲律宾、柬埔寨、老挝、马来西亚、缅甸、泰国、文莱、印度尼西亚、越南、新加坡、澳大利亚、乌干达、南非。

国农产品贸易发展具有重大意义。

1.1.2 研究意义

本书对贸易成本、二元边际及中国农产品出口升级展开深入研究，具有重要的理论意义和现实意义。

首先，该研究拓展了贸易成本、二元边际的相关理论研究。本书利用HS-6位农产品数据测算中国与贸易伙伴国双边农产品贸易成本，分析中国农产品出口增长路径，并测算中国农产品出口升级状况，实证检验中国与主要贸易伙伴国双边农产品贸易成本对中国农产品出口二元边际的影响，以及中国农产品出口升级的影响因素，这是对贸易成本、二元边际、出口升级研究的进一步拓展。

其次，本研究具有重要的现实意义。过去几十年我国农产品出口经历了爆炸式增长，但农产品出口质量一直处于较低水平。近年来，国内劳动力价格不断攀升、企业自主研发水平低等问题导致农产品出口竞争力相对较弱。现阶段，中国农业发展面临内忧外患的困境，一方面国内有限的资源限制了农业发展；另一方面，农产品贸易在国际市场上频频遭遇贸易壁垒及反倾销制裁。本研究探索我国与贸易伙伴国双边农产品贸易成本的发展趋势，明确我国农产品出口增长机制，研究双边农产品贸易成本对中国农产品出口二元边际的影响，以及二元边际对中国农产品出口升级的影响，这样不仅拓展了相关的理论研究，更重要的是，能够了解中国农产品出口增长路径，对中国农产品"走出去"及中国农产品贸易可持续发展具有重要的现实意义。

1.2 研究目标与内容

1.2.1 研究目标

本研究的总目标是在分析中国农产品出口现实特征的基础上，测算中国与主要贸易伙伴国双边农产品贸易成本，分解中国农产品出口二元边际，并探讨中国与主要贸易伙伴国双边农产品贸易成本对中国农产品出口边际的影响，以及二元边际对中国农产品出口升级的影响。

具体目标，包括以下几点。

（1）梳理中华人民共和国成立以来中国对外贸易政策以及农产品贸易政策的演变，分析中国农产品贸易发展历程及农产品出口的现实特征。

（2）测度中国与主要贸易伙伴国双边农产品贸易成本，研究双边农产品贸易成本的变化趋势，并测算双边农产品固定贸易成本和可变贸易成本。

（3）分析中国对世界、中国对主要贸易伙伴的农产品出口边际，并将其分解为集约边际和扩展边际，明确我国农产品贸易增长的机制。

（4）基于企业异质性理论模型，分别从企业维度和市场维度探讨双边贸易成本、固定贸易成本、可变贸易成本对二元边际的影响机理，并将理论模型转化为实证模型，检验中国与贸易伙伴双边农产品贸易成本对中国农产品二元边际的影响。

（5）寻找合适的指标测度中国农产品出口升级状况，检验农产品出口二元边际对中国农产品出口升级的影响，为我国农产品贸易可持续发展提供具有针对性的政策建议。

1.2.2 研究内容

本书总共包括以下六部分内容。

第一部分：中国贸易体制及农产品贸易发展。首先梳理中华人民共和国成立以来中国的外贸政策，对中国农产品贸易发展进行分析；然后分析我国农产品出口的现实特征，包括洲际特征、国别（地区）特征及细分产品种类特征。

第二部分：中国与贸易伙伴国双边农产品贸易成本测算及分析。首先介绍贸易成本测度方法，从中选取合适的方法，分区域、分类别测算中国与贸易伙伴国双边农产品贸易成本、固定贸易成本、可变贸易成本，并对结果进行分析。

第三部分：中国农产品出口的二元边际分解。首先对中国农产品出口结构进行分析；之后介绍二元边际的分解方法，选取 HK 法对我国农产品出口边际进行分解，将其分解为扩展边际和集约边际；最后指出中国农产品出口增长的二元边际约束。

第四部分：贸易成本对贸易边际的影响：理论分析。本章按照理论指导实证的研究思路，重点探讨贸易成本对贸易边际的影响机制。首先借鉴肯斯（Kancs，2007）的理论框架，从市场需求理论出发，结合国内企业的生产者行为、国外市场的消费者行为，在考虑企业出口生产率门槛的基础上实现供求市场的一般均衡，通过理论推导构建贸易成本影响二元边际的理论框架，系统分析贸易成本对二元边际的影响。其次分析固定贸易成本对二元边际的影响，在企业维度运用生产率临界值效应模型分析，在市场维度运用目的国收入门槛效应模型分析。然后分析可变贸易成本对二元边际的影响机理，在企业层面运用改进的结构引力模型分析，在市场层面运用改进的李嘉图比较优势模型分析。

第五部分：贸易成本对我国农产品出口二元边际的影响：实证检验。将前面推导的贸易成本对贸易边际影响的理论模型转化为实证模型，进而探讨贸易成本对我国农产品出口二元边际的影响。首先基于前面贸易成本对贸易边际的影响机理构建计量模型，将上面模型转换为可估计的双对数模型。之后对样本的选取及变量进行描述，并对数据来源进行解释说明，选取1992—2017年中国与30多个主要农产品贸易伙伴国农产品贸易数据，研究双边贸易成本对中国农产品出口二元边际的影响。最后，对模型进行稳健性检验，确保回归结果的有效性。

第六部分：出口边际对中国农产品出口升级的影响。首先从贸易结构角度对中国农产品出口结构进行分析；其次介绍目前关于产品出口升级的测算方法，并结合各种方法的优劣，从中选取合适的方法测算中国农产品出口升级状况；然后构建模型，将中国农产品出口升级作为因变量，将中国农产品出口边际作为自变量，检验农产品出口边际对中国农产品出口升级的影响，并对回归结果进行分析。

1.3 概念界定及说明

1.3.1 农产品及其范围

目前，国内发布农产品贸易数据的权威机构有农业农村部、商务部和海关总署，国际机构有世界贸易组织和联合国粮食及农业组织。这些机构在对农产品进行统计时，均是根据自身规则进行的，有的国家以《商品名称及编码协调制度的国际公约》（*The Harmonized Commodity Description and Coding System*，简称HS）为基础，有的国家以《海关合作理事会税则商品分类目录》（*Customs Cooperation Council Nomenclature*，简称CCCN）为基础，还有的国家以《国际贸易标准分类目录》（*Standard International Trade Classification*，简称SITC）为基础。众多的统计口径导致目前关于农产品的统计并没有统一的标准，这也使得各个机构之间的统计数据存在差异。为了保持数据的连贯性和可比性，有必要在研究之前对农产品的统计口径及研究范围进行界定。

本书使用乌拉圭回合农业协定附件中规定的农产品目录，该目录以HS编码为基础，将农产品范围界定为HS编码1~24章（除去水产品），再加上部分24章以后的农产品。具体包括活动物及动物产品（1~5章），植物产品（6~14章），动、植物油、脂、蜡、精致食用油脂（15章），食品、饮料、酒及醋、烟草及制品（16~24章），甘露醇糖（2905.43），山梨醇（2905.44），精油（33.01），蛋白类物质、改性淀粉、胶（35.01~35.05），整理剂（3809.1），2905.44以外的山梨醇（3823.6），生皮（41.01~41.03），生毛皮（43.01），生丝和废丝（50.01~50.03），羊毛和动物毛（51.01~51.03），原棉、废棉和已梳棉（52.01~52.03），生亚麻（53.01），生大麻（53.02）。

1.3.2 贸易成本

贸易成本指为获得商品支付的除生产成本之外的成本。从贸易实务操作流程看，贸易成本包括搜索信息成本、签约成本、合同履约成本等。从贸易成本的内容看，贸易成本包括由商品流通引起的或派生的商流、物流、信息流和资金流等成本。从贸易成本的性质看，贸易成本包括生产型贸易成本、制度型贸易成本和交易型贸易成本。从贸易成本的主体看，贸易成本包括出口商成本、进口商成本、批发商成本和零售商成本等。从贸易成本的市场看，贸易成本分为国内成本和国际成本。

关于贸易成本，学者们的见解大同小异。胡默尔斯（Hummels，1999）认为贸易成本分为三类：直接测量的贸易成本、用代理变量表示的贸易成本和无法测算的贸易成本。德恩和莫施（Den & Mosch，2003）认为，贸易成本分为传统贸易成本和新贸易成本，传统贸易成本指传统的运输成本、贸易壁垒、关税等；新贸易成本包括搜索成本、信任成本和控制成本等。安德森和温库普（Anderson & Wincoop，2004）认为贸易成本指使产品到达最终消费者手中所支付的成本。杰克斯（Jacks，2008）认为贸易成本是国家之间进行货物交换过程中产生的交易成本和运输成本，这些成本阻碍了区域经济一体化发展。方虹等（2010）认为贸易成本指使商品发生再配置所需要的成本。综合前人研究，本书所用的贸易成本指使产品到达最终用户手中发生的所有成本。

1.3.3 出口边际

新新贸易理论充分解释了企业异质性的贸易模式，将一国的出口增长分解为"外延边际"和"内涵边际"，"外延边际"又称为扩展边际或广度边际，"内涵边际"又称为集约边际和深度边际，二者统称为出口增长的"二元边际"。然而，由于各研究的侧重点不同，国内外学者对贸易边际的界定存在差异，现有学者分别从产品层面、企业层面和国家层面给出了贸易边际的概念。

从产品层面看,扩展边际主要表现为出口产品种类的扩张,集约边际主要表现为出口产品数量的增长[阿米特和弗罗因德(Amiti & Freund, 2007);沙内(Chaney, 2008)]。胡默尔斯和可莱诺(Hummels & Klenow, 2005)从产品层面界定了贸易边际,认为扩展边际指出口产品种类的增加,集约边际指出口产品数量的增加。

从企业层面看,美利兹(Melitz, 2003)最早运用企业异质性模型将出口企业数量的增加定义为扩展边际。伯纳德和詹森(Bernard & Jensen, 2004, 2009)认为,集约边际和扩展边际分别指现有出口企业出口产品数量的增加和新企业进入旧市场。

从国家层面看,费尔博迈尔和科勒(Felbermayr & Kohler, 2006)将已经建立双边贸易关系的两个国家之间的贸易定义为集约边际,将新贸易关系的确立定义为扩展边际。而贝赛德和普吕萨(Besedeš & Prusa, 2007)将已建立贸易伙伴关系的维持和加深定义为集约边际。霍尔普曼和美利兹(Helpman & Melitz, 2008)认为贸易边际指新建立的贸易关系,集约边际指出口总量的增加。一个国家的出口值在全球中的市场份额提高了,既可能是因为出口产品种类增加了,也可能是因为已有出口产品数量增加了。豪斯曼和克林格尔(Hausmann & Klinger, 2006)认为新企业进入旧市场以及新产品出口均属于扩展边际,而现有企业和产品的持续出口均属于集约边际。钱学锋和熊平(2010)将集约边际界定为旧产品的持续出口(老产品老市场),将扩展边际定义为过去已经出口的产品出口到新市场(老产品新市场),和过去没有出口的产品出口到新市场(新产品新市场)。

本书借鉴前人研究,基于数据的可获得性,将扩展边际定义为一国的产品出口至新市场,以及产品出口种类的增加;将集约边际定义为已出口产品数量的增加。

1.3.4 出口升级

国际贸易理论指出,对外贸易升级指出口产品由以劳动密集型、低附加值为主转变为以技术密集型、高附加值为主。企业理论指出,企业升级指企业由原有的国有企业向股份制企业转化。目前,关于出口升级的研究已有很多,但现有文献并未对出口升级进行明确界定。汉弗莱和施米茨(Humphrey & Schmitz, 2002)在其研究中将产品升级定义为企业通过自主研发,生产新产品或者对旧产品进行改进创新,从而获得更高的创造价值。伊达尔戈(Hidalgo, 2007)认为产品升级是一种潜力,并提出"认知临近性"(一国出口某种产品的前提下同时出口另一种产品的可能性）的概念，通过引入技术关联来衡量认知临近性，从而衡量产品升级的潜力。罗德里克（Rodrik，2006）、斯科特（Schott，2008）均认为产品升级指出口产品复杂性的提高和出口技术含量的提升。

综合现有学者对产品升级的研究，本书认为产品升级主要是指产品由低附加值向高附加值转移的过程，对应农产品出口升级即农产品附加值或技术含量提高的过程。

1.4 研究方法和技术路线

1.4.1 研究方法

本书研究贸易成本、二元边际与中国农产品出口升级。综合来看，主要运用以下几种研究方法。

1.4.1.1 基于诺维（Novy）模型测度农产品贸易成本

贸易成本的测度方法包括直接测度法和间接测度法。由于直接测度法的局限性较大，且不能全面反映贸易过程所发生的真实成本，因此本书运用间接测度法测度中国与贸易伙伴国双边农产品贸易成本。其基本形式为：

$$X_{ij} = \alpha_1 Y_i + \alpha_2 Y_j + \sum \beta_m \ln(Z_{ij}^N) + \mu_{ij} \tag{1-1}$$

上式中 X_{ij} 表示两国贸易额，Y_i 表示 i 国国内生产总值，Y_j 表示 j 国国内生产总值，Z_{ij} 表示两国进行贸易的阻力因素。

后来经过安德森和温库普（Anderson & Wincoop，2003）、诺维（Novy，2006、2012）的不断改进，得出符合现实的、具备微观基础的贸易关税当量值：

$$t_{ij} = \left(\frac{X_{ii} X_{jj}}{X_{ij} X_{ji}}\right)^{\frac{1}{2\rho-2}} - 1 \tag{1-2}$$

其中，X_{ii}、X_{jj} 分别表示 i 国、j 国的国内农产品销售额，X_{ij}、X_{ji} 分别表示 i 国对 j 国、j 国对 i 国的出口额，ρ 为产品替代弹性。

1.4.1.2 基于HK法分解中国农产品出口边际

胡默尔斯和可莱诺（Hummels & Klenow，2005）指出，集约边际指在该国的出口产品篮子中该国出口占世界出口的比重；扩展边际指在该国出口篮子中该国出口产品的世界贸易额占世界贸易总额的比重。假设 i 代表出口国，j 代表进口国，那么 i 国出口至 j 国的农产品扩展边际 EM、集约边际 IM 分别可以表示为：

$$EM_{ijt} = \frac{\sum_{n \in n_{ij}} p_{wjn} q_{wjn}}{\sum_{n \in N_{ij}} p_{wjn} q_{wjn}} \quad (1-3)$$

$$IM_{ijt} = \frac{\sum_{n \in N_{ij}} p_{ijn} q_{ijn}}{\sum_{n \in N_{ij}} p_{wjn} q_{wjn}} \quad (1-4)$$

上式中 t 表示年份，w 表示参照国，n 表示农产品出口种类，n_{ij} 表示 i 国对 j 国出口的农产品种类集合，N 表示全部的农产品出口种类集合，p 表示农产品出口价格，q 表示农产品出口数量。

1.4.1.3 利用改进的模型检验贸易成本对中国农产品出口二元边际的影响

肯斯（Kancs，2007）将出口国 i 出口到目的国 j 的出口额表示为 EX_{ij}，该数额等于单位企业的平均出口量 e_{ij} 与出口企业数量 N_{ij} 的乘积：

$$EX_{ij} = e_{ij} \cdot N_{ij} \quad (1-5)$$

沙内（Chaney，2008）推导出出口二元边际与双边宏观变量之间的相关关系，他将出口国 i 出口到目的国 j 的企业数量即扩展边际定义为：

$$N_{ij} = P_j \omega_i L_i (\varphi > \varphi^*) = \lambda_E \frac{\omega_i L_i \cdot \omega_j L_j}{\omega L} \left(\frac{\tau_{ij}}{\theta_j}\right)^{-\gamma} \cdot FC_{ij}^{-\frac{\gamma}{\sigma-1}} \quad (1-6)$$

其中，N_{ij} 代表出口企业的数量，P_j 表示目的国价格，ω_i 表示 i 国的工资率水平，ω 表示世界工资率水平；L_i 表示 i 国的市场规模，L 表示世界市场规模，$\omega_i \cdot L_i = Y_i$；FC_{ij} 代表双边固定贸易成本，τ_{ij} 表示双边可变贸易成本，λ_E 为常数，$\lambda_E = \alpha \frac{\gamma - (\sigma - 1)}{\gamma^\sigma}$，$\theta_j$ 表示目的国偏远指数。

在沙内（Chaney，2008）模型中，单位企业平均出口量即集约边际的表达式为：

$$ex_{ij} = \lambda_E^{\frac{\sigma-1}{\gamma}} \sigma \varphi^{\sigma-1} \left(\frac{\omega_i L_i}{\omega L}\right) \left(\frac{\tau_{ij}}{\theta_j}\right)^{1-\sigma} \quad (1-7)$$

经过转化，模型变为：

$$EX_{ij} = \left[\lambda_E^{\frac{\sigma-1}{\gamma}} \sigma \varphi^{\sigma-1} \left(\frac{\omega_i L_i}{\omega L}\right) \left(\frac{\tau_{ij}}{\theta_j}\right)^{1-\sigma}\right] \left[\lambda_E \frac{\omega_i L_i \cdot \omega_j L_j}{\omega L} \left(\frac{\tau_{ij}}{\theta_j}\right)^{-\gamma} \cdot FC_{ij}^{\left(-\frac{\gamma}{\sigma-1}\right)}\right] \quad (1-8)$$

上式中等式后边第一项表示集约边际，第二项表示扩展边际。

1.4.1.4 运用价格推算法测度中国农产品出口升级

价格推算法基于质量内生决定理论模型，以 CES 效用函数为基础，将产品质量引入函数中，假定消费者效用函数为：

$$U = \left[\sum_k (\lambda_k q_k)^{\frac{\sigma-1}{\sigma}}\right]^{\frac{\sigma}{\sigma-1}} \quad (1-9)$$

上式中 k 表示产品，λ、q 分别表示产品的质量和数量，σ 表示产品间的替代弹性。产品价格指数用 P 表示，对应的公式为：

$$P = \sum_{k} (\lambda_k^{\sigma-1} p_k^{\sigma-1}) \tag{1-10}$$

上式中 p 表示产品价格。假设消费者支出用 E 表示，那么产品 k 对应的消费者购买量可以表示为：

$$q_k = p_k^{-\sigma} \lambda_k^{-\sigma} \frac{E}{P} \tag{1-11}$$

对于某一种产品来说，该产品在 t 年对 m 国的出口量表示为：

$$q_{mt} = p_{mt}^{-\sigma} \lambda_{mt}^{-\sigma} \frac{E_{mt}}{P_{mt}} \tag{1-12}$$

上式中 p 表示产品价格，P 表示所有产品的价格指数。将上式两边同时取对数，转化为 HS 编码 2 位数的产品层面回归模型，并进行简单整理，可以得到：

$$\ln q_{mt} + \sigma \ln P_{mt} = x_{mt} + \alpha_h + \varepsilon_{mt} \tag{1-13}$$

上式中 $x_{mt} = \ln E_{mt} - \ln P_{mt}$。由于 x_{mt} 取决于进口国消费者支出和价格指数，因此可以运用进口国和年份虚拟变量来固定这一影响；α_h 表示产品的固定效应。

测算出口产品质量主要关注残差项，即 $\varepsilon_{mt} = (\sigma-1) \ln \lambda_{mt}$。事实上，产品质量信息就包含在残差之中。需要说明的是，由于缺乏企业层面的数据，该式主要是对产品层面进行的回归。将上式中等式两边同除以 $(\sigma-1)$，可以变化为：

$$\ln \lambda_{mt} = \varepsilon_{mt} / (\sigma-1) \tag{1-14}$$

上式即表示产品质量，用 $quality$ 表示，那么产品质量的最终测算公式可以表示为：

$$quality_{mt} = \ln \hat{\lambda}_{mt} = \frac{\hat{\varepsilon}_{mt}}{(\hat{\sigma}-1)} = \frac{\ln q_{mt} - \ln \hat{q}_{mt}}{(\hat{\sigma}-1)} \tag{1-15}$$

上式中 $quality_{mt}$ 表示产品出口质量，λ_{mt} 表示拟合回归得到的产品出口质量、q_{mt} 表示产品的销售量，σ 表示产品间的替代弹性。

1.4.2 技术路线

技术路线如图 1-1 所示。

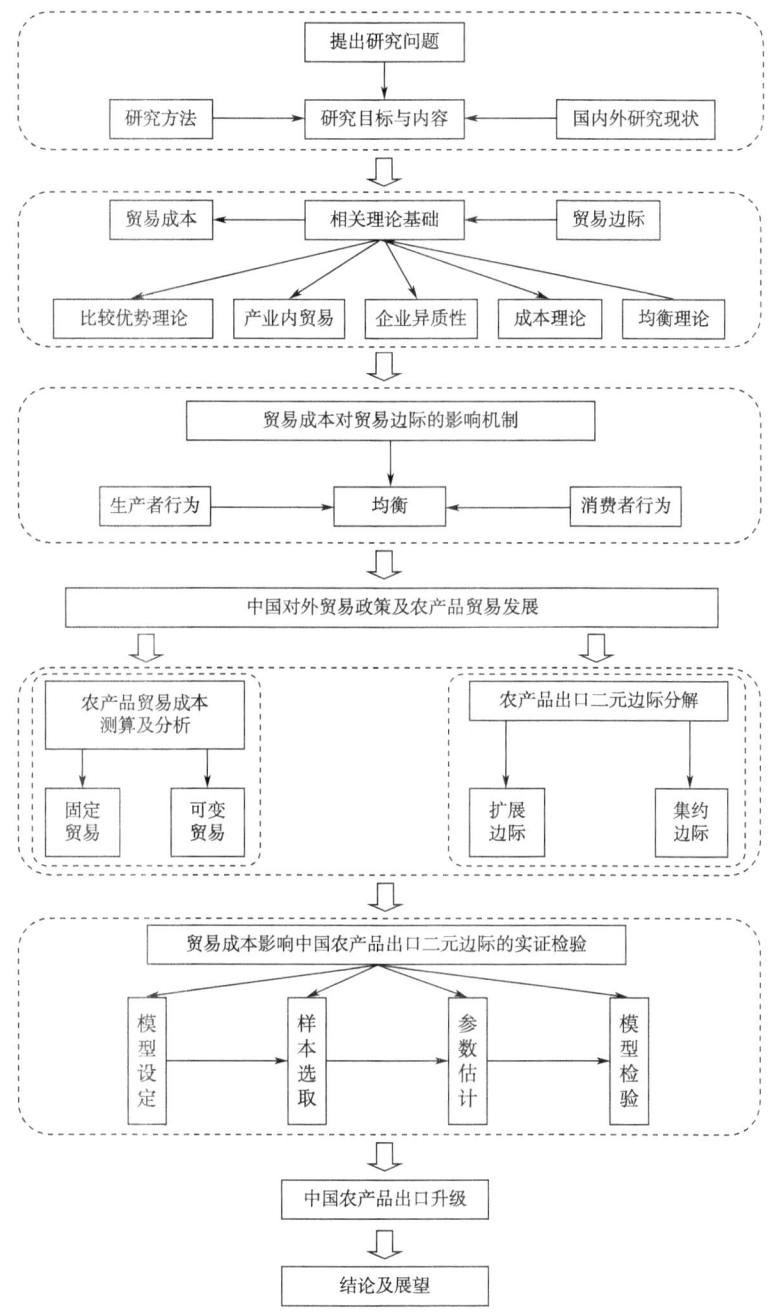

图 1-1 技术路线图

1.5 可能的创新点

本书基于企业异质性理论构建贸易成本对贸易边际影响机制的研究框架，并利用1992—2017年中国与贸易伙伴国HS1992-6位农产品贸易数据进行实证检验，可能的创新点如下。

一是现有文献研究了贸易成本对贸易边际的影响，但对于不同贸易成本对贸易边际的影响机理尚未形成完整的研究体系。贸易成本对贸易边际的影响不是简单直接的，而是通过层层传递的，因此贸易成本对贸易边际的作用机理有一个系统的传导机制。本书基于企业异质性理论，通过理论模型推导贸易成本对贸易边际的影响机理，并推导不同贸易成本的贸易边际弹性。

二是已有关于贸易成本对出口边际影响的文献或从理论出发，或从实证出发。实证的文章或检验服务业贸易成本对出口边际的影响，或检验制造业贸易成本对贸易边际的影响，也有部分文献检验了农产品贸易成本对贸易边际的影响，但并未对农产品进行分类研究。本书对农产品进行细分，测算细分农产品贸易成本、贸易边际以及二者的关系。

三是现有文献对贸易边际的研究仅止步于明确贸易扩张对贸易边际的路径依赖，而实现产品"走出去"才是农产品贸易发展的本质。本书在前人研究的基础上，试图对贸易成本、二元边际、农产品出口升级进行系统研究，贯穿生产要素、生产者、出口商、进口国、最终消费者，实现中国农产品贸易的可持续发展。

2 理论基础与文献综述

2.1 理论基础

国际贸易理论经历了古典贸易理论、新古典贸易理论、新贸易理论和新新贸易理论阶段，不同的贸易理论基于不同假设，因而各自暗含的贸易扩张模式也不相同。纵观国际贸易理论对出口的解释，主要分为两大类：一类是基于比较优势理论，按照传统贸易理论的基本假设揭示出口边际；另一类是从规模、技术以及企业生产率差异等方面揭示出口边际。通过比较，发现基于比较优势理论的方法主要适用于产业间贸易；而基于技术、企业生产率视角的方法主要适用于产业内贸易。厘清贸易理论对出口边际的阐释对于贸易边际的研究具有重要作用，以下分别从古典贸易理论、新贸易理论及新新贸易理论方面对贸易边际进行分析。

2.1.1 古典贸易理论对贸易边际的阐释

古典贸易理论包括绝对优势理论和比较优势理论，其基本假设有两个，一是产品具有同质性，即不同国家生产的同一类产品并无差别，该种假设暗含的意义是同一类商品对消费者产生的效用一样，所以消费者对同类产品的支付意愿及支付价格也相同。二是国家之间的比较优势不可逆，如果一开始由 A 国向 B 国出口某种产品，那么这种状态会一直保持。在以上假定下，所有消费者对同一类产品的消费意愿及从同一类产品获得的效用并无差异，因此企业想要通过生产差异化产品获取利润是不可能的。如果企业想获取更多利润，就只能通过降低产品价格来增加出口产品数量，因为在消费偏好不变的情况下，消费者更愿意支付较低的价格购买同一产品。

后来，多恩布什（Dornbush, 1977）将比较优势理论中假定的两个国家两种产品扩展为两个国家多种产品，创立了连续统（DFS）模型，并引入需求条件分析出口边际。其基本假设为世界上有两个国家、n 种产品（$n=1, 2, \cdots, n$），假设生产每单位产品所需的劳动为 μ，且 $\mu_1 > \mu_2 > \cdots > \mu_n$。根据比较优势理论，每个国家都应集中生产并出口具有比较优势的产品。假定国家 A 的劳动生产率最高，B 的劳动生产率最低，那么 A 国将专业生产并出口产品 1，B 国将专业生产并出口产品 n，此时那些处于链条中间的产品从 2 到 $n-1$ 就无法根据比较优势进行分工。按照 DFS 模型，一国的需求越大，其生产规模也越大，那么由供给市场提供的超额供给就会导致产品的单位生产成本下降。相比那些处于劳动生产率链条两端的国家，其巨大的劳动生产率差异决定的绝对比较优势无法逆转，而那些处于链条内部的产品会因为各国的需求变化产生可逆的比较优势，即一国可能由某种产品的进口国变为出口国，导致本国的出口边际发生变化。

结合现实情况看，传统贸易理论存在以下几个问题：一是错误地假设比较优势不可逆；二是比较优势理论只适用于产业间贸易；三是按照传统贸易理论，一国贸易的扩张只能归结于出口产品数量的增长即集约边际，而无法解释出口产品种类的增长即扩展边际。

2.1.2 新贸易理论对贸易边际的阐释

20 世纪初，以克鲁格曼（Krugman，1979）为代表的经济学家提出了新贸易理论，认为产业内贸易以及发达国家之间的水平分工是由于国际贸易的动因及基础发生了变化。古典贸易理论和新古典贸易理论以产业间贸易为对象，主张企业规模报酬不变；而新贸易理论认为企业存在规模报酬递增和规模报酬递减现象，因此新贸易理论以产业内贸易为研究对象，将研究进一步细化到企业，使得相关研究更贴近现实。

产业内贸易分为水平产业内贸易和垂直产业内贸易。产业内贸易理论认为，不同的产品具有差异性，贸易发生的原因在于消费者对产品的偏好具有多样性。以弗朗和霍尔普曼（Flam & Helpman，1987）为代表的垂直产业内贸易认为，同一产业内部的产品之间也存在差异，这种差异来源于产品的质量差异，质量越好的产品价格越高，因此垂直产业内贸易下的出口扩张是由于产品价格导致的。与水平产业内贸易模式不同，垂直产业内贸易摒弃了消费者需求非位似假设，将产品异质性解释为产品的质量差异，并在完全竞争条件下对比了贫穷国家和富有国家由于技术进步引发的生产和消费变化。但无论是水平产业内贸易还是垂直产业内贸易，二者均假设产品具有异质性、消费者偏好具有异质性，这种假设恰好弥补了古典贸易理论和新古典贸易理论对产品同质性假设的缺陷。按照该假定，厂商生产的产品会完全流入国内和国际市场，但事实却并非如此。

新贸易理论关于水平产业内贸易和垂直产业内贸易的解释扩展了贸易理

论对于出口边际的阐释，表现为水平产业内贸易认为消费者偏好具有多样性，因此厂商生产不同种类的产品实现贸易增长，就体现为贸易的扩展边际。

2.1.3 新新贸易理论对贸易边际的阐释

新新贸易理论主要包括企业异质性贸易理论和企业内生理论，该理论假定企业由于要素、技术不同而具有异质性，即每个企业生产产品的能力不同，该假定使得相关研究更加贴近现实。企业异质性理论指出，出口企业具有不同的生产率，出口市场存在一个生产率门槛，只有那些生产率超过门槛值的企业才有能力进入出口市场，而那些生产率没有达到门槛值的企业只能在国内市场销售产品。由于成本的存在，国家采取的某些措施会导致企业生产率门槛值的降低或提高，从而促进出口产品数量的增加或减少。

从贸易理论对贸易边际的阐释看，产业间贸易理论强调了出口集约边际，产业内贸易理论强调了出口扩展边际，由此可见，二者均对产品出口的解释具有一定的贡献。然而无论是产业间贸易理论还是产业内贸易理论，均从产品层面研究国际贸易问题，忽略了企业才是产品生产的主体这一事实。而新新贸易理论将企业引入模型，解释贸易发生的原因，使得相关研究更加贴近现实。由此可见，古典贸易理论、新贸易理论和新新贸易理论均为贸易边际研究提供了基础，但新新贸易理论对贸易边际的解释更加契合实际。企业异质性理论还指出，一国的出口增长主要沿着两个方向进行，一是扩展边际，二是集约边际。沿着扩展边际实现的出口增长有助于实现出口多元化，降低出口风险。

2.2 文献综述

2.2.1 贸易成本相关研究

有关贸易成本的研究可以追溯至萨缪尔森（Samuelson，1954），他指出，交易成本如冰山表面的一部分，那些看不见的成本称为可变成本。之后，可变贸易成本逐渐引起国内外学者的重视，此外，已有研究主要集中在贸易成本的测量、影响因素及其影响方面。

2.2.1.1 贸易成本的测量

研究贸易成本测量方法的学者主要有：胡默尔斯（Hummels，2001）；海德和里斯（Head & Ries，2003）；伯纳德（Bernard，2006）；诺维（Novy，2007）；王珏，2018。胡默尔斯提出用距离测量贸易成本。之后，海德和里斯、伯纳德指出用贸易自由度代替贸易成本。之后，诺维将冰山成本融入引力模型，推导出垄断竞争框架下的贸易成本测算方法。诺维（Novy，2006）基于改进的引力模型，推导出具备微观基础的贸易成本测算方法。

研究综合贸易成本的学者中：钱学锋和梁琦（2008）测度了中国与贸易伙伴国双边贸易成本，发现双边贸易成本不断降低。施炳展（2008）、方虹（2010）、李永（2012）、孙瑾和杨英俊（2016）分别测算我国与贸易伙伴国双边贸易成本，发现我国与贸易伙伴国双边贸易成本呈现下降趋势。诺维（Novy，2012）测算了 1997—2000 年美国与六大贸易伙伴之间的贸易成本，发现 3 年间美国与贸易伙伴之间的双边贸易成本下降了 40%。梁俊伟（2015）研究了中日韩三国的多边贸易成本，发现其贸易成本呈现下降趋势。潘文卿和李跟强（2017）测算中国各区域间的贸易成本，发现各区域间贸易成本呈现先上升后下降的态势。薛冰和卫平（2017）、王效云（2018）分别测算了 APEC 国家、中国与拉丁美洲国家的双边贸易成本，发现其贸易成本均呈现下降趋势。

按照行业性质，可以将行业分为制造业、服务业和农业，以下对与各行业贸易成本测算有关的文献进行分类总结。

关于制造业和服务业贸易成本，米鲁多（Miroudot，2013）在诺维（Novy，2006）的基础上，运用 1995—2007 年出口产品的生产成本计算货物贸易部门与服务贸易部门的双边贸易成本，发现服务贸易成本高于货物贸易成本。许统生等（2011）的研究表明，中国与主要贸易伙伴国之间的制造业双边贸易成本呈下降趋势；分行业看，高技术制成品的双边贸易成本最低，下降幅度最大；分国家看，中国与日本、韩国的双边贸易成本低于中国与欧美国家的双边贸易成本。菲尔图（Ferto，2006）、刘磊和张猛（2014）运用中美数据分析两国的双边贸易成本，发现中美两国的双边贸易成本不断下降。龚静和尹忠明（2017）的研究表明，全球 40 个经济体之间的服务业贸易成本均呈现下降趋势。

关于农产品贸易成本，许统生等（2012）的研究表明，中国与贸易伙伴国之间的双边农产品贸易成本呈下降趋势，其中劳动密集型农产品的双边贸易成本最低。梁雪和张广胜（2012）的研究也表明，农产品双边贸易成本随着贸易自由化的加深不断降低。温（Wen，2013）借用 1995—2007 年数据，运用改进的引力模型测算中国与五大贸易伙伴国的双边贸易成本，发现双边贸易成本不断下降。贾伟和秦富（2013）的研究表明，小麦的双边贸易成本普遍高于玉米、稻谷的双边贸易成本，中国与美国的谷物双边贸易成本高于中国与世界其他国家（地区）的谷物双边贸易成本。王洪涛（2014）运用

2003—2012年数据测度中国与25个主要贸易伙伴国的双边贸易成本,发现创意产品双边贸易成本不断下降。周丹和陆万军(2015)的研究表明,中国与金砖国家农产品双边贸易成本弹性为正值。侯丽芳等(2015)的研究表明,中国与哈萨克斯坦农产品双边贸易成本在中国与中亚五国农产品双边贸易成本中最低。万晓宇和孙爱军(2016)分别测算中国—美国、印度—美国农产品双边贸易成本,发现中国—美国农产品双边贸易成本大于印度—美国农产品双边贸易成本。

2.2.1.2 贸易成本的影响因素

贸易成本的影响因素众多,主要包括货币政策、贸易政策、企业异质性、地理距离、文化差异、贸易便利化、原油价格、市场整合、对外援助等。以下对相关文献进行了梳理。

在货币政策对双边贸易成本的影响方面,罗斯(Rose,2000)研究了货币联盟对双边贸易成本的影响,发现使用相同货币的国家之间的双边贸易成本低于使用不相同货币的国家之间的双边贸易成本。张晓涛和杜伯钊(2014)估计了人民币升值对双边贸易成本的影响,发现人民币升值有助于双边贸易成本的降低。陈耀和冯超(2008)的研究表明,劳动力成本上升及人民币升值会导致双边贸易成本上升。

在贸易政策对双边贸易成本的影响方面,胡默尔斯(Hummels,1999)研究贸易成本的影响因素,发现区域贸易壁垒能够改变双边贸易成本进而影响贸易流量。钱学锋和范冬梅(2015)梳理了与企业成本加成的相关文献,发现市场竞争程度、政府政策能够显著影响双边贸易成本。

在企业异质性对双边贸易成本的影响方面,芬克(Fink,2005)基于异质性角度研究交流成本对双边贸易成本的影响,发现其对差异产品的影响大于对同质产品的影响。石伟文(2018)基于企业异质性测算双边贸易成本的影响因素,发现区域经济一体化能够显著降低双边贸易成本。

在地理距离对双边贸易成本的影响方面,施炳展(2008)、张毓卿(2014)的研究均发现,空间距离显著抑制了双边贸易成本的下降。此外,贸易伙伴国对外开放度、双边是否拥有共同边界以及是否签署自由贸易协定都对双边贸易成本具有显著影响。

在文化差异对双边贸易成本的影响方面,曲如晓等(2015)发现中国与贸易伙伴国之间的文化差异越小,双边贸易成本也越小,说明文化差异对双边贸易成本具有显著影响。

在贸易便利化对双边贸易成本的影响方面,刘建等(2013)研究基础设施对双边贸易成本的影响,发现基础设施的改善显著降低了双边贸易成本。

孙瑾等（2014）的研究表明，贸易伙伴国的铁路密度、电话线密度及互联网使用情况等对双边贸易成本均有负向影响。刘宏曼和王梦醒（2018）的研究发现，贸易便利化中的各项指标对贸易成本均有负向影响。

在原油价格对双边贸易成本的影响方面，吴红梅等（2018）测算了中国与巴基斯坦的双边贸易成本，发现原油价格对双边贸易成本有显著影响。

在市场整合对双边贸易成本的影响方面，马述忠和屈艺（2017）的研究发现，中国粮食市场的价格整合明显影响双边贸易成本，此外，粮食的运输方式、销售信息和粮食政策对双边贸易成本均有显著影响。

在对外援助对双边贸易成本的影响方面，黄梅波和朱丹丹（2014、2015）运用中国与非洲国家数据研究对外援助对双边贸易成本的影响，发现中国对非援助显著降低了中非双边贸易成本。

除以上因素外，伯纳德（Bernard，2003）研究了企业生产率与双边贸易成本的关系，发现随着企业规模的扩大，双边贸易成本逐渐降低。对于生产率较低的企业来说，即使双边贸易成本很低，企业也能很容易退出出口市场；而生产率较高的企业在双边贸易成本下降时更容易出口。高宇（2014）通过对出口企业分类，研究企业生产率与双边贸易成本的关系，发现只有国内企业生产率足够高时才有能力出口产品，而生产率较低的企业只能在国内市场销售产品。

2.2.1.3 贸易成本的影响

贸易成本的影响主要表现在对贸易流量、贸易方式、国际市场、汇率、融资的影响。

在贸易成本对贸易流量的影响方面，杨（Young，2001）的研究表明，双边贸易成本显著抑制了贸易流量的增加。拉伯兰德（Raballand，2005）研究中亚国家双边贸易成本对贸易流量的影响，发现双边贸易成本抑制了中亚国家与欧盟国家贸易流量的增加。贝尔和伯格斯特兰（Baier & Bergstrand，2009）、张毓卿（2014）分别研究双边贸易成本对贸易发展的影响，发现双边贸易成本的下降显著促进了我国对外贸易的发长。胡默尔斯（Hummels，2008）研究贸易成本的变化，发现与20世纪50年代相比，航空运输成本下降了很多，促进了国际贸易发展。贾科夫（Djankov，2010）研究运输成本对国际贸易的影响，发现如果货物运输时间延迟一天，贸易减少量将大于1%。贾伟等（2017）的研究发现，双边贸易成本的提高促使农产品贸易量下降。许统生和徐睿（2018）测算中国与贸易伙伴国双边贸易成本，发现双边贸易成本的提高会导致贸易量下降30%。

在贸易成本对贸易方式的影响方面，黄顺武和陈杰（2011）研究贸易成本与中国加工贸易模式的关系，发现在其他条件不变时，距离成本的增加会减少中国加工贸易的出口；与发达地区相比，中国加工贸易对出口距离的变化更敏感。张毓卿和周才云（2016）的研究发现，贸易成本对一般贸易、加工贸易比重的提高均有阻碍作用。

在贸易成本对国际市场的影响方面，夏先良（2011）将价值理论和流通费用理论加入贸易成本理论中，分析双边贸易成本与国际价值量、贸易量之间的关系，发现双边贸易成本显著影响国际价值量、贸易量。许德友和梁琦（2012）通过扩展克鲁格曼（Krugman，1996）模型研究双边贸易成本对产业份额的影响，结果发现双边贸易成本的变化对产业份额并没有显著影响。

在贸易成本对汇率、融资的影响方面，付争（2015）利用 21 个国家 1990—2013 年的数据研究双边贸易成本加成对实际汇率的影响，发现双边贸易成本的变化会引起贸易顺差国的实际汇率波动。孙志贤等（2016）的研究发现，国内市场进入成本、融资约束对企业出口具有相同的影响符号。

2.2.2 贸易边际相关研究

二元边际是在新新贸易理论框架下发展起来的，古典贸易理论和新古典贸易理论主要强调比较优势；而新新贸易理论中的产品多样性偏好假定与现实更相符，这也使得扩展边际成为解释出口扩张的新渠道［伯纳德（Bernard，2007）］。现有学者对二元边际的研究主要集中在二元边际的分解、二元边际的影响因素等方面。

2.2.2.1 二元边际的分解

关于二元边际分解的研究主要集中在两个方面，部分学者认为扩展边际在贸易增长中占主导地位，另一部分学者则主张集约边际在贸易增长中占主导地位。

伊顿（Eaton，2004）运用制造业数据研究法国的贸易增长，发现法国出口量的变化主要来自扩展边际。胡默尔斯和可莱诺（Hummels & Klenow，2005）研究 126 个国家的出口贸易增长，发现扩展边际对出口增长的贡献高达 60%。肯斯（Kancs，2007）研究东欧、南欧国家的二元边际，发现贸易增长主要依赖于扩展边际。颂瓦鲁（Somwaru，2008）研究 1978—2005 年中国的贸易增长，发现在研究期内，中国的贸易增长依赖于扩展边际。伊顿（Eaton，2008）探究市场进入成本下降对贸易的影响，发现贸易增长主要来自扩展边际。阿克拉基斯和穆恩德勒（Arkolakis & Muendler，2009）的研究发现，产品的出口增长主要依赖出口产品种类的增加。贝塞德和普吕萨（Beseděs & Prusa，2010）基于集约边际和扩展边际比较出口增长，发现两国的贸易关系只能维持在较短时间内,即出口增长主要依赖于扩展边际。

与此同时,另一部分学者坚持集约边际才是对外贸易发展的主力。贝利希尔和迈克尔丹尼(Hillberry & McDaniel,2002)运用胡默尔斯(Hummels,2001)贸易分解法研究美国的贸易增长,发现美国的贸易增长主要依赖于集约边际。康(Kang,2004)的研究发现,扩展边际对出口增长的作用小于集约边际。皮耶罗(Pierola,2007)、劳利斯(Lawless,2009)的研究发现,发展中国家的出口增长多半依赖于集约边际。阿穆尔·帕切科和皮耶罗(Amurgo Pacheco & Pierola,2007)运用1990—2005年数据研究发达国家和发展中国家的贸易边际,发现集约边际对贸易增长的贡献高达86%。钱学锋(2008)、陈勇兵等(2012)、周晔(2015)的研究表明,中国的出口增长主要依赖于集约边际。龚向明(2012)研究中国钢铁行业的出口增长,发现中国钢铁行业的出口主要来源于集约边际。易靖韬和乌云其其克(2013)研究中国各省市的二元边际结构,发现均以集约边际为主。刘莉等(2013)、谭晶荣等(2014)研究金砖五国矿产品出口增长的二元边际,发现无论是基于产品维度还是地理维度,矿产品的出口增长均依赖于集约边际。此外,霍尔普曼(Helpman,1984)、奇波利纳和萨尔瓦帝奇(Cipollina & Salvatici,2007)、李坤望和宋立刚(2006)、钟腾龙等(2018)的研究均发现,大多数国家的贸易增长都依赖于集约边际。

2.2.2.2 二元边际的影响因素

在地理区位、文化对二元边际的影响方面,戈恰尔(Gehlhar,1994)研究影响食物二元边际的因素,发现消费偏好及地理因素对二元边际具有显著影响。谭晶荣等(2016)研究中国农产品出口扩展边际的影响因素,发现国内地理区位对扩展边际具有促进作用。刘晓光和杨连星(2018)、田晖和黄静(2018)基于微观数据研究文化对二元边际的影响,发现文化差异显著影响了二元边际。

在关税对二元边际的影响方面,沙内(Chaney,2016)鉴别了克鲁格曼(Krugman)模型中的代表性企业与企业异质性,认为贸易壁垒能够抑制产品的替代弹性;此外,随着企业规模的扩大,固定成本对出口的影响逐渐变小。狄八尔和莫斯塔沙瑞(Debaere & Mostashari,2010)研究关税对扩展边际的影响,发现关税的降低促使扩展边际增加。阿巴西和拉鲁(Abbassi & Larue,2012)分析了多边贸易条件下贸易自由化对社会福利的影响,发现减免关税可以促使加拿大的奶制品部门收入每年增加10亿元。斯科波拉(Scoppola,2013)研究了欧盟优惠贸易协定的贸易创造效应对农产品扩展边际和集约边际的影响,发现优惠贸易协定对农产品扩展边际具有正影响。

在政府政策对二元边际的影响方面，伯金和科尔塞蒂（Bergin & Corsetti，2008）研究了货币政策对扩展边际的影响，发现宽松的货币政策有助于扩展边际的增加。陈磊（2012）基于跨国数据检验金融发展对制造业出口二元边际的影响，发现金融发展能够促进贸易量的增加。周康（2015）研究了政府补贴对于出口二元边际的影响，发现政府补贴对于不同规模企业的影响具有差异性。范兆斌和张柳青（2017）研究了中国普惠金融发展对二元边际的影响，发现普惠金融的普及对于出口二元边际具有显著的促进作用。刘晴等（2017）研究了国际经贸新规则对二元边际的影响，发现贸易便利化、零关税等新规则可以改变企业的出口边际，从而提高社会福利。吴飞飞等（2018）研究了地区制度环境对出口边际的影响，发现良好的制度有助于出口边际的增加。

在企业异质性对二元边际的影响方面，周明海等（2010）基于企业异质性理论框架研究中国出口二元边际的影响因素，发现经济规模、出口国生产率水平对集约边际具有促进作用，多边阻力有助于扩展边际。邵军和冯伟（2013）、拉杜基克和马尔科维奇（Radukic & Markovic，2015）基于企业异质性理论对二元边际相关研究进行梳理，发现企业异质性理论已广泛运用于贸易边际、出口企业决策等领域。王维薇（2014）研究中间品进口、全要素生产率与出口二元边际的关系，发现中间品进口有助于最终品出口及出口结构优化。梁琦等（2012）、美利兹和雷丁（Melitz & Redding，2015）研究了企业异质性与二元边际的关系，发现生产率较高的企业其规模较大，面临的双边贸易成本也较低。尹志超和甘犁（2010）、周康（2015）基于倾向得分匹配法，在企业异质性理论框架内评估生产补贴对出口企业行为的影响，发现政府补贴能够通过广度边际改变微观企业的贸易流量走势。

在经济规模对二元边际的影响方面，易靖韬和乌云其其克（2013）研究我国各省市的二元边际结构及其影响因素，发现人均 GDP、劳动力与集约边际成正比，质量指数对二元边际具有不对称影响。尚涛和殷正阳（2018）基于传统出口增长理论研究经济规模对二元边际的影响，发现经济规模对二元边际的增长具有显著的促进作用。

在企业生产率对二元边际的影响方面，蓝天和吕文琦（2018）研究了中国文化创意产品的出口边际及其影响因素，发现文化产业的企业生产率水平对产品出口种类的扩张和产品出口数量的增加均有促进作用。

在技术、知识产权对二元边际的影响方面，王华等（2010）、刘祥霞等（2015）分别运用时间序列数据分析中国制造业出口增长的行业结构特征，并探讨影响制造业二元边际的影响因素，发现技术创新对制造业二元边际具有正效应。巴凯塔（Bacchetta，2007）、黄先海等（2016）的研究均发现，知识产权保护力度的增强会降低企业进口扩展边际，提升出口扩展边际。

2.2.2.3 二元边际的影响

吉龙和美利兹（Ghironi & Melitz，2004）运用企业异质性理论，通过构建动态随机一般均衡（DSGE）模型研究贸易边际的影响，发现贸易边际中的扩展边际和集约边际均促进了贸易发展，但扩展边际对贸易发展的促进作用更大。

李世兰（2011）利用中国出口数据实证检验出口边际对比较优势的影响，发现集约边际能够强化出口比较优势，但会导致较高的出口集中度，带来出口风险；而扩展边际能够弱化出口比较优势，分散出口集中风险。宗毅君（2012）利用中国1996—2009年的微观贸易数据，测度制造业出口增长的二元边际，并探究二元边际对贸易条件的影响，发现中国制造业出口增长主要依赖于集约边际，且扩展边际对贸易条件的改善具有积极作用。

伯纳德（Bernard，2003）研究贸易边际对美国与贸易伙伴双边贸易的贡献，发现贸易边际的增长有助于美国进出口额的增加。陈勇兵和陈宇媚（2011）对贸易增长的二元边际进行研究，指出国内文献对中国出口结构的分解都基于产品层面，而基于其他视角的二元边际有待扩展。陈阵和隋岩（2013）分解中国出口增长的二元边际，发现集约边际在中国出口增长中发挥主要作用。

2.2.3 出口产品升级相关研究

目前国内外关于产品升级的理论研究较多，而关于产品升级的实证研究较少，原因在于产品升级的定义及衡量并未形成统一标准。林毅夫（1994）诠释了中国的出口增长，认为产业转型和产品升级是促进中国经济发展的必经之路。

关于出口产品升级的测度，学界并没有形成统一的认知。目前，学术界关于产品升级的测算方法比较多，总体来说，主要包括以下几种测算方法：一是从概念出发，借鉴产业结构升级理论，运用初级产品出口比重及深加工产品出口比重变化衡量出口升级，如果初级产品出口比重下降，同时深加工产品出口比重上升，则认为实现了产品升级。二是运用"临近距离法"衡量出口升级，豪斯曼（Hausmann，2007）、谭晶荣等（2012）将产品升级比喻为森林和猴子的关系，将一国的产品集合比喻为森林，将国内企业比喻为森林里的猴子，而将产品比喻为森林中的每一棵树，两棵树之间的距离有近有远，这就类似于两种产品之间的距离，即产品相似度。产品升级的过程就是猴子从森林比较"贫穷"的树跳向比较"富裕"的树,两棵树之间的距离决定了猴子的跳跃难度,如果将这种想法运用于产品升级,即产品升级依赖于企业,而升级的难度取决于两种产品的相似度。三是运用出口技术复杂度衡量出口产品升级(杨成玉和陈虹,2016),该方法认为产品出口技术复杂度代表了产品蕴含的技术,如果某种产品的出口技术复杂度较高,则说明该种产品实现了升级。四是运用产品质量衡量出口升级,运用此方法的学者一致认为出口产品的质量越高,该产品就在一定程度上实现了升级。

关于产品升级的影响因素方面,格林(Green,2004)的研究发现,对外直接投资、市场集中度、汇率、关税都对出口产品升级有影响。安德森(Anderson,2006)的研究表明,进出口国的双边熟悉程度对出口产品升级有重要影响。豪斯曼和罗德里克(Hausmann & Rodrik,2003)认为产品能否向附近的高附加值产品产生潜在的"跳跃"以实现升级,主要取决于该国是否具备类似的生产能力及积累新知识的能力。伊达尔戈(Hidalgo,2007)指出,产品之所以能够升级,主要在于该国拥有生产该产品使用的先进技术和资源。费利佩(Felipe,2010)认为,产品升级是由新能力或新技术主导的技术进步和结构转型同时演化的过程。克里斯汀和贡达尔斯(Kristine & Gundars,2008)认为产品升级的快慢,取决于产品从低附加值向高附加值转移的速度大小,而转移速度又由潜在出口产品与现有出口产品之间的距离决定。伊达尔戈和豪斯曼(Hidalgo & Hausmann,2009)认为,要改进一种产品,进而生产出新产品,除了依赖于新产品与老产品之间的距离,还依赖于该国拥有多少生产技术和生产潜在产品的能力。

2.2.4 三者关系研究

关于贸易成本、二元边际与出口升级,不同学者从不同角度对三者关系进行了研究。从研究角度看,学者们分别从社会福利角度、国际市场份额角度进行研究;从研究层面看,相关研究可以归纳为企业层面、市场层面和产业层面。以下对各类研究进行梳理及介绍。

部分学者从社会福利角度进行研究,耶普尔(Yeaple,2005)研究了企业异质性与国际贸易之间的关系,发现贸易摩擦的减少会导致企业转换技术,促使贸易量扩张。张凤(2014)分析了出口固定投入对中国制造业二元边际的影响,发现出口固定投入对双边贸易流量具有负影响,多边阻力对双边贸易流量具有正影响。钱学锋和龚联梅(2017)基于中国数据研究双边贸易成本与出口增长的二元边际,发现双边贸易成本主要通过扩展边际影响产品出口量。

部分学者从国际市场份额角度进行研究，朱希伟等（2005）将国内市场分割与边际成本、固定成本之间的反向关系引入美利兹（Melitz）模型解释中国出口贸易迅猛扩张的原因，发现中国出口贸易主要源于国内市场分割导致企业无法承担巨大的国内市场需求。鲍德温和福斯里德（Baldwin & Forslid，2010）运用企业异质性模型研究贸易自由化对企业异质性的影响，发现贸易自由化能够降低贸易成本，促进社会福利发展。安德森（Anderson，2006）研究了固定贸易成本与市场熟悉度的关系，发现熟悉度影响了出口扩展边际。伯纳德和詹森（Bernard & Jensen，2007）研究企业异质性与比较优势之间的关系，发现贸易自由化导致双边贸易成本降低，进而引起资源在国内和国际市场上重新分配，促使具有比较优势的产业更加具有比较优势，获取更多额外福利。王孝松等（2014）从贸易壁垒切入，研究双边贸易成本对二元边际的影响，发现当贸易壁垒对贸易量产生影响时，出口集约边际仍然保持稳步上升，而扩展边际会产生较强的波动性。

部分学者从企业层面进行研究，劳利斯（Lawless，2010）基于企业异质性理论研究双边贸易成本与二元边际的关系，发现距离对集约边际和扩展边际均有负影响，但是距离对集约边际的影响大于其对扩展边际的影响。易靖韬（2009）基于浙江省企业数据，探讨企业异质性、市场进入成本与企业出口的关系，发现生产率较高的企业在出口时面临的贸易成本较低，更容易出口。陈勇兵等（2013）基于微观数据考察双边贸易成本对二元边际的作用机制，发现贸易规模、距离及贸易成本主要通过扩展边际影响贸易流量。姚娜（2014）利用微观数据实证检验双边贸易成本对出口扩展边际的影响，发现双边贸易成本对出口企业数量的增加具有负影响。刘晴和邵智（2018）、梁俊伟等（2018）、冯晓玲和马彪（2018）分别基于企业异质性理论研究双边贸易成本对二元边际的影响，均发现双边贸易成本显著抑制了二元边际的增加。

部分学者从市场层面研究，贝塞德和普吕萨（Besedes & Prusa，2006）测算了各国的出口扩展边际和集约边际，并比较了国家之间的出口增长，发现当企业处于固定成本边界时，企业进入出口市场进行短暂的停留后即会退出出口市场，如果发展中国家提高集约边际，这些国家将经历更高的出口增长，即集约边际是促进贸易发展的主要途径。佩尔松（Persson，2013）从贸易便利化视角切入，检验贸易便利化对贸易边际的影响，同时检验贸易成本对扩展边际的影响，结果表明贸易便利化会降低双边贸易成本，促进产品出口量的上升。赵伟等（2011）从微观视角研究沉没成本与企业出口的关系，发现劳动生产率较低的企业具有较低的出口意愿，而企业规模对其出口决定具有正向影响，企业进入出口市场具有明显的沉没成本。张琳（2010）以企业异质性为切入点研究双边贸易成本对二元边际的作用,发现扩展边际主要来源于双边固定贸易成本的下降和双边劳动生产率差异的扩大。

另有部分学者从产业层面研究,赫加奇和格兰特(Hejazi & Grant,2013)基于全产业数据研究双边贸易成本对扩展边际的影响,发现多边贸易体制对产品贸易具有显著影响,双边贸易成本的下降能够显著提高扩展边际。在服务业贸易方面,胡宗彪和王恕立(2013)的研究发现,较低的贸易成本与较高的生产率及更快的生产率增长相对应,但双边贸易成本的下降并不能引起服务业企业生产率的提升。在制造业贸易方面,毛其淋和盛斌(2013)的研究发现,贸易自由化对不同所有制企业的出口动态具有不同的影响。鲍晓华和朱达明(2014)基于产业间贸易检验技术性贸易壁垒对出口的边际效应,发现技术性贸易壁垒影响贸易国出口的变动成本和固定成本,进而影响贸易国出口量和出口概率。在农产品贸易方面,耿献辉等(2014)利用1995—2010年HS-6位中国农产品出口数据,测算二元边际对中国农产品出口增长的贡献率,研究发现,2005年之前中国农产品贸易增长主要依赖于扩展边际,2005年之后中国农产品贸易增长主要依赖于集约边际。

2.2.5 简要评价

近年来,许多学者基于企业异质性理论对贸易成本以及贸易边际分别进行研究,前面分别从贸易成本、出口边际、出口产品升级及其相互联系等方面对已有文献进行梳理,发现现有文献具有以下特点。

首先,企业异质性理论已成为学者们研究贸易边际的切入点,不同学者分别从不同角度研究贸易边际,在分析贸易问题时贸易成本成为主要因素。国内外学者对贸易成本的测度进行了深入研究,许多文献通过改变贸易成本模型的基本假定,不断修正贸易成本计算方法,使得贸易成本的测算越来越贴近现实。

其次,企业异质性理论的二元边际发展为相关研究提供了理论框架,产品种类的度量指标也为二元边际的分解提供了计量方法。学者们通过不断修正假设条件对企业异质性理论进行拓展,进一步基于企业异质性理论研究相关问题,这使得人们对提高国内企业生产率的途径有了更加深刻的认识。

最后,从研究方法上看,传统经济理论将农产品视为同质性产品,已有文献通常研究服务业及制造业,很少涉及农业,而这种把不同种类不同特质的农产品视为同质性产品的假设显然与现实不相符。事实证明农产品也是异质性产品,因此农产品的贸易成本与贸易边际有待研究。

尽管前人的研究非常丰富,但通过梳理文献,发现目前关于贸易成本、二元边际与出口产品升级的研究寥寥无几。只有谭晶荣等（2012）对贸易边际、出口产品升级及其相关研究进展进行拓展，但将三者结合进行系统研究的文献还未有见。未来双边贸易成本与二元边际的相关研究可以从以下几个方面进行完善。

（1）现有文献对贸易边际的研究涉及制造业、服务业等中高端产业，但对农产品贸易边际进行专门研究的文献较少。从国内市场看，农业是一国发展的基础产业，是经济发展的支柱，农业发展关系国计民生；从国际市场看，中国与贸易伙伴国农产品贸易合作关系是否紧密与中国对外贸易发展的好坏息息相关，这决定了中国在世界贸易格局中的地位，因此，农产品出口的二元边际值得深入研究。

（2）现有文献对于不同贸易成本对二元边际的影响机制尚未形成完整的研究体系，双边贸易成本对二元边际的影响不是一触即发的，而是通过层层传递的，因此不同贸易成本对贸易边际的作用机理应有一个系统的传导机制。

（3）现有文献研究了双边贸易成本对二元边际的影响，但如何优化出口产品结构，实现产品"走出去"才是贸易发展的最终目的。贸易边际作为促进贸易发展的新源泉，不应止步于对现有贸易发展趋势的分解，而是应该对农产品出口升级、实现农产品"走出去"做出其应有的贡献，但现有文献几乎未有涉及贸易边际与农产品出口升级的相关研究。本书试图将三者结合，寻找制约中国农产品出口边际的因素，为中国农产品出口升级提供有针对性的政策建议。

2.3　本章小结

本章梳理了相关理论基础与国内外文献，并分析各理论对于出口边际的阐释；其次借助国内外文献梳理了与贸易成本、二元边际及出口产品升级的相关研究之间的关系。

从国际贸易理论的发展脉络看，古典贸易理论主要基于比较优势理论研究产业间贸易；新贸易理论主要基于规模报酬递增研究产业内贸易，而新新贸易理论从企业异质性角度入手研究产业内贸易相关问题。从贸易边际视角看，古典贸易理论主要揭示了出口集约边际，无法解释扩展边际；新贸易理论主要揭示了出口扩展边际；而基于企业异质性模型的新新贸易理论将生产率门槛引入模型，揭示了企业出口产品的数量增加与出口产品种类扩张之间的关系，即集约边际和扩展边际之间的关系。

关于文献的梳理主要包括贸易成本相关研究、二元边际相关研究、出口产品升级相关研究，以及三者之间关系的研究。通过梳理文献，发现现有文献对于贸易成本的研究主要集中在贸易成本的测量、贸易成本的影响因素及其影响方面；对于二元边际的研究主要集中在二元边际的分解及其影响因素方面；对于出口产品升级的研究主要集中在产品升级的测度以及影响因素方面；关于三者之间关系的研究较少，基于两两关系的研究较多。

综合前人研究，发现目前关于贸易成本、二元边际及出口产品升级的文献已有很多，这些研究为本书提供了丰富的借鉴意义。纵观前人的研究，发现现有文献具有以下特点：一是对二元边际的研究大多涉及制造业、服务业等中高端产业，但对农产品二元边际进行专门研究的文献较少；二是现有文献研究了综合贸易成本对二元边际的影响，但对于不同贸易成本对二元边际的影响机理尚未形成完整的研究体系；三是现有研究多集中于单独研究贸易成本或者二元边际，而将三者系统研究的文献还未有见。结合中国农业发展的现实情况，优化农业出口结构，实现产品"走出去"才是贸易发展的最终目的。因此本书以农产品为对象，研究中国农产品贸易成本、二元边际与出口产品升级之间的关系。

3 中国贸易体制及农产品贸易发展

中华人民共和国成立至今已经 70 多年,在这 70 多年中,中国根据自身的经济发展及其在世界经济中的地位不断调整对外贸易策略,从严格计划经济体制下的贸易保护主义到市场经济体制下的自由贸易主义,中国对外贸易发展迅速。本章旨在梳理中华人民共和国成立以来中国对外贸易政策及农产品贸易政策演变,并分析中华人民共和国成立至今中国对外贸易及农产品贸易的发展历程。

本章共有 4 节,第 1 节梳理中华人民共和国成立以来中国对外贸易政策及农产品贸易政策的演变;第 2 节运用历史数据分析中国对外贸易及农产品贸易发展进程;第 3 节分别从洲际特征、国别(地区)特征、细分产品种类特征三方面分析中国农产品出口的现实特征;第 4 节为本章小结。

3.1 中国对外贸易体制与政策

改革开放以来,中国经济发展飞速,中央政府根据不同的经济发展阶段制定中国对外贸易政策。中华人民共和国成立至今,中国采取渐进式对外贸易推进战略,在实践中不断摸索、寻找适合中国对外贸易发展的策略。我国农业先后经历了"大跃进"、人民公社等,走过了艰难而缓慢的发展进程。农产品贸易作为中国对外贸易发展的一部分,在中国经济发展中具有重要作用。在经济发展的不同阶段,国家政府审时度势,根据国内外环境不断调整对外贸易战略,持续促进对外开放。随着改革开放政策的实施,中国经济与贸易都取得了快速发展。总体来看,中国对外贸易政策可以划分如下:计划经济体制下的对外贸易策略(1949—1977 年)、改革开放之初的对外贸易策略(1978—1991 年)、市场经济条件下的对外贸易策略(1992—2000 年)、入世以来的对外贸易策略(2001—2007 年)、金融危机之后的对外贸易策略(2008—2012 年)、"一带一路"倡议下的对外贸易策略(2013 年至今)。

3.1.1 计划经济体制下的对外贸易策略(1949—1977 年)

中华人民共和国成立之初,中国经济发展进入了新时期,但中华人民共和国成立之前的陈旧思想仍然在国内延续,中央政府认为对外贸易不能促进经济发展,应当继续实行闭关锁国策略。当时的对外贸易策略为由国家集中管理,各地方均按照国家指示进行贸易,于是形成了由国家统负盈亏、高度集中的对外贸易策略。该阶段,国家对农产品实行严格的计划价格①,主要表现在粮、棉、油、糖、茶叶、大麻、芝麻、猪、牛羊、蛋、大宗水产和水果等农产品上。

1949年国家设立了中央贸易部,并在贸易部设置外贸司,主要目的是方便对国内外贸易进行统一管理。与此同时,中央政府在《中国人民政治协商会议共同纲领》中明确提出,中国将对对外贸易进行保护。1950年国家颁布了《中华人民共和国对外贸易管理暂行条例》和《对外贸易管理暂行条例实施细则》,规定了与对外贸易相关的内容。同年,中央贸易部首次提出允许合作机构参与到部分进出口业务的经营中。1953年国家成立了10多个进出口公司,开始对粮、棉、油等重要农产品实行统购统销政策,但进出口公司的行为不能完全由自己决定,而是由口岸和分公司共同决定的,换句话说,企业在进出口决策方面并没有独立决定权。之后,国家对企业的进出口管理方式进行了变革,中国农产品统购统销的范围越来越大、程度也越来越深。与农产品统购统销政策相适应,国内的主要农产品价格采取计划价格,对统购统销商品制定了严格的统购牌价和统销牌价,而统购价格和品种由国家统一规定。直到1956年,企业的进出口才不再受口岸和分公司的双重影响,变为由企业全权决定。

在计划经济体制下,中国沿袭闭关锁国的思想,仍以保守的方式管理对外贸易。国家为了稳定农产品市场并实现对私营商业的改造,实行严格的农产品计划经济。这一时期国家对外贸易的管理权由政府承担,这种策略满足了计划经济体制的发展要求,但却在一定程度上阻碍了对外贸易发展。从国家逐渐放松对企业的进出口决策权这一规定可以看出,随着中国经济贸易的发展,由国家统一管理对外贸易行为的方式逐渐被摒弃,取而代之的是多种贸易主体并存的发展方式。

3.1.2 改革开放之初的对外贸易政策(1978—1991年)

改革开放为中国经济发展带来了新格局,随着国内外经济形势的变化,

---

① 1961年中共中央发布《关于目前农产品收购工作中几个政策问题的规定》,明确提出把农副产品分为三类,分别实施三种收购政策。第一类,粮食、棉花和食油,实行统购统销政策;第二类,其他重要农产品,实行合同派购政策;第三类,统购、派购以外的农副产品,国营商业可与生产者协商议价收购。

中国对外贸易政策也开始逐渐放松。改革开放之初，国家只允许蔬菜、水果、水产品和部分畜产品在国内市场交易，经过几年的改革，国家逐渐放松了对市场交易的地域限制，并逐步减少了统购派购的品种，扩大了自由购销范围。中国对外贸易正在由严格的计划经济体制下的管理模式向市场经济体制下的管理模式转变。

党的十一届三中全会以来，国家开始对高度集中的计划经济体制进行改革，表现为逐步允许商品经济发展。1979年国家成立了进出口管理委员会和外国投资管理委员会，一方面是加强对外贸实务的管理；另一方面是逐渐下放对外贸易管理权。1980年国家开始实施以简政放权为主要内容的对外贸易政策，包括从政企合并到政企分开、从限制外贸代理到允许外贸代理等。1982年中国先后在日本、英国、法国设立了进出口公司代表处，在美国、德国、阿联酋等国家设立了贸易中心，这些标志着中国将对外贸易落到实处，也意味着中国开启了对外贸易新篇章。1984年，党的十二届三中全会明确提出，建立有计划的商品经济体制，将对外开放作为我国长期的基本国策。1985年，国家取消了统派统购制度，改为统购、派购合同订购。同年，国务院发布了《关于进一步活跃农村经济的十项政策》，对农产品统购统销政策进行改革。1987年，国家放开了限制外贸公司实行出口承包经营责任制的规定。1988年国务院颁布了《关于加快和深化对外贸易体制改革若干问题的规定》，进一步加速了中国对外贸易发展进程。

这一阶段是中国由计划经济体制向市场经济体制转变的阶段，也是中国对外贸易政策的探索改革阶段。在此期间，中国政府逐渐放松了外贸管制，使管理权下放、允许更多的外贸企业参与到对外贸易实务中，对三类农副产品和完成任务后的一、二类农产品实行议购议销，允许多渠道经营；放宽了对城乡集市贸易的管理，开放了城市农产品市场，放宽了农产品交易政策，农产品市场开始向专业化、综合化方向发展。同时国家推进外贸与外汇管理体制改革，增强本土企业出口创汇，加速了中国对外贸易发展。该阶段国家逐渐放松了农产品交易的地域限制、品种限制等，使得农产品贸易逐步走向正轨。

3.1.3 市场经济条件下的对外贸易策略（1992—2000年）

1992年中国共产党第十四次全国代表大会正式提出建立社会主义市场经济体制。加入市场经济使得中国逐步建立起国民经济新体制，引导中国经济发展进入新阶段。但该阶段中国对外开放面临的环境极其复杂，苏联解体、东欧剧变、东南亚金融危机等都对中国对外开放提出了新挑战。为了满足社会主义市场经济的发展需要，中国进一步进行对外贸易改革，初步建立起符合社会主义经济体制的对外贸易政策。

1992年邓小平视察了珠海、武昌、深圳、上海等地，并发表了重要谈话，提出"要抓紧有利时机，加快改革步伐，力争国民经济更好地上一个新台阶"，为国家走上具有中国特色社会主义市场经济发展道路奠定了思想基础。邓小平南方谈话后国家实行了一系列对外开放改革措施，一是利用外资跃上新台阶，着力打造全方位对外开放格局；二是实行汇率并轨与经常项目可兑换；三是深化外贸体制改革，促使对外贸易快速增长。实行市场经济后，国家提出了社会主义市场经济体制目标，并按照《国际商品名称和编码协调制度》调整了关税税则、对物价进行了改革。1992年，党中央提出建立社会主义市场经济体制，中国市场化步伐进一步加快。这一制度在中国恢复关贸总协定（GATT）谈判中得到各成员的认可和肯定，中国对外开放的步伐也进一步加快。1993年，国家正式建立社会主义市场经济体制，开始实施产权清晰、权责明确、政企分开、管理科学的现代企业制度，这一要求对农产品市场经济发展奠定了重要基础。1994年中国开始实施外汇制度改革，逐步实现人民币自由兑换。同年，国家颁布了《中华人民共和国对外贸易法》，加速了中国对外贸易法制化进程。此外，国家对国内企业实行出口退税制度，对出口企业进行高额补贴，以促进出口贸易。随着外贸制度的不断改革，从事对外贸易活动的企业数量不断增多，进出口商品种类也不断增加，市场规模日渐扩大。20世纪80年代中后期，市场化改革分阶段地推向了水稻、小麦、玉米、其他粗粮、油料、棉花、主要畜产品等。

该阶段中国逐渐形成了全面开放的新格局，这对我国社会主义建设产生了重大影响，使我国彻底消除了自由贸易的封建羁绊。国家积极打造环境以便吸引外商投资，建立与完善外资法律，为推动对外开放保驾护航，使对外贸易得到迅速发展。主要农产品能够保证供求基本平衡，农业发展也开启了新篇章。在农产品出口种类上，蔬菜、水果、畜产品、水产品等劳动密集型产品的出口比较优势进一步增强。中国农产品贸易在这一时期的特征表现为：贸易结构进一步调整，比较优势产品更加突出；农产品出口比重持续降低，贸易顺差继续增加；出口相对稳定，进口波动较大；贸易规模继续扩大，增速略有波动。但"顺差就是成绩"的旧思想依然影响中国对外贸易的发展，长期的顺差目标给中国制造了许多贸易摩擦。

3.1.4　入世以来的对外贸易政策（2001—2007年）

2001年中国加入世界贸易组织（WTO），标志着中国在多边贸易谈判中拥有更多主动权,但中国在享受发达国家对出口产品限制放松的同时,也需要严格遵守入世的承诺以及大量的额外条款,这就要求中国大幅调整对外贸易政策。经过几年的发展,中国对外贸易政策也逐步适应全球经济发展,为进一步实现贸易自由化奠定了基础。随着中国加入WTO,农产品贸易发展也进入了新阶段,更多的市场主体得到发展,标准化和信息化建设取得快速发展。

为了兑现WTO承诺,2002年中国开始大范围降税,同时还大幅削减了非关税措施,例如取消对部分产品的进出口数量限制等。2001年政府开启了行政审批改革,为企业自由进入和退出行业创造了更加宽松的环境。为了满足竞争有序的市场体系要求,2003年国务院撤销了外经贸部和国家经贸委,组建了商务部,并对与中国进出口货物相关的条例及与之配套的部门规章进行了修订和完善,同时出台了《货物进出口管理条例》。为了鼓励更多的国内企业参与国际贸易,国家多次改革出口退税制度,以便最大限度促进出口贸易。此外,中国积极参与WTO谈判,不断建立新的贸易伙伴,扩大进出口市场。

总体来说,加入WTO为中国走向国际市场提供了机遇,国家一方面在遵循WTO规则的基础上不断调整对外贸易政策,以便适应全球经济发展,另一方面利用自身在国际市场中的地位主动寻求贸易伙伴,扩大国际市场份额,带动经济贸易发展,逐步实现贸易自由化。在该过程中,国家逐渐摒弃了落后的对外贸易制度,促进了对外贸易的健康发展。

3.1.5 金融危机后的对外贸易政策(2008—2012年)

2008年金融危机波及全球,对全球各国的经济、贸易都产生了巨大影响,金融危机的阴影使各国进入贸易保护主义的思潮。该阶段,中国对外贸易增长速度开始放缓,劳动力成本开始上升,为此中国采取相应的贸易保护措施来应对金融危机对中国带来的影响。

2008年,中国分别与新西兰、新加坡、秘鲁签署了自由贸易协定,这在一定程度上促进了中国对外贸易发展。但由于金融危机的影响,部分国内企业选择退出出口市场。同年8月,国家宣布将部分产品的出口退税率从11%提高至13%,以便鼓励更多企业留在出口市场上与国际企业竞争。此外,对于在国外进行直接投资的企业,政府提供相应的贸易支持及金融支持。在进口方面,国家通过提高关税的方式对影响国内幼稚产业发展的进口商品进行限制。针对那些对中国出口产品进行反倾销制裁的国家,中国将给予适当"报复",尽最大努力为中国对外贸易发展提供平台。

该阶段,中国的对外贸易政策发生了较大变化,中国不再以"顺差就是成绩"为目标,而是最大限度地保护国内产业发展并促进中国对外贸易的健康发展。虽然金融危机在很大程度上阻碍了中国对外贸易发展,但却使中央政府在制定对外贸易政策方面看清了国际市场局势,这为中国对外贸易发展提供了无限可能。

3.1.6 "一带一路"倡议下的对外贸易政策(2013年至今)

2013年,国家主席习近平提出了"丝绸之路经济带"和"海上丝绸之路"(简称"一带一路"),该倡议为中国对外贸易发展打开了新大门。"一带一路"覆盖亚欧60多个国家,40多亿人口,市场潜力巨大。自"一带一路"倡议被提出以来,各国纷纷加入,为中国对外贸易发展提供了新机遇。2015年,国家发展改革委、外交部、商务部联合发布了《推动共建丝绸之路经济带和21世纪海上丝绸之路的愿景与行动》,文件指出要进一步推动与沿线国家的贸易合作。2016年中国与联合国签署了《中华人民共和国外交部与联合国亚洲及太平洋经济社会委员会关于推进地区互联互通和"一带一路"倡议的意向书》,强调双方将共同规划推进沿线各国的政策对接和贸易合作。2017年,外汇局提出要营造良好的外汇管理政策环境,支持中国企业参与"一带一路"建设。2018年海关总署会同口岸管理各相关部门出台了《提升我国跨境贸易便利化水平的措施(试行)》,取消了海运提单换单环节,降低了口岸检查检验服务型收费,并建立口岸通关时效评估公开制度,旨在进一步优化口岸营商环境,提升我国跨境贸易便利化水平。党的十九大报告也明确提出,要把解决好"三农"问题作为全党工作的重中之重,坚持农业农村优先发展,同时提出乡村振兴战略,这为农产品贸易发展提供了支撑。

至此,中国对外贸易政策已经与国际贸易体制接轨,政策变化的动力也已经由单纯的内部决定转变为内外协调,中国对世界经济的良性影响也在逐步扩大。经过40多年的对外开放,中国以自由贸易试验区为引领,构建开放型经济新体制,重点推进"一带一路"建设,我国由外贸大国向外贸强国转变,并积极参与全球经济治理体系改革,在全球经济贸易体系中已名列前茅,成为世界前三位的外商投资东道国和来源国。随着国际市场开放程度的进一步加深,农产品进口规模不断增加,中国也成为世界上主要的农产品贸易国家之一。此期间中国农产品贸易额持续增加,贸易地位不断提高;三大谷物的贸易量由贸易顺差变为贸易逆差;水果、蔬菜等具有比较优势的农产品出口持续增加,但增速不断放缓;猪肉、羊肉、乳制品等进口量不断增加,牛肉、水产品的进口量则出现较大波动;植物油、棉花等产品进口规模不断扩大,部分产品的进口量达到全球贸易量的一半以上。目前,中国已成为世界上最大的棉花、大豆、棕榈油进口国。

3.2 中国对外贸易发展进程

3.2.1 中国对外贸易发展状况

中国对外贸易发展进程与中国对外贸易政策息息相关。伴随着中国在经济发展不同阶段对对外贸易政策的调整，中国对外贸易发展呈现出不同特征。图3-1反映了中华人民共和国成立以来中国进出口贸易额的具体变化情况。

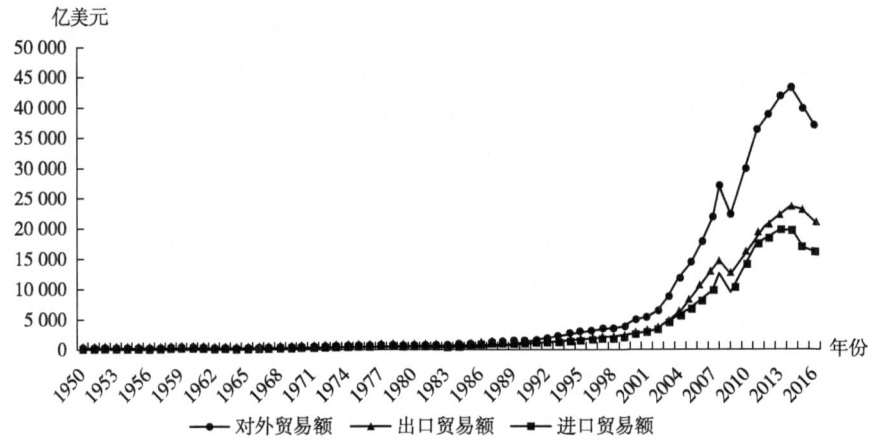

图3-1 中华人民共和国成立以来中国进出口贸易额变化趋势

数据来源：《中国统计年鉴》。

从上图可以看出，1950—2016年中国对外贸易额、出口贸易额、进口贸易额基本呈现相同的变化趋势。中华人民共和国成立以来，中国对外贸易额从11.3亿美元增加至4.10万亿美元；出口贸易额从5.5亿美元增加至2.26万亿美元；进口贸易额从5.8亿美元增加至1.84万亿美元。具体来看，中国对外贸易发展可以分为四个阶段。

第一阶段为中华人民共和国成立至2008年，三者均呈现稳步增长态势。其中1950—2000年，进出口贸易总额从11.3亿美元增加至4 743亿美元，增加了4 731.7亿美元；出口贸易额从5.5亿美元增加至2 492亿美元，增加了2 486.5亿美元；进口贸易额从5.8亿美元增加至2 251亿美元，增加了2 245.2亿美元。2001年之前，中国对外贸易额、出口贸易额、进口贸易额呈现匀速增长态势，且增长幅度较小。加入WTO为中国对外贸易打开了新大门，三者增长速度明显大于入世之前三者的增长速度。截至2008年，中国对外贸易额、出口贸易额、进口贸易额分别达到26 632.6亿美元、14 306.9亿美元、12 325.7亿美元，分别成为三者增长速度的最高点。

第二阶段为2008—2009年，中国对外贸易额、出口贸易额、进口贸易额均呈现轻微下降。尽管2008年中国对外贸易额、出口贸易额、进口贸易额分别达到历史最高点，但好景不长，2008年的金融危机影响波及全球，导致2009年中国对外贸易迅速下跌，三者分别下跌至22 075.4亿美元、12 016.1亿美元、10 059.3亿美元，与2008年相比，分别下跌了17.11%、16.01%、18.39%，这种下跌速度在历史上也是空前的。

第三阶段为2010—2014年，中国对外贸易额、出口贸易额、进口贸易额呈现快速上升态势。随着时间的推移，中国逐渐走出金融危机的笼罩，恢复良好的对外贸易发展形势。2010—2014年，对外贸易额从29 740亿美元增加至43 015.3亿美元，平均每年增长11.16%；出口贸易额从15 777.5亿美元增加至23 422.9亿美元，平均每年增长12.11%；进口贸易额从13 962.5亿美元增加至19 592.4亿美元，平均每年增加10.08%。

第四阶段为2015年至今，中国对外贸易额、出口贸易额、进口贸易额均出现下滑趋势。随着贸易自由化的加深，全球经济均处于深度调整之中，总体复苏乏力。2015年中国经济发展进入新常态，全球经济低迷导致外需不足，国内经济面临较大的下行压力，且受到国际大宗商品价格大幅下跌的影响，导致中国对外贸易额、出口贸易额及进口贸易额出现下滑。2017年三者稍显恢复，贸易额分别为4.10万亿美元、2.26万亿美元、1.84万亿美元。

综合1950—2016年中国对外贸易额、出口贸易额、进口贸易额的变化趋势，尽管中华人民共和国成立以来三者呈现相同的变化趋势，但从三者增长速度的变化可以看出，中国对外贸易额的增长速度和下降速度均大于出口贸易额和进口贸易额的变化速度。

3.2.2 中国农产品贸易发展状况

与世界其他国家相比，中国人口稠密，这种先天的资源分配不足决定了中国自身在农产品供给方面的弱势，需要依赖进口部分农产品才能满足国内居民需求。改革开放以来中国农产品对外贸易取得了快速发展。图3-2为1995年以来中国农产品对外贸易发展情况。

总体来看，1995年以来中国农产品对外贸易额、出口贸易额、进口贸易额呈现相同的变化趋势，其中，农产品对外贸易额从1995年的254.2亿美元增加至2017年的2 013.9亿美元，增加了1 759.7亿美元；出口贸易额从

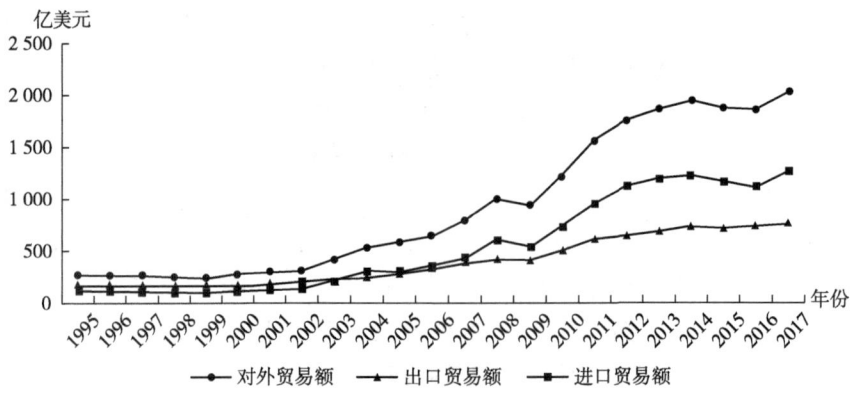

图3-2　1995年以来中国农产品贸易变化趋势

数据来源：《中国农产品进出口月度统计报告》。

145.8亿美元增加至755.3亿美元，增加了609.5亿美元；进口贸易额从108.4亿美元增加至1 258.6亿美元，增加了1 150.2亿美元。

具体来看，中国农产品对外贸易发展可以分为两大阶段。

第一阶段为1995—2001年，该阶段由于中国实行市场经济体制，市场化进程不断加深促使中国农产品对外贸易额不断增加。该阶段中国农产品对外贸易额从254.2亿美元增加至279亿美元，增长了24.8亿美元；农产品出口贸易额从145.8亿美元增加至160.7亿美元，增长了14.9亿美元；农产品进口贸易额从108.4亿美元增加至118.3亿美元，增长了约9.9亿美元。中国加入世界贸易组织的紧张谈判中，对外开放步伐逐渐加快。此阶段中国农产品对外贸易特征表现为规模有所扩大、出口基本稳定、进口逐渐增加。

第二阶段为2001年至今，农产品对外贸易表现为入世后的全面开放。2001年中国加入世界贸易组织，这一举动对农产品对外贸易发展影响深远。加入世界贸易组织后，中国农产品对外贸易政策也做出了相应调整，主要表现为中国农产品国际化程度不断提高，出口环境也得到了相应改善，在进行贸易时中国更加注重农产品贸易保护。2001—2017年中国农产品对外贸易额从279亿美元增加至1 998.2亿美元，年均增长107.5亿美元；农产品出口贸易额从160.7亿美元增加至751.4亿美元，年均增长36.9亿美元；农产品进口额从118.3亿美元增加至1 246.8亿美元，年均增长70.5亿美元。通过对比发现，中国农产品进口增长速度远超农产品出口增长速度。值得注意的是，2008年的金融危机波及全球，农产品贸易也受到影响，中国农产品对外贸易额、出口贸易额以及进口贸易额均呈现下降趋势，分别从2008年的985.5亿美元、402.2亿美元、583.3亿美元下降至2009年的913.8亿美元、392.1亿美元、521.7亿美元。与中国对外贸易额相比，金融危机对农产品贸易的影响较小，究其原因，农产品作为人类生活的必需品，消费者对其具有刚性需求，因此该阶段中国农产品出口贸易额、进口贸易额分别仅下降了10.1亿美元、61.6亿美元。

随着经济的不断发展，国内收入水平逐渐提高，居民对农产品的需求层次也不断提高，表现为对肉、蛋、奶等高蛋白含量产品的需求量变大，这就要求农产品供给方转换农产品供给结构，由传统的农副加工食品转向肉、蛋、奶等蛋白含量较高的农产品。这一变化也导致2015年中国农产品对外贸易额、出口贸易额和进口贸易额出现下降趋势，这一趋势一直延续到2016年。直到2017年，中国农产品贸易逐渐恢复，三者均呈现增加态势。

尽管1995年以来中国农产品对外贸易额、出口贸易额、进口贸易额均呈上升趋势，但通过对比三者的上升速度，发现呈现以下特点：一是农产品进口贸易增长速度大于出口贸易增长速度；二是农产品进口贸易下降速度小于出口贸易下降速度，由此可见中国农产品生产的先天资源分配不足对中国农产品贸易发展具有一定的限制。中国农产品生产条件有限，且国内居民对农产品的需求量较大，通过观察农产品贸易逆差的变化趋势，可以总结农产品贸易发展面临的问题。图3-3为1995年以来中国农产品贸易逆差的变化情况。

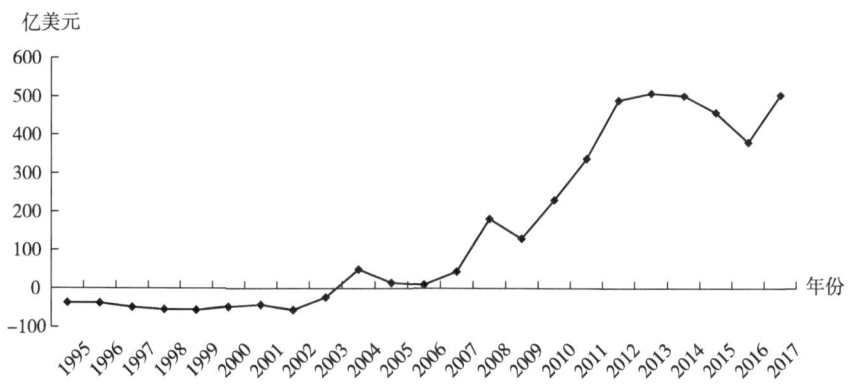

图3-3　1995年以来中国农产品贸易逆差的变化情况

数据来源：《中国农产品进出口月度统计报告》。

从上图可以看出，1995年以来中国农产品贸易逆差越来越大。具体来看，1995年中国农产品出口额为145.8亿美元，农产品进口额为108.4亿美元，此时农产品出口额大于进口额，贸易顺差为37.4亿美元。此后中国农产品贸易一直保持顺差状态，但农产品出口额与进口额的差额越来越小。2003年中国农产品出口额为212.4亿美元,进口额为189.3亿美元,此时二者差额仅为23.1亿美元。2004年为中国农产品贸易出现逆差的第一年,当年农产品出口额为230.9亿美元,农产品进口额为280.3亿美元,二者逆差为49.4亿美元。从绝对值看,中国农产品贸易逆差的绝对值远超此前中国农产品贸易顺差的绝对值,由此可见中国农产品贸易逆差的必然趋势。2005年与2006年中国农产品出口贸易与进口贸易处于调整状态,该两年的农产品贸易逆差分别为14.7亿美元、9.6亿美元,相比2004年有所下降。2007年,中国农产品进口额远超出口额,呈现逆差态势,此后逆差越来越大。2017年中国农产品出口额为751.4亿美元,进口额为1 246.8亿美元,贸易逆差达到495.4亿美元。以上变化一方面说明中国人口稠密的现实状况决定了中国需要进口部分农产品以满足国内需求;另一方面也反映了中国亟须通过增加农产品技术附加值来提高农产品出口竞争力。

3.3 中国农产品出口分析

在农产品出口增长过程中,农产品出口洲际市场、出口国别(地区)市场,以及细分出口产品比重均发生了相应变化。1992—2017年中国共出口HS-6位农产品718种,以下分别对中国农产品出口洲际市场、出口国别(地区)市场,以及细分出口产品种类进行分析。

3.3.1 农产品出口洲际结构

中国农产品出口洲际市场主要包括:亚洲、非洲、欧洲、南美洲、北美洲以及大洋洲。表3-1为2003年以来中国农产品洲际市场的出口额及比重变化表。

表3-1 2003年以来中国农产品洲际市场的出口额及比重

年份	亚洲		非洲		欧洲		南美洲		北美洲		大洋洲	
	出口额(百万美元)	比重(%)	出口额(百万美元)	比重(%)	出口额(百万美元)	比重(%)	出口额(百万美元)	比重(%)	出口额(百万美元)	比重(%)	出口额(百万美元)	比重(%)
2003	14 753.7	69.5	649.4	3.1	3 033.4	14.3	268.4	1.3	2 283.3	10.7	255.4	1.2
2004	15 788.1	68.4	595.8	2.6	3 381.0	14.6	402.9	1.7	2 624.8	11.4	297.3	1.3
2005	17 945.6	66.0	660.5	2.4	4 496.8	16.5	521.6	1.9	3 220.9	11.8	338.6	1.2
2006	19 100.2	61.6	888.3	2.9	5 525.0	17.8	808.3	2.6	4 227.2	13.6	476.9	1.5

续表

年份	亚洲 出口额（百万美元）	比重（%）	非洲 出口额（百万美元）	比重（%）	欧洲 出口额（百万美元）	比重（%）	南美洲 出口额（百万美元）	比重（%）	北美洲 出口额（百万美元）	比重（%）	大洋洲 出口额（百万美元）	比重（%）
2007	22 036.6	60.2	1 136.6	3.1	7 013.5	19.2	892.9	2.4	4 941.2	13.5	598.7	1.6
2008	22 528.5	56.0	1 548.1	3.8	8 299.4	20.6	1 314.1	3.3	5 775.7	14.4	757.0	1.9
2009	23 254.8	59.3	1 577.1	4.0	7 240.1	18.5	1 076.7	2.7	5 363.0	13.7	702.0	1.8
2010	29 236.3	59.8	1 787.9	3.7	8 790.6	18.0	1 626.4	3.3	6 580.8	13.5	861.3	1.8
2011	36 307.4	60.4	2 430.2	4.0	10 538.4	17.5	2 101.0	3.5	7 611.7	12.7	1 119.6	1.9
2012	38 726.7	61.9	2 479.6	4.0	9 969.3	15.9	2 062.4	3.3	8 182.7	13.1	1 145.4	1.8
2013	41 764.5	62.2	2 798.4	4.2	10 657.5	15.9	2 386.5	3.6	8 241.4	12.3	1 247.9	1.9
2014	45 379.7	63.6	2 842.8	4.0	11 166.6	15.7	2 208.3	3.1	8 431.1	11.8	1 313.1	1.8
2015	45 333.6	64.6	2 759.5	3.9	10 266.6	14.6	2 188.9	3.1	8 334.4	11.9	1 301.5	1.9
2016	47 351.7	65.2	2 646.9	3.7	10 438.5	14.4	2 437.1	3.4	8 430.0	11.6	1 308.8	1.8
2017	43 440.1	64.5	2 771.6	4.1	9 844.4	14.6	2 188.8	3.3	7 870.7	11.7	1 224.5	1.8

数据来源：根据《中国农产品进出口月度统计报告》（2003—2017）整理得到。

由上表可以看出，2003—2017年中国农产品出口洲际市场主要分为亚洲、非洲、欧洲、南美洲、北美洲、大洋洲。横向来看，中国对各大洲的农产品出口排名依次为亚洲、欧洲、北美洲、非洲、南美洲、大洋洲。除2008年外，中国对亚洲国家的农产品出口比重一直维持在60%以上，最高达到69.5%；对欧洲国家的农产品出口比重始终维持在14%~21%之间，最高可达20.6%；对北美洲的农产品出口比重仅次于亚洲和欧洲，在10%~15%之间浮动；而对非洲、南美洲和大洋洲的农产品出口比重均维持在5%以下。纵向来看，中国对亚洲国家的农产品出口比重总体处于下降趋势，对非洲、欧洲、南美洲、北美洲、大洋洲的农产品出口比重不断上升。2003年中国对亚洲的农产品出口比重为69.5%，2017年出口比重为64.5%，下降了5%；而中国对欧洲、北美洲、非洲、南美洲、大洋洲的农产品出口比重分别从14.3%、10.7%、3.1%、1.3%、1.2%上升至14.6%、11.7%、4.1%、3.3%、1.8%，分别上升了0.3%、1%、1%、2%、0.6%。以上变化反映了中国农产品出口的洲际特征，即尽管中国农产品出口洲际市场始终集中在亚洲，但中国对各洲际的农产品出口比重不断变化，这说明中国农产品出口洲际市场的集中度不断下降，正在朝着多元化发展。以上变化一方面说明中国农产品出口贸易策略的微妙变化，另一方面也说明中国农产品出口市场风险不断下降。

3.3.2 农产品出口国别（地区）结构

表 3-2 为 2001—2017 年中国农产品主要出口国别（地区）及其所占比重。

表 3-2　2001—2017 年中国农产品主要出口国别（地区）及其所占比重

2001 年	2003 年	2005 年	2007 年	2009 年	2011 年	2013 年	2015 年	2017 年
日本	日本	日本	日本	日本	日本	日本	日本	日本
41.54%	32.76%	32.90%	25.33%	21.80%	20.83%	18.80%	16.20%	15.53%
中国香港	韩国	美国	美国	美国	美国	美国	中国香港	中国香港
13.04%	13.50%	13.02%	14.57%	13.84%	13.52%	12.86%	13.40%	13.85%
韩国	美国	韩国	韩国	中国香港	中国香港	中国香港	美国	美国
11.95%	11.39%	12.84%	11.91%	9.53%	10.12%	12.26%	12.17%	11.31%
美国	中国香港	中国香港	中国香港	韩国	韩国	韩国	韩国	韩国
9.30%	11.30%	10.58%	8.91%	8.37%	8.65%	7.85%	7.10%	7.30%
荷兰	马来西亚	荷兰	荷兰	德国	越南	泰国	泰国	越南
3.77%	3.34%	4.70%	4.68%	4.14%	4.00%	4.31%	5.76%	6.76%
德国	德国	德国	德国	马来西亚	马来西亚	马来西亚	越南	泰国
3.36%	3.11%	3.76%	4.06%	3.35%	3.96%	4.29%	5.31%	4.48%
马来西亚	荷兰	俄罗斯	俄罗斯	俄罗斯	德国	越南	马来西亚	马来西亚
2.54%	2.96%	2.79%	3.44%	3.04%	3.84%	3.91%	3.93%	3.52%
俄罗斯	俄罗斯	马来西亚	马来西亚	荷兰	俄罗斯	德国	德国	菲律宾
1.73%	2.91%	2.76%	3.04%	2.89%	3.53%	3.29%	2.95%	2.84%
印度	越南	加拿大	加拿大	越南	泰国	俄罗斯	俄罗斯	俄罗斯
1.73%	1.58%	1.87%	1.91%	2.67%	3.42%	3.27%	2.63%	2.72%
加拿大	菲律宾	泰国	泰国	泰国	荷兰	菲律宾	菲律宾	德国
1.16%	1.53%	1.28%	1.59%	2.45%	2.89%	2.24%	2.47%	2.66%

数据来源：根据联合国统计署 UN COMTRADE 数据库 HS-6 位农产品出口数据计算并整理得出。

中国[①]农产品出口地理方向及其比重反映了进口国（地区）对中国农产品出口的潜在需求，以及中国与进口国（地区）经贸合作关系的紧密程度。从上表可以看出，2001—2017 年中国农产品对前十大主要出口国别（地区）的累积比重均在 60% 以上。近年来，中国农产品出口市场主要集中在日本、

---

① 书中中国均指中国内地。

美国、韩国、中国香港、德国、俄罗斯、加拿大、菲律宾等国家（地区）。

横向来看，日本始终是中国农产品第一大出口市场；中国农产品第二大出口市场在中国香港、韩国、美国之间不断交替；中国农产品第三大出口市场在韩国、美国、中国香港之间不断变化；中国农产品第三大、第四大出口市场与第二大出口市场变化相对应，均在中国香港、韩国、美国之间相互替换；中国农产品第五到第十大出口市场在荷兰、马来西亚、德国、俄罗斯、菲律宾、加拿大、越南、泰国之间变化。

纵向来看，2001—2017年中国对日本的农产品出口比重呈现下降趋势，2003年为41.54%，2017年变化至15.53%，下降了26.01%；2001年中国内地对中国香港出口的农产品比重为13.04%，2002—2013年该比重处于波动变化之中，2015年该比重又变为13.04%，2017年该比重上升至13.85%；2001年中国对韩国农产品出口比重为11.95%，2017年该比重变化为7.3%，下降了4.65%；中国对美国出口的农产品比重从2001年的9.3%上升至2017年的11.31%，上升了2.01%；2001年荷兰是中国农产品的第五大出口国，当年中国对荷兰的农产品出口比重为3.77%，2003年其比重下降为2.96%，其排名也从第五位下滑至第七位，2005—2007年，该比重又出现上升，2011年荷兰成为中国农产品的第十大出口市场，之后其排名掉出前十；中国对德国的农产品出口比重从2001年的3.36%变化至2017年的2.66%，下降了0.7%；随着中国—东盟自贸区的成立，东盟国家逐渐挤进中国农产品的前十大出口市场。

3.3.3 农产品出口种类结构

由前面可知，本书中的农产品指活动物、动物产品，植物产品，动、植物油、脂及分解产品，食品、饮料、酒及醋、烟草等，以及除HS1~24章之外的其他农产品。随着农产品出口额的变化，各类细分产品的出口额及出口比重也发生了相应变化，以下对中国农产品出口分类金额及比重进行分析，如表3-3所示。

表3-3 1992—2017年中国农产品出口分类金额及比重

年份	活动物、动物产品（HS1~5）		植物产品（HS6~14）		动、植物油、脂及分解产品（HS15）		食品、饮料、酒及醋、烟草等（HS16~24）		除HS1~24章之外的其他农产品	
	出口额（千美元）	比重（%）	出口额（千美元）	比重（%）	出口额（千美元）	比重（%）	出口额（千美元）	比重（%）	出口额（千美元）	比重（%）
1992	2 783 250	24.6	4 279 761	37.8	139 848	1.2	3 294 806	29.1	814 592	7.2

续表

年份	活动物、动物产品（HS1~5）		植物产品（HS6~14）		动、植物油、脂及分解产品（HS15）		食品、饮料、酒及醋、烟草等（HS16~24）		除HS1~24章之外的其他农产品	
	出口额（千美元）	比重（%）	出口额（千美元）	比重（%）	出口额（千美元）	比重（%）	出口额（千美元）	比重（%）	出口额（千美元）	比重（%）
1993	2 558 416	22.4	4 370 998	38.2	206 484	1.8	3 611 759	31.6	692 543	6.1
1994	3 601 937	25.2	5 458 429	38.2	501 298	3.5	3 837 143	26.8	896 615	6.3
1995	4 473 676	31.1	4 138 995	28.8	455 677	3.2	4 627 021	32.2	668 746	4.7
1996	4 175 667	29.3	4 088 247	28.7	384 451	2.7	5 074 991	35.6	529 392	3.7
1997	4 198 102	28.0	4 904 860	32.8	683 846	4.6	4 655 497	31.1	525 851	3.5
1998	3 842 398	27.7	4 921 849	35.5	331 854	2.4	4 284 575	30.9	471 552	3.4
1999	3 808 261	28.1	4 569 510	33.7	144 416	1.1	4 326 311	31.9	692 721	5.1
2000	4 352 892	27.9	5 201 843	33.3	131 598	0.8	5 165 513	33.1	769 646	4.9
2001	4 619 269	28.9	4 919 823	30.8	119 680	0.7	5 791 095	36.2	526 678	3.3
2002	4 730 234	26.2	5 861 441	32.5	111 174	0.6	6 700 663	37.2	620 362	3.4
2003	5 265 123	24.8	7 579 120	35.7	133 071	0.6	7 669 196	36.1	595 706	2.8
2004	6 302 381	27.3	6 605 269	28.6	164 161	0.7	9 411 719	40.8	606 303	2.6
2005	6 700 680	24.7	8 282 201	30.5	284 002	1.0	11 196 045	41.2	718 883	2.6
2006	7 122 062	23.0	8 897 150	28.7	390 975	1.3	13 802 107	44.5	815 009	2.6
2007	7 397 316	20.2	11 265 805	30.8	339 182	0.9	16 474 478	45.0	1 136 643	3.1
2008	8 472 851	21.1	11 554 205	28.7	629 575	1.6	18 207 897	45.3	1 359 702	3.4
2009	9 577 283	24.4	12 326 350	31.4	360 757	0.9	15 983 292	40.8	956 273	2.4
2010	12 017 226	24.6	15 869 273	32.4	425 274	0.9	19 370 279	39.6	1 245 366	2.5
2011	14 969 834	24.9	18 769 162	31.2	616 710	1.0	24 335 727	40.4	1 491 718	2.5
2012	15 477 919	24.7	17 629 588	28.1	617 180	1.0	27 417 849	43.8	1 497 477	2.4
2013	16 840 613	25.1	19 853 455	29.6	660 771	1.0	28 065 298	41.8	1 726 659	2.6
2014	18 720 533	26.2	2 098 8471	29.4	708 438	1.0	29 008 737	40.6	1 977 265	2.8
2015	17 356 891	24.7	22 231 451	31.7	718 871	1.0	27 911 218	39.7	2 009 744	2.9
2016	17 616 692	24.2	24 388 263	33.5	643 038	0.9	28 543 505	39.3	1 505 425	2.1
2017	16 873 853	22.4	25 003 359	33.3	905 200	1.2	30 866 231	41.1	1 529 552	2.0

数据来源：根据联合国统计署 UN COMTRADE 数据库 HS-6 位农产品出口数据计算得出。

从上表可知，1992—2017 年中国各类细分农产品出口额均有明显增加，其中活动物、动物产品（HS1~5）出口额从 2 783 250 千美元增加至 16 873 853 千美元，植物产品（HS6~14）出口额从 4 279 761 增加至 25 003 359 千美元，动、植物油、脂及分解产品（HS15）出口额从 139 848 千美元增加至 905 200 千美元，食品、饮料、酒及醋、烟草等（HS16~24）出口额从 3 294 806 千美元增加至 30 866 231 千美元，除 HS1~24 章之外的其他农产品的出口额从 814 592 千美元增加至 1 529 552 千美元。

在各类农产品出口额变化的同时，各类农产品的结构也呈现明显变化，活动物、动物产品（HS1~5），植物产品（HS6~14），食品、饮料、酒及醋、烟草等（HS16~24）在中国农产品中出口比重较大，均在20%以上，而动、植物油、脂及分解产品（HS15）及除 HS1~24 章之外的其他农产品在中国农产品出口比重较小。纵向来看，活动物、动物产品（HS1~5）出口比重有所降低，从1992年的24.6%下降至2017年的22.4%，原因在于活畜类（HS1）、肉类及可食用动物内脏（HS2）、乳制品及可食用的动物类产品（HS4）、动物类产品（HS5）比重显著降低。植物产品（HS6~14）出口比重先下降后上升，原因在于1992—1995年各类植物产品出口比重有所下降，而1995年之后，活树及其他植物类（HS6）的比重从0.19%上升至0.48%。食品、饮料、酒及醋、烟草等（HS16~24）的出口比重不断上升，从29.1%上升至41.1%，原因在于蔬菜及植物其他部分制品（HS20）出口比重从1995年的15.42%上升至2017年的24%，上涨幅度为55.6%。动、植物油、脂及其分解产品（HS15）的出口比重几乎不变，1992年为1.2%，2017年仍旧为1.2%，除 HS1~24 章之外的其他农产品出口比重不断下降，从7.2%下降至2%，就羊毛及动物毛（HS51）看，其出口比重显著降低。

3.4 本章小结

本章主要梳理中国对外贸易政策变化，进而分析中国对外贸易及农产品贸易发展进程，之后分析中国农产品出口的现实特征，包括洲际分析、国别（地区）分析及细分产品种类分析。

从贸易政策演变看，中华人民共和国成立以来中国对外贸易政策大致可以分为6个阶段，分别为：计划经济体制下的对外贸易策略（1949—1977年）、改革开放之初的对外贸易策略（1978—1991年）、市场经济条件下的对外贸易策略（1992—2000年）、入世以来的对外贸易策略（2001—2007年）、金融危机之后的对外贸易策略（2008—2012年）、"一带一路"倡议下的对外贸易策略（2013年至今）。

在不同的对外贸易政策下，中国对外贸易及农产品对外贸易也呈现出不同的发展特征。从中国对外贸易及农产品贸易发展进程看，二者均呈现上升趋势。具体来看，中国对外贸易中出口贸易上升（下降）速度大于进口贸易上升（下降）速度；中国农产品进口贸易增长速度小于出口贸易增长速度。

从中国农产品出口洲际市场看，中国农产品出口洲际市场排名依次为亚洲、欧洲、北美洲、非洲、南美洲、大洋洲，研究期间，亚洲始终是中国农产品出口的主要市场，中国对其农产品的出口比重始终维持在60%以上。中国对各洲际农产品出口额的变化说明中国农产品出口洲际市场的集中度不断下降，正在朝着多元化发展。从中国农产品出口国别（地区）看，中国农产品出口的前十大贸易市场基本不变。日本始终是中国农产品第一大出口市场，但中国对其出口的农产品比重呈下降趋势。从细分产品种类看，各类细分农产品出口额均有明显增加，其中活动物、动物产品（HS1~5章）出口比重有所降低，植物产品（HS6~14章）出口比重先下降后上升，食品、饮料、酒及醋、烟草等（HS16~24章）出口比重不断上升。

4 中国农产品贸易成本测算及分析

随着中国经济的不断发展，对外贸易迅速发展，在经济发展的不同阶段，中国对外贸易政策也不断调整以便更好地促进中国对外贸易的发展。经济全球化和贸易自由化的不断深入加深了中国与贸易伙伴国的合作关系，因此中国与贸易伙伴国的双边贸易成本在不同时期也会发生变化。企业异质性理论指出，出口市场存在生产率门槛，对于那些生产率超过门槛值的企业而言，贸易成本才是决定企业是否出口的关键因素，较高的贸易成本必然会减少进出口贸易量。

本章旨在测算中国与贸易伙伴国的双边农产品贸易成本，主要分为4节，第1节首先对目前主流的贸易成本测算方法进行介绍，之后选择合适的方法探究，并对数据来源进行解释说明；第2节测算中国与贸易伙伴国双边农产品贸易成本，并分区域、分种类分别测算各细分农产品的双边贸易成本；第3节对双边农产品贸易成本进行分解，分别计算中国与贸易伙伴国双边农产品固定贸易成本和可变贸易成本；最后为本章小结。

4.1 贸易成本测度方法

成本这一概念最早出现在萨缪尔森（Samuelson，1954）的"冰山理论"中，其指出货物运输时只有部分产品能到达目的地，不同的运输方式会影响产品损失量的大小。该理论指出了可变贸易成本的存在，也为学者们研究贸易成本奠定了基础。科斯（1994）在《企业的性质》一书中提及交易成本，认为市场上发生的每一笔交易都需要支付谈判和签约费用，这种费用叫作交易费用，也被称作交易成本。再后来，贸易成本被广泛用于国际贸易研究中。

4.1.1 方法介绍

贸易成本的测算方包括直接测算法和间接测算法，以下分别对两种方法进行详细介绍。

4.1.1.1 直接测算法

直接测算法指将贸易过程中各环节产生的成本相加,即可得到贸易成本,主要包括运输成本、政策壁垒(关税和非关税壁垒)成本、合同实施成本、批发零售成本等。

(1)运输成本指商品在运输过程中产生的成本,可以通过运输费用指标衡量。目前关于运输费用的数据可以通过以下途径获取:一是通过与运输方式相关的宣传图册信息或者报价获得;二是通过查询海关网站,得到不同货物进出口至不同目的地所需要的运费信息;三是通过联合国贸易统计数据库(UN COMTRADE)或国际货币基金组织(IMF),提供的双边贸易到岸价格(CIF)与离岸价格(FOB)的比率衡量运输成本。货物运输不仅需要支付运输费用,还需要支付时间成本,该成本也应被计入运输成本中。胡默尔斯和绍尔(Hummels & Schaur,2013)指出,运输货物的时间成本约占从价税的0.6%~2.1%。

(2)与贸易相关的政策壁垒主要指关税壁垒和非关税壁垒,因此政策成本主要包括关税壁垒成本和非关税壁垒成本。联合国贸易统计数据库(UN COMTRADE)、世界银行、联合国贸易和发展会议数据库(UNCTAD)提供了相关数据。但全球国家数量众多,且各国之间的资源、经济发展程度、国民收入水平不同,因此不同国家之间的关税税率差异较大,不同国家进出口产品上缴的最优关税也不同。马塞林(Messerlin,2001)的研究表明,欧盟国家农业的政策成本约占关税当量的71.3%。

(3)除了运输成本、政策壁垒成本外,产品在批发零售环节也需要承担相应的成本,贸易伙伴国之间的合同履行也需要承担一定的成本,这些成本都会计入产品的价格之中,因此这些也属于贸易成本。

4.1.1.2 间接测算法

间接测算法包括传统引力模型法、结构化引力模型法和关税等价法。不同的测算方法具有不同的基础,且各有优劣,以下分别对三种方法进行介绍。

(1)传统引力模型法。在采用间接法测度贸易成本之初,大多数学者都选用了引力模型,出发点是构建一个引力模型并使贸易流量与代理变量相关,从而推出贸易成本,其基本形式为:

$$X_{ij} = \alpha_1 Y_i + \alpha_2 Y_j + \sum \beta_m \ln(Z_{ij}^n) + \mu_{ij} \tag{4-1}$$

其中 X_{ij} 表示 i 国对 j 国的出口额,Y_i、Y_j 分别表示 i 国和 j 国的收入,Z_{ij}^n 包括进出口国之间的距离、语言、历史关联、文化情况等在内的控制变量,μ_{ij} 代表随机误差项。

尽管传统引力模型对贸易成本的解释力非常强,但大多数学者均认为传统引力模型缺乏微观理论基础，无法进行静态分析；且该模型假定贸易成本是事前发生的，事前运算的贸易成本会遗漏重要变量，导致结果有偏，因此该方法在不久之后就被摒弃了。

（2）结构化引力模型法。为了弥补传统引力模型测度贸易成本的缺陷，一些学者开始尝试通过一般均衡理论模型测算贸易成本。安德森（Anderson，1979）把阿明顿假设①作为引力模型的基础，假定商品具有不变的替代弹性，并且可以根据商品的来源国将商品划分为不同品种。安德森和温库普（Anderson & Wincoop，2003）在安德森（Anderson，1979）的基础上考虑了一个单部门经济，假定商品均有各自的原产地，各国专业化生产一种商品，且每种商品的供给量一定。通过建立一般均衡模型，推导出如下引力方程：

$$X_{ij} = \frac{Y_i Y_j}{Y^w} \left(\frac{t_{ij}}{\prod_i P_j} \right)^{1-\rho} \tag{4-2}$$

上式中 X_{ij} 表示 i 国对 j 国的出口额，Y_i、Y_j 分别表示 i 国和 j 国的收入，Y^w 代表所有国家的收入之和，Π_i 表示 i 国的多边阻碍因素，P_j 表示 j 国的多边阻碍因素，t_{ij} 表示进出口国的双边贸易成本，ρ 代表产品的替代弹性。

经过改进，上述模型将贸易成本由事前决定变成事后决定，考虑了多边阻力的影响，对贸易成本的解释力更强。随着安德森和温库普（Anderson & Wincoop，2003）《贸易成本》一文的发表，有关传统引力模型缺乏经济基础的疑虑被消除。但该模型也存在以下缺点，即在计算时将生产和消费视为外生变量，因此该模型的有效性也有待商榷。

（3）关税等价法。诺维（Novy，2006）在安德森和温库普（Anderson & Wincoop，2003）的基础上构建多国交易的一般均衡模型，其假定各国企业均处于垄断竞争，且企业之间生产的产品均存在差异，消费者通过选择不同的国内外产品消费组合，以实现效用最大化。他构建的一般均衡模型如下式所示：

$$X_{ij} X_{ji} = (GDP_i - EX_i) S_i (GDP_j - EX_j) S_j (1 - t_{ij})^{\rho-1} (1 - t_{ji})^{\rho-1} \tag{4-3}$$

其中 X_{ij}、X_{ji} 分别表示 i 国对 j 国的出口额及 j 国对 i 国的出口额，GDP_i、GDP_j 分别表示两国的国内生产总值，S_i、S_j 分别表示 i 国与 j 国的可贸易产品份额，ρ 为产品替代弹性。

假设双边贸易成本对称，即 $t_{ij} = t_{ji}$，通过整理转换可得到下式：

$$t_{ij} = t_{ji} = 1 - \left[\frac{EX_{ij} EX_{ji}}{(GDP_i - EX_i)(GDP_j - EX_j) S_i S_j} \right]^{\frac{1}{2\rho-2}} \tag{4-4}$$

---

① 阿明顿假设认为同一产业的产品根据其产地进行区分，在这种情况下，在同一国家生产的产品之间是完全替代的，而在不同国家生产的产品是不完全替代的。

假设两国的可贸易产品份额相同，即 $S_i = S_j$，以上公式转变为：

$$t_{ij} = t_{ji} = 1 - \left[\frac{EX_{ij} \, EX_{ji}}{(GDP_j - EX_i)(GDP_j - EX_j) S^2} \right]^{\frac{1}{2\rho - 2}} \quad (4-5)$$

从上式可以看出，运用关税等价法时数据的可获得性更加简单，便于操作。与此同时，该方法仍存在一定缺陷，即关于进出口国双边贸易成本对称及双边可贸易份额相等的假设与现实并不相符。

事实上不同国家的贸易成本也不同，诺维（Novy，2012）认为双边贸易成本不对称，即 $t_{ij} \neq t_{ji}$，这种假定更加符合事实，其在安德森和温库普（Anderson & Wincoop，2003）的基础上计算贸易成本。在公式（4-2）两边同时乘以 X_{ji}，得到：

$$X_{ij} X_{ji} = \left(\frac{Y_i Y_j}{Y^w} \right)^2 \left(\frac{t_{ij} t_{ji}}{\prod_i P_j \prod_j P_i} \right)^{1-\rho} \quad (4-6)$$

实际上，双边贸易成本的提高会降低两国之间的贸易量，从而提高国内贸易量，因此国内贸易的表达式可以表示为：

$$X_{ii} = \frac{Y_i Y_j}{Y^w} \left(\frac{t_{ii}}{\prod_i P_i} \right)^{1-\rho} \quad (4-7)$$

由公式（4-7）可以推导出多变阻力变量 $\prod_i P_i$：

$$\prod_i P_i = \left(\frac{X_{ii} / Y_i}{Y_j / Y^w} \right)^{\frac{1}{\rho-1}} t_{ii} \quad (4-8)$$

将公式（4-8）代入公式（4-6），经过整理可以得到：

$$\frac{t_{ij} t_{ji}}{t_{ii} t_{jj}} = \left(\frac{X_{ii} X_{jj}}{X_{ij} X_{ji}} \right)^{\frac{1}{\rho-1}} \quad (4-9)$$

由于进口国与出口国之间的贸易成本不对称，即 $t_{ij} \neq t_{ji}$，两国的国内贸易成本也不对称，即 $t_{ii} \neq t_{jj}$，对双边贸易成本取几何平均值，可以得出具备微观基础的贸易成本：

$$\tau_{ij} = \left(\frac{t_{ij} t_{ji}}{t_{ii} t_{jj}} \right)^{\frac{1}{2}} - 1 = \left(\frac{X_{ii} X_{jj}}{X_{ij} X_{ji}} \right)^{\frac{1}{2\rho-2}} - 1 \quad (4-10)$$

其中 τ_{ij} 为关税当量值；X_{ii}、X_{jj} 分别表示 i 国、j 国的国内销售额，X_{ij}、X_{ji} 分别表示 i 国对 j 国、j 国对 i 国的出口额，ρ 为产品替代弹性。该方法对贸易成本的测量不仅使用了时间序列数据和横截面数据，而且避免了多边阻力不可直接观测带来的问题，因此用该方法测算贸易成本更加方便。

从公式（4-10）可以看出，在双边贸易量不变的情况下，国内贸易量越大，说明产品在国内市场的销售额越多，那么其在国际市场的销售额越少，则双边贸易成本越大。在国内销售量不变的情况下，双边贸易量越大，说明产品在国际市场上的销售额越多，则双边贸易成本越小。

4.1.2 方法选取

由上面可知，贸易成本测算方法包括直接测算法和间接测算法，两种测算方法各有优劣。以下对上述两种方法的优劣进行比较。

直接测算法的优点在于，根据贸易各环节产生的成本相加能够直观地反映贸易成本的计算过程，且该计算方法便于理解和测算。但与此同时，直接测算法存在许多缺点：一是贸易成本的构成因素有很多，将各环节的成本数据进行相加容易遗漏那些不易测算或者缺乏数据的成本，造成计算的贸易成本小于真实的贸易成本；二是不同国家之间的贸易成本存在差异，并且目前各个国家并没有统一口径。

间接测算法包括传统引力模型法、结构化引力模型法和关税等价法。经过学者们的不断研究和改进，目前在计算贸易成本时均以关税等价法为主。关税等价法的优点在于综合考虑了贸易成本的构成及其影响因素，且随着学者们对间接测算法研究的不断深入，改进后的测度方法可以在李嘉图模型、企业异质性模型中推导出来，具有一定的经济理论基础，更加符合经济学含义。

综上，通过比较直接测算法与间接测算法的优劣，本书选取间接测算法测度中国与贸易伙伴国之间的双边农产品贸易成本，如公式（4-10）所示。

4.1.3 数据来源及说明

由前面可知，本书的农产品范围包括 HS-6 位的 1~24 章，及甘露醇糖（2905.43），山梨醇（2905.44），精油（33.01），蛋白类物质、改性淀粉、胶（35.01~35.05），整理剂（3809.1），2905.44 以外的山梨醇（3823.6），生皮（41.01~41.03），生毛皮（43.01），生丝和废丝（50.01~50.03），羊毛和动物毛（51.01~51.03），原棉、废棉和已梳棉（52.01~52.03），生亚麻（53.01），生大麻（53.02）。测算样本为中国与主要贸易伙伴国[①]，研究时间

[①] 样本包括北美的加拿大、墨西哥、美国，北欧的丹麦、芬兰、挪威、瑞典，南美的巴西、阿根廷、智利、乌拉圭；东欧的乌克兰、拉脱维亚、立陶宛，中欧的波兰、捷克、匈牙利、德国、瑞士、斯洛伐克，西欧的英国、法国，南欧的罗马尼亚、保加利亚、克罗地亚、西班牙、意大利、希腊、斯洛文尼亚；东亚的蒙古、俄罗斯、日本、韩国，中亚的哈萨克斯坦、塔吉克斯坦、吉尔吉斯斯坦、土库曼斯坦、乌兹别克斯坦，西亚的阿联酋、卡塔尔、沙特阿拉伯、土耳其、伊拉克、伊朗、约旦、阿塞拜疆、格鲁吉亚，南亚的巴基斯坦、孟加拉国、尼泊尔、斯里兰卡、印度；东盟的菲律宾、柬埔寨、老挝、马来西亚、缅甸、泰国、文莱、印度尼西亚、越南、新加坡；大洋洲的澳大利亚，东非的乌干达以及南非。

跨度为 1992—2017 年。测算公式中 i 国对 j 国、j 国对 i 国的农产品出口额数据来自联合国商品贸易数据库（UN COMTRADE）。由于国内销售额数据无法直接获取，本书借用韦（Wei，1996）的做法，用一国的农业总产出减去该国农产品出口额进行代替，其中各国农业总产出数据用各国 GDP 与该国农业占 GDP 比重的乘积计算得出，数据来自世界银行的 WDI 数据库，其中部分年份缺失的数据用全球宏观经济数据库中的数据代替[①]，各国对世界的农产品出口额来自联合国商品贸易数据库（UN COMTRADE）HS1992-6 位数据。

要通过公式（4-10）测算中国与贸易伙伴国的双边农产品贸易成本，就必须知道农产品替代弹性。一般而言，消费者对价格或贸易成本越敏感的商品，其替代弹性越高。由于产品替代弹性是一个很难确定的值，目前的研究并未得出一致结论。安德森和温库普（Anderson & Wincoop，2004）的研究表明，产品替代弹性介于 [5，10]，但并没有给出具体的测算公式。钱学锋和梁琦（2008）在研究时分别将贸易成本弹性设定为 6、7、8。诺维（Novy，2006）、施炳展（2010）、周丹（2015）、刘洪铎和陈和（2016）、熊立春和程宝栋（2017）、胡朝霞和潘夏梦（2017）、屈艺（2017）、曹亮和陆蒙华（2017）、吴立元和刘研召（2018）、李敏杰和王健（2019）在研究时均将贸易成本弹性设定为 8，本书参照已有研究，将产品的替代弹性设置为 8，来测算双边贸易成本。

4.2　中国农产品贸易成本测算结果及分析

运用上述公式（4-10），利用 1992—2017 年 HS-6 位农产品贸易数据计算中国与主要贸易伙伴国的双边农产品贸易成本。以下分洲际、分国别（地区）、分种类分别对中国与贸易伙伴国的双边农产品贸易成本测算结果进行分析。

4.2.1　农产品贸易成本总体结果分析

根据上面对农产品研究范围的界定，运用 HS 编码 1～24 章以及 24 章后的农产品贸易数据，测算中国与各国的双边农产品贸易成本。由于篇幅有限，此处仅列出 1992—2017 年中国与主要贸易伙伴国双边农产品贸易成本，如下表 4-1 所示。

---

① 全球宏观经济数据库（http：//finance.sina.com.cn/worldmac/）提供了各国的 GDP 和农业增加值占 GDP 的百分比。

表 4-1 1992—2017 年中国与主要贸易伙伴国双边农产品贸易成本

年份	中日(本)	中美(国)	中韩(国)	中越(南)	中泰(国)	中马(来西亚)	中菲(律宾)	中俄(罗斯)	中印(度尼西亚)	中德(国)
1992	1.08	0.91	1.37	1.70	1.00	0.86	1.97	1.12	1.35	0.86
1993	1.02	0.94	1.26	1.24	0.97	0.84	1.60	1.09	1.36	0.90
1994	0.92	0.89	1.14	1.20	0.85	0.71	1.07	1.08	1.18	0.79
1995	0.93	0.74	1.16	1.08	0.87	0.79	1.15	1.11	1.24	0.81
1996	0.94	0.81	1.16	1.22	1.00	0.92	1.18	1.09	1.39	0.95
1997	0.93	0.83	1.09	1.42	0.94	0.78	1.34	1.12	1.24	0.87
1998	0.94	0.86	1.08	1.44	0.99	0.70	1.09	1.02	1.01	0.82
1999	0.89	0.87	1.10	1.46	0.86	0.67	1.34	1.11	1.06	0.64
2000	0.89	0.80	0.98	1.32	0.70	0.70	1.25	1.10	1.04	0.75
2001	0.87	0.79	1.00	1.15	0.38	0.70	1.27	1.05	1.13	0.86
2002	0.88	0.74	0.98	1.06	0.79	0.59	1.24	0.95	1.04	0.73
2003	0.86	0.67	0.93	0.97	0.82	0.45	1.13	0.94	1.00	0.77
2004	0.86	0.67	0.96	1.04	0.78	0.57	1.21	0.98	0.99	0.78
2005	0.82	0.65	0.91	1.00	0.79	0.59	1.22	0.93	1.00	0.67
2006	0.80	0.60	0.94	0.92	0.78	0.59	1.15	0.92	0.96	0.38
2007	0.82	0.57	0.90	0.88	0.77	0.48	1.19	0.92	0.90	0.43
2008	0.88	0.51	0.91	0.92	0.76	0.61	1.20	0.98	0.92	0.80
2009	0.88	0.53	0.93	0.85	0.68	0.34	1.17	0.98	0.95	0.69
2010	0.85	0.51	0.90	0.85	0.71	0.40	1.11	0.97	0.90	0.75
2011	0.93	0.51	0.86	0.76	0.67	0.36	1.07	0.97	0.86	0.82
2012	0.93	0.47	0.87	0.73	0.66	0.38	1.09	1.00	0.88	0.32
2013	0.91	0.54	0.86	0.75	0.66	0.49	1.07	1.00	0.94	0.69
2014	0.87	0.50	0.86	0.71	0.56	0.49	1.02	1.00	0.90	0.76
2015	0.86	0.50	0.86	0.68	0.47	0.50	1.02	0.97	0.92	0.41
2016	0.86	0.55	0.82	0.65	0.47	0.52	1.01	0.93	0.92	0.62
2017	0.88	0.58	0.82	0.64	0.61	0.63	1.07	1.06	0.93	0.09

注：表中结果由作者计算并整理得出。

根据2017年中国农产品出口地理方向可知，中国农产品出口排名前几位的市场分别为日本、中国香港、美国、韩国、越南、泰国、马来西亚、菲律宾、俄罗斯、印度、德国等。由表4-1结果可知，1992—2017年中国与主要贸易伙伴国双边农产品贸易成本不断下降，该结论与许统生等（2012）的结果类似，说明中国与伙伴国经贸合作关系日渐亲密。对比许统生等（2011）、刘磊和张猛（2014）对中国与贸易伙伴国双边制造业贸易成本的研究，发现中国与贸易伙伴国双边农产品贸易成本小于双边制造业贸易成本。

从双边农产品贸易成本的变化趋势看，其变化特征符合中国农产品贸易发展特征。1992年是中国实行改革开放后的第14个年头，经过了改革开放的初步尝试，中国开始与各国建立友好合作关系，通过谈判加强双边贸易关系。1994年中国全面实行市场经济体制改革，国内由原来的计划经济变为市场经济，即以市场为主导。但就农产品而言，农产品不同于制造业和服务业，具有易腐烂性等特征，因此仍然需要政府的管制。对于农产品的发展和方向，该阶段国内一直处于在市场化改革中不断摸索对外开放的目标与方向的状态。2001年中国加入世界贸易组织，这一行动为中国对外贸易发展带来了新格局，WTO规定的中国农产品出口补贴加速了中国农产品对外贸易发展；此外WTO规定的非歧视性原则、公平贸易原则等加速了中国与贸易伙伴国的农产品贸易合作。以上变化反映了中国农产品对外贸易发展历程，也使得中国与贸易伙伴国双边农产品贸易成本发生了相应变化。2008年的金融危机波及全球，几乎所有国家的经济发展与对外贸易均受到影响，农产品贸易也不例外，从表中结果可以看出，2008—2009年中国与大部分贸易伙伴国的双边农产品贸易成本呈现上升趋势。经过几年的经济恢复期，各国逐渐走出金融危机的笼罩，中国与贸易伙伴国的农产品贸易合作也在不断恢复并逐渐加深。"一带一路"倡议为中国农产品贸易发展提供了新契机，由于"一带一路"沿线国家多为欧亚国家，对于中国农产品贸易发展至关重要。此外，随着全球国际贸易的不断加深，各国开始寻求促进贸易发展的新基础，如贸易便利化措施，于是各国纷纷开始重视国内基础设施以及软硬件的发展，基础设施的便利为对外贸易提供了平台，也促进了双边农产品贸易成本不断下降。

4.2.2 分区域农产品贸易成本结果及分析

由于研究样本所涉及的国家较多，隶属于不同区域，而不同区域具有不同特征，因此对贸易伙伴国进行区域划分，有利于对中国与贸易伙伴国双边农产品贸易成本进行分析，图4-1为1992—2017年中国与各大洲农产品平均贸易成本。

4 中国农产品贸易成本测算及分析

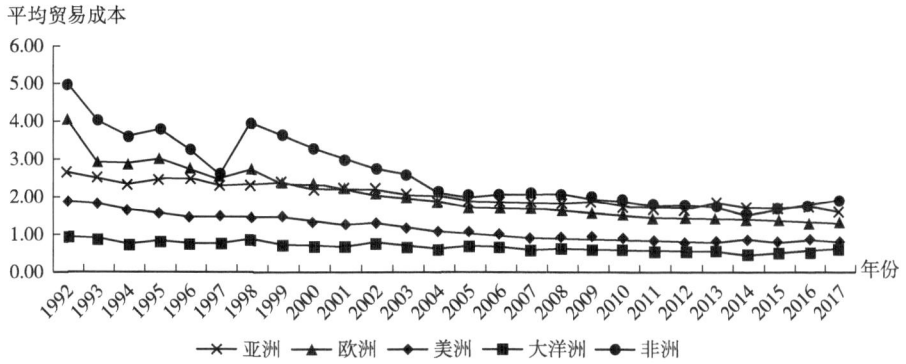

图 4-1 1992—2017 年中国与各大洲农产品平均贸易成本

上图显示，1992—2017 年中国与各大洲农产品平均贸易成本均呈现下降趋势，由此可见，中国在过去几十年与各大洲农产品贸易合作往来不断加深，和各大洲经贸关系不断改善，促使双边农产品平均贸易成本不断下降。

在各大洲中，中国与亚洲农产品平均贸易成本从 2.63 下降至 1.60；中国与欧洲农产品平均贸易成本从 4.03 下降至 1.34；中国与美洲农产品平均贸易成本从 1.82 下降至 0.81；中国与大洋洲农产品平均贸易成本从 0.94 下降至 0.64；中国与非洲农产品平均贸易成本从 4.98 下降至 1.92。其中，中国与非洲国家农产品平均贸易成本下降最多，下降幅度达到 3.06。中非农产品贸易于 2000 年创办的"中非合作论坛"之后呈现快速上涨，在金融危机之后的两年，中国与各大洲农产品贸易额出现下降趋势，但中国与非洲的双边农产品贸易仍旧呈现稳定上涨趋势，这反映了中非农产品贸易良好的双边关系和发展前景。

4.2.2.1 亚洲国家

样本中包含 33 个亚洲国家，可以将其分为西亚、南亚、东亚、中亚、东盟，下图 4-2 为中国与亚洲各区域农产品平均贸易成本的变化趋势。

图 4-2 显示，1992—2017 年中国与亚洲各区域农产品平均贸易成本均呈现下降趋势，其中中国与西亚国家农产品平均贸易成本从 4.18 下降至 2.38，中国与南亚国家农产品平均贸易成本从 2.39 下降至 1.72，中国与东亚国家农产品平均贸易成本从 1.20 下降至 0.94，中国与中亚国家农产品平均贸易成本从 2.60 下降至 1.67，中国与东盟国家农产品平均贸易成本从 1.93 下降至 1.07。由此可见，中国在过去几十年与西亚各国农产品贸易合作往来不断加深，促使双边农产品平均贸易成本不断下降。

西亚国家包括：阿联酋、卡塔尔、沙特阿拉伯、土耳其、伊拉克、伊朗、约旦、阿塞拜疆和格鲁吉亚。中国与阿塞拜疆于 1992 年建交，自建交以来，

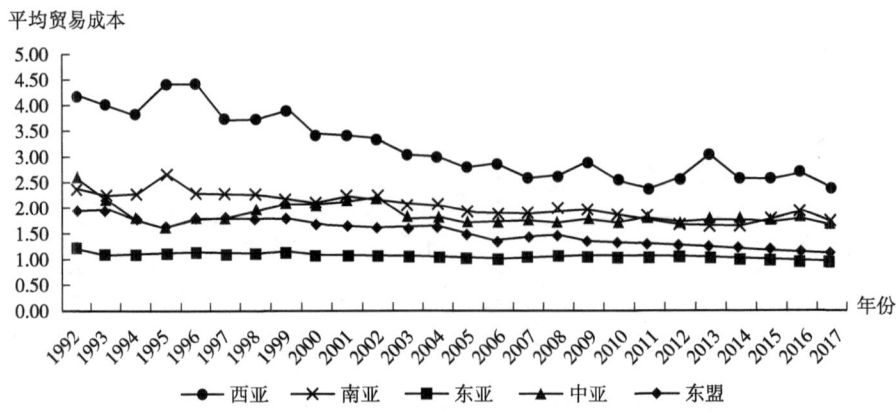

图 4-2　1992—2017 年中国与亚洲各区域农产品平均贸易成本

双边关系发展顺利，近年来中国与阿塞拜疆举行了多次经贸合作会议，因此中国与阿塞拜疆农产品贸易进展顺利。中国与伊拉克于 1958 年建交，建交后两国来往频繁，2003 年伊拉克战争爆发致使双边关系受到影响，这也直接导致 2003 年中伊双边农产品贸易成本上升。随着战后伊拉克的政治重建以及中国"一带一路"倡议的实施，双边关系日渐友好，双边农产品贸易又趋向良好发展态势。自 1988 年中国与卡塔尔建交以来，两国关系发展顺利。

南亚国家包括：孟加拉国、斯里兰卡、印度、巴基斯坦和尼泊尔。分国家来看，中国与巴基斯坦建交几十年来双方经常进行互访及合作，无论天灾还是人祸，双边都在第一时间为对方提供援助。2006 年中国与巴基斯坦签署了双边自由贸易协定，这进一步促进了双边农产品贸易的快速发展。尼泊尔、斯里兰卡自从与中国建交以来，一直保持友好关系，但由于尼泊尔和斯里兰卡拥有天然的旅游资源，因此中国与二者的合作主要表现在旅游方面，这也导致中国与二者的农产品贸易成本较高。中国与印度均属于人口较多的发展中国家，且两国相邻，又同属于"金砖国家"，1954 年两国便倡导和平共处五项原则。近年来中国与印度双边贸易关系日渐亲密，因此二者农产品贸易成本也呈现下降趋势。中国与孟加拉国早在 1975 年就正式建立外交关系，两国也一直倡导友好、顺利合作的态度。由于双边天然的贸易互补性，中国与孟加拉国的农产品贸易合作也不断加深，双边农产品贸易成本自然不断下降。

东亚国家包括：韩国、俄罗斯、蒙古和日本，其中中国与韩国双边农产品贸易成本下降最多，从 1.37 下降至 0.82；排名第二位的是蒙古，其与中国的双边农产品贸易成本从 1.24 下降至 1.02；中国与俄罗斯的双边农产品贸易成本下降幅度最小，从 1.12 下降至 1.06，仅下降了 0.06。中国属于东亚国家，由于地理上的优势，以及中国与日本、韩国农业发展较为相似等原因，中国与东亚各国的双边农产品贸易成本均呈下降趋势。

中亚国家包括：哈萨克斯坦、吉尔吉斯斯坦、土库曼斯坦、塔吉克斯坦和乌兹别克斯坦。1992—2017年中国与中亚五国的双边农产品贸易成本均呈下降趋势，其中中国与土库曼斯坦的双边农产品贸易成本下降最多，从3.57下降至1.65，下降了1.92；其次是乌兹别克斯坦，其与中国的双边农产品贸易成本从2.51下降至1.55，下降了0.96；哈萨克斯坦、吉尔吉斯斯坦、塔吉克斯坦分别与中国的双边农产品贸易成本下降幅度均在0~1。

东盟国家包括：马来西亚、泰国、缅甸、文莱、柬埔寨、老挝、印度尼西亚、新加坡、菲律宾和越南。1992—2017年中国与东盟各国双边农产品贸易成本均呈现下降趋势，上述变化反映了中国与东盟的经贸合作关系日益良好，中国与东盟正式对话始于1991年，自中国与东盟自贸区成立以来，双边经贸合作关系日益亲密。在东盟国家中，柬埔寨、越南、菲律宾的农业发展较慢，这也为中国—东盟农产品贸易合作提供了广阔的空间，因此这三个国家与中国的双边农产品贸易成本下降幅度较大。但无论是柬埔寨、越南、菲律宾还是其余的东盟国家，其与中国的双边农产品贸易成本均不断下降，说明中国与东盟具有较大的农产品贸易合作空间。

4.2.2.2 欧洲国家

样本中包括21个欧洲国家，可以将其分为北欧、南欧、东欧、中欧、西欧五个区域，图4-3为1992—2017年中国与欧洲各区域农产品平均贸易成本。

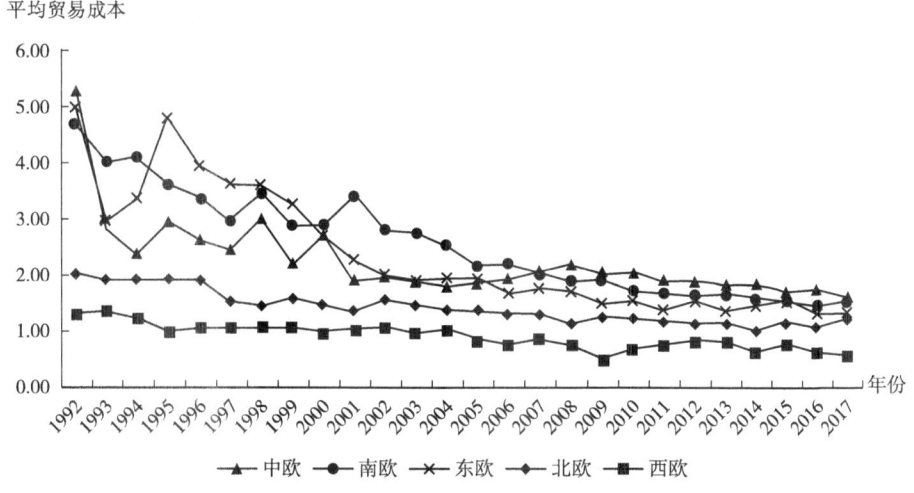

图4-3 1992—2017年中国与欧洲各区域农产品平均贸易成本

东欧国家包括：乌克兰、拉脱维亚和立陶宛。1992—2017年中国与东欧各国的双边农产品贸易成本均呈现下降趋势。中国与拉脱维亚的双边农产品贸易成本下降幅度最大，从8.64下降至1.62，下降了7.02；中国与乌克兰、立陶宛的双边农产品贸易成本分别下降了2.35、1.74。从以上变化可以看出，中国与东欧农产品贸易合作仍有很大空间。

中欧国家包括：波兰、捷克、匈牙利、德国和斯洛伐克，1992—2017年中国与中欧各国双边农产品贸易成本均呈现下降趋势。在中欧各国中，中国与捷克、斯洛伐克双边农产品贸易成本下降幅度较大，均在6以上；中国与匈牙利的双边农产品贸易成本从2.68下降至1.43，下降了1.25；而中国与波兰、德国的双边农产品贸易成本下降幅度较小，均小于1。从中国与中欧各国的双边农产品贸易成本变化趋势可以看出，中国与中欧各国农产品贸易合作关系良好，双方有很大的农产品贸易合作空间。

南欧国家包括：罗马尼亚、保加利亚、克罗地亚、西班牙、意大利、希腊和斯洛文尼亚。1992—2017年中国与南欧各国的双边农产品贸易成本均呈现下降趋势。在南欧各国中，中国与克罗地亚、斯洛文尼亚的双边农产品贸易成本下降幅度并列第一，均下降了6.53；其次是保加利亚，其与中国的双边农产品贸易成本从4.72下降至1.48，下降了3.24；其余国家中，中国与罗马尼亚的双边农产品贸易成本下降幅度在2以上，与西班牙、意大利、希腊之间的双边农产品贸易成本下降幅度均在2以下。尽管过去几十年中国与南欧各国的双边农产品贸易成本下降幅度存在差距，但其下降趋势说明中国与南欧国家农产品贸易合作正在向良好态势发展，与此同时，也说明中国与南欧国家农产品贸易合作具有较大空间。

北欧国家包括：丹麦、芬兰、挪威和瑞典，1992—2017年中国与北欧各国的双边农产品贸易成本均呈现下降趋势。在北欧各国中，中国与挪威的双边农产品贸易成本下降幅度最大，从2.35下降至1.13，下降了1.22；其次是瑞典，其与中国的双边农产品贸易成本从1.99下降至0.98，下降了1.01；中国与芬兰、丹麦的双边农产品贸易成本下降幅度均小于1。

南欧国家包括：英国和法国，其中中国与英国双边农产品贸易成本从1.29下降至0.45，下降了0.84；中国与法国双边农产品贸易成本从1.25下降至0.62，下降了0.63。自中国与英国、法国建交以来，中国始终遵循对外开放，互利共赢的原则与对方进行贸易合作。英国、法国均为发达国家，中国在与其贸易合作时能够吸取更多经济发展方面的经验。中国应继续保持同英国和法国的经贸合作关系，获取更多的农产品贸易合作机会。

4.2.2.3 美洲国家

众所周知，美洲分为北美洲和南美洲，尽管二者均属于美洲，但无论从经济发展方面看还是从民族文化、自然资源方面看，南美洲和北美洲存在较大差距。1992—2017 年中国与美洲各区域农产品平均贸易成本如图 4-4 所示。

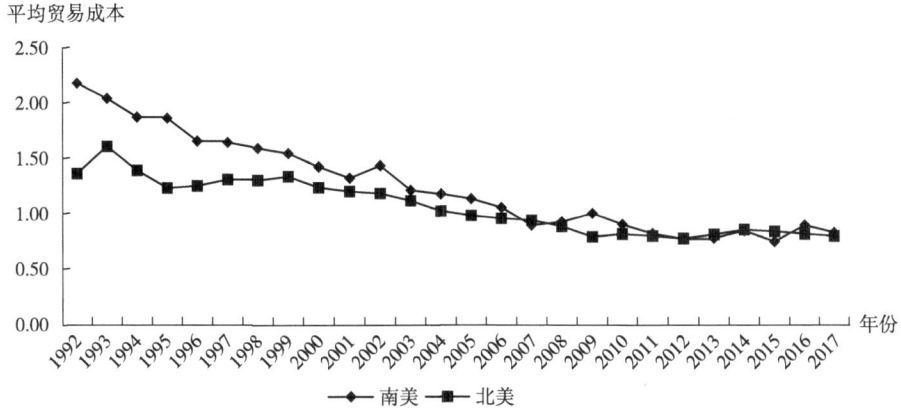

图 4-4 1992—2017 年中国与美洲各区域农产品平均贸易成本

南美洲国家包括：阿根廷、巴西、智利、秘鲁和乌拉圭，1992—2017 年中国与南美洲各国的双边农产品贸易成本均呈现下降趋势。从先天条件看，南美洲具有较强的资源优势和环境承载力，中国则具有较多的资本积累和较强的技术和生产能力，因而中国和南美洲的经贸活动在过去几十年来得到较快发展。中国从巴西进口的农产品主要为油籽，从阿根廷进口的农产品主要有牛肉、大豆、豆油、梨、皮革等，水果则是中国从智利进口的主要农产品。

北美洲国家包括：美国、加拿大和墨西哥，1992—2017 年中国与北美洲各国的双边农产品贸易成本均呈现下降趋势。中国与墨西哥双边农产品贸易成本从 2.37 下降至 1.11，下降了 1.26；中国与美国双边农产品贸易成本从 0.91 下降至 0.58，下降了 0.33；中国与加拿大双边农产品贸易成本则从 0.80 下降至 0.69，下降了 0.12。以上变化说明中国与北美洲各国农产品贸易仍有较大的合作空间。

4.2.2.4 大洋洲

样本中所含大洋洲国家仅有澳大利亚，即大洋洲最大的国家。1992—2017 年中国与大洋洲农产品贸易成本计算结果见图 4-5。

由图 4-5 可以看出，1992—2017 年中国与澳大利亚双边农产品贸易成本总体呈下降趋势。1992—1994 年，其双边农产品贸易成本从 0.94 下降至 0.75；1995 年双边贸易成本上升至 0.83，之后两年又呈现下降趋势；1998 年双边贸易成本上升至 0.89，之后一直呈现下降趋势。中国作为仅次于日本和美国的澳大利亚贸易合作伙伴，自建交以来，双方一直保持良好的贸易合作关系。中国从

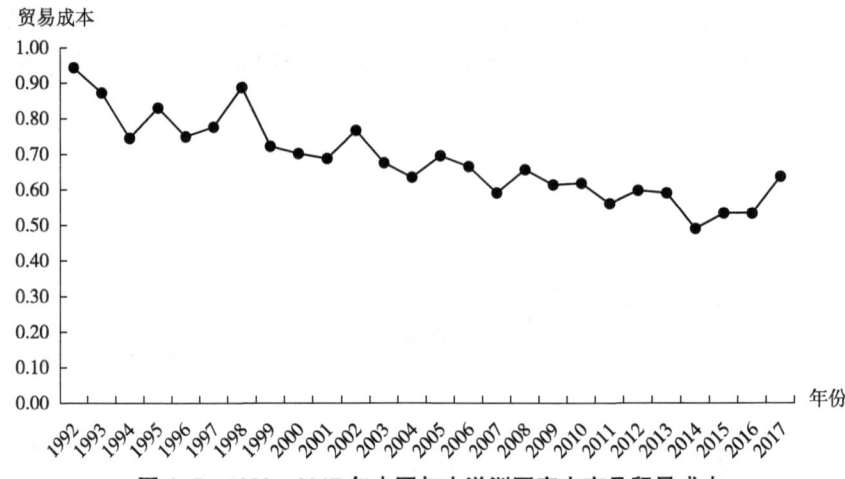

图 4-5　1992—2017 年中国与大洋洲国家农产品贸易成本

注：图中结果由作者计算整理得出。

澳大利亚进口的农产品主要有活动物、羊毛、棉花、水产品等，中国向澳大利亚出口的农产品主要有水果、蔬菜及其制品。过去几十年中国与澳大利亚农产品贸易成本下降的趋势说明双方具有较大的农产品贸易合作潜力。

4.2.2.5　非洲国家

根据地理位置划分，非洲包括：北非、西非、中非、东非、南非。本书所含非洲国家只有南非和乌干达（乌干达属于东非），以下分别研究 1992—2017 年中国与南非、东非国家的双边农产品贸易成本，见图 4-6。

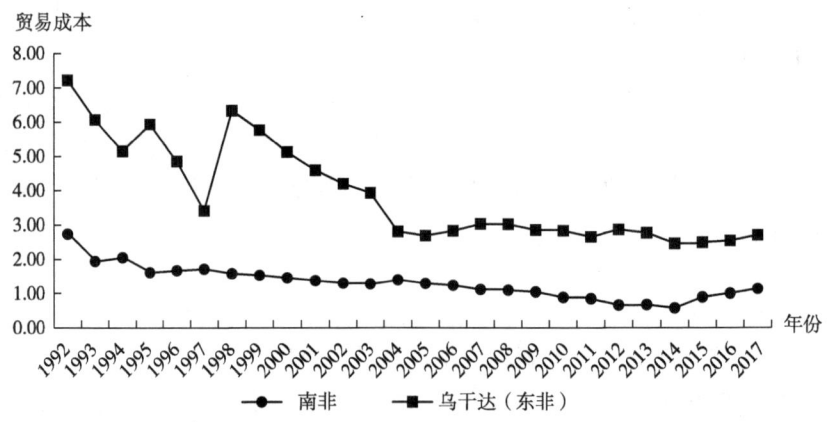

图 4-6　1992—2017 年中国与非洲国家农产品贸易成本

注：图中结果由作者计算整理得出。

由表中结果可知，1992—2017 年中国与非洲国家的双边农产品贸易成本呈现下降趋势，其中，中国与南非双边农产品贸易成本从 2.74 下降至 1.13，下降了 1.61；中国与乌干达双边农产品贸易成本从 7.22 下降至 2.70，下降了 4.52。中国与乌干达贸易关系始于 1960 年，中国从乌干达进口的农产品主要有皮革、咖啡、棉花和芝麻等，向乌干达出口的产品则以加工品为主。1993 年起，南非成为中国在非洲国家最大的贸易合作伙伴，自中国与南非建交以来，两国经贸关系发展更是迅速。因此尽管南非与乌干达位于非洲，距离中国较远，但中国以欢迎世界各国的态度与各国进行友好贸易往来，从中国与非洲国家的双边农产品贸易成本变化趋势看，中国与非洲国家仍有较大的农产品贸易合作空间。

4.2.3 分类农产品贸易成本结果及分析

根据本书对农产品范围的界定，前面计算出 1992—2017 年中国与贸易伙伴国的双边农产品贸易成本。为了更加清晰地反映各类农产品的贸易成本，以下对农产品进行分类，分别测算中国与贸易伙伴国之间活动物及动物产品，植物产品，动、植物油、脂、蜡、精致食用油脂，食品、饮料、酒及醋、烟草及制品，以及 HS 编码 24 章以后的农产品双边贸易成本。

4.2.3.1 活动物及动物产品（HS1~5 章）贸易成本

由于篇幅限制，此处仅列出 1992—2017 年中国与主要贸易伙伴国的活动物及动物产品双边贸易成本，如下表 4-2 所示。

表 4-2　1992—2017 年中国与主要贸易伙伴国活动物及动物产品双边贸易成本

年份	日本	韩国	美国	泰国	越南	德国	俄罗斯	菲律宾	巴西	马来西亚
1992	9.54	8.70	11.04	11.18	10.50	7.82	12.60	12.74	14.78	9.45
1993	9.79	9.59	11.09	10.35	10.88	7.61	12.13	13.98	11.38	10.01
1994	10.66	10.02	11.62	10.78	10.99	7.57	11.91	13.28	11.32	9.69
1995	10.70	10.72	11.69	10.96	10.84	8.01	11.46	12.53	10.52	10.17
1996	10.48	10.53	12.26	11.10	11.33	8.32	11.81	10.63	11.57	10.30
1997	10.38	10.15	12.40	10.05	10.90	7.28	11.84	10.12	13.60	9.46
1998	10.55	10.32	12.17	10.17	10.88	7.20	11.83	10.29	13.77	9.64
1999	11.16	9.94	12.90	10.55	10.61	6.56	13.64	9.92	13.89	9.02
2000	10.86	10.36	13.04	10.39	10.27	7.40	15.39	10.48	10.96	9.82
2001	10.55	9.74	13.26	7.59	12.00	7.47	14.09	10.62	10.96	9.02
2002	10.46	9.65	13.03	9.59	11.27	7.34	13.37	9.86	12.45	9.00
2003	10.74	9.80	13.25	10.62	10.27	7.81	13.77	10.20	13.55	7.84
2004	10.75	10.24	13.12	10.74	10.76	7.93	14.38	10.85	15.12	9.11

续表

年份	日本	韩国	美国	泰国	越南	德国	俄罗斯	菲律宾	巴西	马来西亚
2005	11.10	10.59	13.23	11.05	11.31	7.87	15.23	10.46	15.71	9.64
2006	11.40	10.39	13.37	11.60	10.33	6.29	16.07	9.32	15.79	9.60
2007	11.55	11.11	13.96	11.76	11.20	6.89	16.76	9.58	15.15	9.83
2008	11.71	11.29	14.45	11.76	12.26	9.07	17.20	10.54	10.53	11.27
2009	11.86	10.96	13.95	11.49	11.95	8.19	15.97	9.70	13.49	8.46
2010	12.29	11.18	13.83	12.37	11.60	9.63	16.16	10.24	15.13	9.21
2011	11.71	11.63	15.01	11.95	11.31	10.93	16.97	11.01	15.10	8.97
2012	11.90	11.41	14.94	12.14	11.64	8.49	16.75	11.11	14.95	8.70
2013	12.02	11.75	15.53	12.20	11.96	11.91	16.62	11.51	14.84	9.08
2014	12.11	11.41	15.10	11.20	12.10	12.46	16.47	11.44	14.87	9.20
2015	12.18	11.47	14.58	10.40	12.33	10.29	16.81	11.31	14.92	9.88
2016	12.36	11.57	15.55	10.20	12.41	12.55	16.51	11.28	16.53	10.02
2017	11.04	10.93	15.67	11.27	12.50	7.69	15.25	11.56	15.23	9.97

注：表中结果由作者计算整理得出。

由表4-2可知，1992—2017年中国与贸易伙伴国活动物及动物产品双边贸易成本呈现波动变化趋势。在10个主要贸易伙伴国家中，中国仅与德国、菲律宾的活动物及动物产品双边贸易成本下降，与其余8个国家的活动物及动物产品双边贸易成本均呈现上升趋势。究其原因，随着各国经济不断发展，居民收入增加，消费水平及对农产品的需求层次也越来越高，主要表现在对肉、蛋、奶等产品需求量的增加，而活动物及动物产品是肉类产品的代表，因此样本国的国内销售量增加，进而导致中国与贸易伙伴国的双边贸易成本上升。

4.2.3.2 植物产品（HS6~14章）贸易成本

表4-3为1992—2017年中国与主要贸易伙伴国植物产品双边贸易成本的测算结果。

表4-3 1992—2017年中国与主要贸易伙伴国植物产品双边贸易成本

年份	日本	韩国	美国	越南	泰国	俄罗斯	菲律宾	德国	马来西亚	南非
1992	9.25	7.36	13.98	10.60	10.20	8.81	10.82	7.19	7.36	5.39
1993	8.88	7.45	13.04	9.94	10.34	7.23	10.59	7.36	7.70	5.90
1994	8.76	8.08	13.29	10.86	10.93	8.89	9.53	7.44	7.41	6.62

续表

年份	日本	韩国	美国	越南	泰国	俄罗斯	菲律宾	德国	马来西亚	南非
1995	9.65	9.22	14.99	11.66	12.54	10.42	11.17	10.01	8.05	9.46
1996	9.53	9.12	14.45	11.32	12.65	10.04	11.78	8.26	9.00	9.46
1997	9.30	8.70	14.49	10.31	12.01	9.84	10.55	8.17	7.80	7.46
1998	9.39	8.60	14.08	10.05	11.91	10.15	9.74	9.12	7.43	8.52
1999	9.47	8.91	14.26	10.18	10.63	8.88	10.67	8.43	6.98	9.13
2000	9.68	8.62	15.31	9.96	9.99	9.55	10.93	8.87	7.12	8.29
2001	9.15	8.83	15.23	10.78	8.83	10.28	10.98	8.54	7.15	8.14
2002	9.31	8.77	14.56	10.34	11.54	9.58	10.83	8.02	6.83	7.78
2003	9.36	8.95	15.42	10.35	11.82	9.75	10.54	7.91	6.36	7.99
2004	9.53	9.70	16.43	10.73	12.41	10.88	11.15	7.78	7.48	9.26
2005	9.60	9.41	16.02	10.72	12.34	10.28	11.21	7.77	7.64	9.57
2006	9.60	9.73	15.28	11.28	12.78	10.63	11.20	6.39	7.68	8.84
2007	9.71	9.43	15.76	11.34	12.85	11.10	11.44	6.84	7.45	8.94
2008	10.25	9.75	16.65	11.74	12.43	10.63	12.26	9.10	8.91	9.05
2009	10.40	9.90	16.80	11.99	12.51	11.24	12.30	8.22	6.99	9.00
2010	10.66	10.09	17.14	11.90	13.25	10.36	12.79	9.23	7.82	9.07
2011	10.69	10.64	17.64	12.40	13.31	10.48	13.58	9.92	8.20	9.96
2012	11.00	10.78	17.74	13.41	13.97	12.67	13.45	7.31	8.56	9.24
2013	11.25	10.73	18.34	13.17	14.25	11.93	13.43	10.05	9.35	10.10
2014	11.23	10.76	18.09	13.00	13.73	12.53	14.35	10.51	9.85	9.82
2015	11.36	10.88	17.59	13.05	12.80	13.23	14.15	8.51	9.76	12.09
2016	11.55	10.63	18.13	12.79	12.53	12.87	13.69	10.01	9.74	12.67
2017	11.13	10.62	18.22	12.74	13.80	13.06	13.87	6.36	10.25	14.11

注：表中结果由作者计算整理得出。

通过表 4-3 可以看出，在中国与贸易伙伴国植物产品双边贸易成本中，中国与大部分国家的植物产品双边贸易成本处于上升趋势。具体来看，谷物贸易量在植物产品中占据较大比重，尤其近几年中国居民消费需求结构发生变化，促使国内农业种植结构也做出相应调整。以大豆为例，近年来中国对国际市场的大豆进口越来越多，与此同时，国内的玉米库存越来越多，这些因素都会影响中国与贸易伙伴国的双边贸易成本。

4.2.3.3　动、植物油、脂、蜡、精致食用油脂（HS15 章）贸易成本

HS15 章主要包括动、植物油、脂、蜡、精致食用油脂，表 4-4 为 1992—2017 年中国与主要贸易伙伴国动、植物油、脂、蜡、精致食用油脂双边贸易

成本计算结果。

表4-4 1992—2017年中国与主要贸易伙伴国动、植物油、脂、
蜡、精致食用油脂双边贸易成本

年份	韩国	日本	美国	泰国	越南	巴西	菲律宾	马来西亚	德国	南非
1992	8.96	11.57	14.87	7.77	19.43	13.89	15.74	14.67	12.42	9.73
1993	10.38	11.58	12.84	8.30	12.03	13.79	14.73	13.27	11.11	8.88
1994	10.47	11.92	16.42	11.66	13.45	25.82	15.44	14.90	13.76	11.16
1995	10.20	12.34	18.68	12.32	12.93	32.55	16.31	15.21	13.96	12.48
1996	10.96	12.60	15.32	9.62	11.36	27.95	17.31	15.19	12.51	9.97
1997	10.98	12.19	16.34	9.68	10.72	22.13	13.81	13.28	12.14	13.33
1998	11.69	11.89	16.72	9.57	11.28	18.03	12.78	13.47	11.71	12.74
1999	11.44	12.07	16.80	8.38	19.40	18.60	15.81	13.28	9.50	14.73
2000	11.59	12.68	15.78	9.20	16.96	17.74	15.78	14.61	10.62	14.13
2001	11.11	12.76	14.82	8.11	16.85	14.35	16.20	14.68	10.69	14.91
2002	11.07	12.75	14.81	11.61	15.91	20.46	15.77	15.47	10.32	13.55
2003	11.09	12.81	15.63	11.30	14.55	25.04	16.64	13.87	10.14	14.67
2004	11.32	12.90	14.42	11.93	12.88	21.46	14.43	15.09	10.18	15.43
2005	10.71	11.78	13.38	11.14	8.82	20.58	13.55	14.01	8.65	12.85
2006	11.17	11.41	14.04	12.72	9.83	17.74	15.05	15.37	7.48	11.67
2007	11.74	12.11	15.70	11.94	11.86	19.42	16.00	15.90	8.59	16.03
2008	11.15	12.07	16.16	13.14	10.84	21.07	16.89	18.24	11.56	15.89
2009	11.09	12.75	14.64	13.19	11.98	19.56	17.39	14.75	10.17	14.97
2010	11.43	13.46	15.89	13.85	12.55	23.06	19.07	16.17	10.54	14.20
2011	12.49	13.50	16.26	13.90	13.08	20.61	17.81	16.78	11.67	13.79
2012	12.83	13.55	16.13	14.34	13.50	21.70	17.36	16.52	9.25	12.05
2013	12.83	12.79	15.82	15.22	14.62	20.59	18.07	17.50	13.89	11.67
2014	13.18	13.25	15.95	14.46	14.36	21.42	16.55	16.67	12.25	11.09
2015	12.90	13.01	14.49	13.64	13.89	19.36	16.49	16.23	10.21	13.31
2016	12.16	13.40	15.98	12.99	13.20	20.03	17.64	16.46	12.01	14.04
2017	11.56	13.28	15.91	14.31	12.97	18.47	8.70	16.73	8.04	15.62

注：表中结果由作者计算整理得出。

通过表4-4可以看出，1992—2017年中国与贸易伙伴国的动、植物油、

脂、蜡、精致食用油脂双边贸易成本处于波动变化中。中国与越南、菲律宾、德国的动、植物油、脂、蜡、精致食用油脂双边贸易成本降低，与马来西亚、韩国、美国、泰国、日本、巴西、南非的动、植物油、脂、蜡、精致食用油脂双边贸易成本上升。究其原因，一是中国与部分国家的动、植物油、脂、蜡、精致食用油脂贸易量规模较小；二是自 1992 年以来，中国经济发展较快，但某些年份的特殊时间会影响中国对外贸易，比如 1994 年中国全面推进市场化改革、2001 年中国加入世界贸易组织、2008 年全球金融危机、2013 年中国提出"一带一路"倡议等，这些事件都对中国的对外贸易影响较大；三是贸易伙伴国在某些年份发生的特殊事件也会影响两国贸易关系，而这些是中国无法控制的；四是国际市场变化对两国贸易关系的影响。以上因素均会影响中国与贸易伙伴国的双边贸易成本。

4.2.3.4 食品、饮料、酒及醋、烟草及制品（HS16~24 章）贸易成本

表 4-5 为 1992—2017 年中国与主要贸易伙伴国食品、饮料、酒及醋、烟草及制品双边贸易成本测算结果。

表 4-5 1992—2017 年中国与主要贸易伙伴国食品、饮料、酒及醋、烟草及制品双边贸易成本

年份	韩国	日本	美国	越南	泰国	菲律宾	马来西亚	德国	巴西	南非
1992	9.06	10.15	11.76	6.32	9.48	9.77	9.76	7.55	14.67	9.73
1993	9.27	9.99	11.71	5.66	8.68	10.04	9.95	7.24	10.42	7.35
1994	9.54	10.19	11.60	5.68	10.43	8.62	9.55	7.91	12.39	7.91
1995	10.25	10.48	12.23	8.63	12.76	8.05	9.38	8.59	15.85	8.26
1996	10.00	10.34	12.60	8.07	12.09	8.16	9.94	8.50	17.07	10.75
1997	10.33	10.22	12.72	9.76	10.62	8.24	9.37	8.13	17.13	8.35
1998	10.35	10.22	13.13	8.74	9.98	8.45	8.36	7.93	16.49	8.81
1999	10.41	10.26	12.59	8.84	9.55	8.85	8.68	7.10	13.29	9.19
2000	10.35	10.28	12.46	8.95	8.66	8.90	8.56	7.88	15.35	8.09
2001	10.25	9.89	12.49	8.63	7.51	8.86	8.44	8.51	15.31	9.61
2002	10.31	9.82	11.99	8.55	9.48	8.74	8.38	8.27	14.34	9.49
2003	10.29	9.82	12.47	8.07	9.83	8.88	8.00	8.46	15.28	8.99
2004	10.65	10.00	13.04	8.70	10.38	9.51	8.83	8.22	14.68	9.30
2005	10.64	9.86	12.35	8.52	10.49	9.02	9.05	7.73	15.44	10.09
2006	10.61	9.75	12.14	9.08	11.00	9.69	9.29	6.42	15.93	9.76
2007	10.75	9.90	12.16	9.54	11.08	9.72	9.32	7.04	15.90	10.38

续表

年份	韩国	日本	美国	越南	泰国	菲律宾	马来西亚	德国	巴西	南非
2008	10.73	10.38	12.22	9.03	10.33	10.35	10.70	9.59	16.35	10.25
2009	11.03	10.65	12.71	9.38	10.69	10.41	9.01	8.99	15.95	10.29
2010	11.45	10.89	13.57	10.55	11.79	11.18	10.01	10.03	16.65	10.06
2011	11.92	10.46	13.79	10.64	12.19	11.39	10.22	11.30	17.90	9.74
2012	12.11	10.79	13.81	11.11	13.02	11.73	10.16	8.40	17.29	8.77
2013	12.28	10.56	14.77	11.87	12.51	11.41	11.28	11.69	17.50	8.61
2014	12.49	10.87	14.65	11.77	12.51	11.44	11.20	12.47	17.07	8.51
2015	12.79	11.27	14.65	12.46	12.02	11.24	11.10	10.41	16.11	10.65
2016	12.76	11.61	14.83	12.76	11.73	10.99	11.14	12.36	16.40	11.37
2017	12.54	12.09	14.44	12.80	13.16	11.91	13.08	7.93	15.40	12.41

注：表中结果由作者计算整理得出。

从表4-5可知，总体上看，1992—2017年中国与主要贸易伙伴国的食品、饮料、酒及醋、烟草及制品的双边贸易成本有所上升，该变化同中国与主要贸易伙伴国活动物、动物产品，植物产品，动、植物油、脂、蜡、精致食用油脂的双边贸易成本相似，均处于波动变化之中。

对比中国细分农产品的双边贸易成本计算结果，发现在四大类农产品中HS16~24章农产品双边贸易成本最小，HS15农产品双边贸易成本最大。可能的原因有两个，一是在中国每年出口的农产品中，HS16~24章农产品出口量最大，HS15章农产品出口量最小；二是HS16~24章农产品的附加值较高。

4.3 农产品贸易成本分解

4.3.1 固定贸易成本

固定贸易成本主要包括企业在国外建立分销渠道以及办理出口手续的审批等需要支付的成本，故又称为沉没成本。目前，并没有专业数据库提供固定贸易成本数据，《营商环境报告》提供了全球178个国家的营商规制及其执行情况，其中一项为与"跨境贸易"有关的研究比较接近贸易成本，但该数据库对该指数的统计起始时间为2005年；美国传统基金会（The Heritage Foundation）出版的《经济自由指数》提供了全球160多个国家的货币自由、金融自由、商务自由、贸易自由、投资自由、财政自由、政府规模、知识产权和腐败等指标,可以将这些方面的总体得分作为固定贸易成本的替代变量,钱学锋和梁琦(2008)用此方法测算固定贸易成本;本书借鉴安德森和温库普(Anderson & Wincoop,2003)的方法,通过引力模型间接测度中国与主要贸易伙伴国的农产品固定贸易成本。由前面公式(4-10)可知,中国与贸易伙伴国的农产品贸易成本表达式为:

$$\tau_{ij} = \left(\frac{X_{ii} X_{jj}}{X_{ij} X_{ji}}\right)^{\frac{1}{2\rho-2}} - 1 \tag{4-11}$$

将前面 $X_{ii} = \frac{Y_i Y_j}{Y^w}\left(\frac{t_{ii}}{\prod_i P_i}\right)^{1-\rho}$ 代入上式中,上式变换为:

$$\tau_{ij} = \left(\frac{Y_i Y_j / Y^w}{X_{ij} X_{ji}}\right)^{\frac{1}{2\rho-2}} \left(\frac{\prod_i P_i \prod_j P_j}{t_{ii} t_{jj}}\right)^{\frac{1}{2}} - 1 \tag{4-12}$$

上式中 Y^w 表示所有国家的收入之和,$\left(\frac{\prod_i P_i \prod_j P_j}{t_{ii} t_{jj}}\right)^{\frac{1}{2}}$ 表示固定贸易成本指数,通过变换,可以得到中国农产品的固定贸易成本指数表达式:

$$FC = \left(\frac{\prod_i P_i \prod_j P_j}{t_{ii} t_{jj}}\right)^{\frac{1}{2}} = \left[\frac{X_{ii} X_{jj}}{(Y^w)^2}\right]^{\frac{1}{2\rho-2}} \tag{4-13}$$

上式中 X_{ii}、X_{jj} 分别表示 i 国、j 国的国内销售额,用国内销售额表示。

由表 4-6 可知,1992—2017 年中国与主要贸易伙伴国农产品固定贸易成本处于波动变化,其中,中国与日本、韩国、德国、新加坡的农产品固定贸易成本下降,分别从 0.53、0.48、0.41、0.44 下降至 0.49、0.46、0.27、0.38;与越南、菲律宾、泰国、南非的农产品固定贸易成本上升,分别从 0.42、0.45、0.43、0.42 上升至 0.45、0.47、0.44、0.43;与美国、俄罗斯的农产品固定贸易成本不变。

表 4-6 1992—2017 年中国与主要贸易伙伴国农产品固定贸易成本

年份	日本	韩国	越南	美国	菲律宾	俄罗斯	泰国	德国	新加坡	南非
1992	0.53	0.48	0.42	0.51	0.45	0.49	0.43	0.41	0.44	0.42
1993	0.52	0.48	0.42	0.50	0.45	0.49	0.40	0.42	0.44	0.42
1994	0.53	0.48	0.43	0.51	0.46	0.48	0.41	0.42	0.45	0.42
1995	0.52	0.48	0.43	0.50	0.46	0.48	0.42	0.42	0.44	0.42
1996	0.52	0.48	0.44	0.50	0.46	0.48	0.43	0.42	0.45	0.41
1997	0.51	0.48	0.43	0.51	0.46	0.48	0.41	0.40	0.44	0.41

续表

年份	日本	韩国	越南	美国	菲律宾	俄罗斯	泰国	德国	新加坡	南非
1998	0.51	0.46	0.44	0.51	0.44	0.46	0.40	0.40	0.43	0.41
1999	0.52	0.47	0.44	0.51	0.45	0.46	0.38	0.35	0.44	0.41
2000	0.52	0.48	0.42	0.52	0.45	0.47	0.37	0.38	0.44	0.40
2001	0.51	0.48	0.42	0.52	0.45	0.47	0.30	0.40	0.43	0.40
2002	0.51	0.48	0.42	0.51	0.45	0.47	0.39	0.37	0.42	0.40
2003	0.50	0.47	0.42	0.52	0.44	0.48	0.41	0.38	0.41	0.41
2004	0.50	0.47	0.42	0.52	0.44	0.48	0.41	0.38	0.41	0.41
2005	0.50	0.47	0.42	0.52	0.44	0.48	0.42	0.37	0.41	0.40
2006	0.49	0.47	0.42	0.51	0.45	0.49	0.42	0.31	0.41	0.41
2007	0.48	0.47	0.41	0.50	0.45	0.49	0.42	0.32	0.40	0.41
2008	0.49	0.46	0.43	0.49	0.46	0.50	0.42	0.40	0.39	0.40
2009	0.49	0.46	0.43	0.49	0.46	0.49	0.41	0.37	0.40	0.40
2010	0.49	0.46	0.43	0.49	0.45	0.49	0.43	0.40	0.39	0.37
2011	0.49	0.46	0.43	0.50	0.46	0.49	0.43	0.42	0.37	0.37
2012	0.49	0.46	0.44	0.49	0.46	0.49	0.44	0.31	0.37	0.33
2013	0.48	0.46	0.44	0.51	0.46	0.49	0.45	0.41	0.37	0.33
2014	0.48	0.46	0.44	0.49	0.46	0.49	0.42	0.43	0.37	0.32
2015	0.48	0.46	0.45	0.49	0.46	0.48	0.41	0.35	0.36	0.38
2016	0.49	0.46	0.45	0.51	0.47	0.48	0.41	0.41	0.37	0.40
2017	0.49	0.46	0.45	0.51	0.47	0.49	0.44	0.27	0.38	0.43

注：表中结果由作者计算整理得出。

固定贸易成本包含设备、原材料、审批手续成本等，但这些成本并不是一成不变的，设备、原材料价格依据市场变化而变化，而生产商品所需的审批手续依赖于政府效率。在过去40年的时间里，尽管全球各国经济飞速发展，但中国与各国的贸易关系在不同时期也会发生微妙变化，且各国对中国农产品的需求也会发生变化，这会促使双边农产品固定贸易成本发生变化。此外，中国国内经济总体向好，但也会出现市场行情波动导致生产商品的设备变化等情况，这些均会导致中国与贸易伙伴国的农产品固定贸易成本发生变化。

4.3.2 可变贸易成本

目前可变贸易成本的测算方法主要有三种：一是用双边距离代替可变贸易成本［霍尔普曼（Helpman，2003）；钱学锋和熊平，2010］；二是用贸易自由度代替贸易成本［海德和迈尔（Head & Mayer，2004）］；三是用贸易自由度及贸易成本推导出可变贸易成本［肯斯（Kancs，2007）］。本书采用肯斯的方法测算可变贸易成本。

肯斯认为现实中的贸易成本包括固定贸易成本和可变贸易成本，将其重新定义为：

$$\phi_{ij} = \tau_{ij}^{-\gamma} FC_{ij}^{1-\left[\frac{\gamma}{\rho-1}\right]} \tag{4-14}$$

其中 ϕ_{ij} 表示贸易自由度指数，τ_{ij} 表示可变贸易成本，FC 表示固定贸易成本，ρ 表示产品替代弹性，r 为企业异质性指数。

通过对上式（4-14）进行变化，可以得到可变贸易成本的表达式：

$$\tau_{ij} = \left[\frac{FC_j^{1-\left(\frac{r}{\rho-1}\right)}}{\phi_{ij}}\right]^{\frac{1}{r}} \tag{4-15}$$

前面已经计算出固定贸易成本，这里只需要计算出贸易自由度指数，并确定产品替代弹性及企业异质性指数，即可得到中国与贸易伙伴国的农产品可变贸易成本。

海德和迈尔（Head & Mayer，2004）在其研究中首次提出贸易自由度，他们假定进口国 j 的消费者从出口国 i 的厂商 N_i 处进口产品，进口产品的总价值用 x 表示，可以表示为：

$$x_{ij} = N_i\, p_{ij}\, q_{ij} = N_i\, p_i^{1-\sigma}\, \phi_{ij}\, \mu_j\, Y_j\, p_j^{\sigma-1} \tag{4-16}$$

上式中 p_{ij} 表示位置价格指数，q_{ij} 表示 j 国每个企业从 i 国进口的产品数量，N_i 表示 i 国出口企业的数量，ϕ_{ij} 表示贸易自由度指数，Y_j 表示 j 国的市场规模，σ 表示产品的替代弹性。伯格伦和乔达尔（Berggren & Jordahl，2005）指出，位置价格指数是出口企业把产品运至进口国的价格广义加权平均值，即出口国出口产品的数目越多或者离目的国越近，则贸易自由度的权重越大。本书采取类似的方法，得到 j 国消费者从本国购买的产品价值，表示为：

$$x_{jj} = N_j\, p_j^{1-\sigma}\, \phi_{jj}\, \mu_j\, Y_j\, p_j^{\sigma-1} \tag{4-17}$$

用 j 国消费者在本国购买的产品价值除以该国在国际市场购买的产品价值，即用公式（4-16）除以公式（4-17），可以得到：

$$\frac{x_{jj}}{x_{ij}} = \frac{N_j}{N_i}\left(\frac{p_j}{p_i}\right)^{1-\sigma}\left(\frac{\phi_{jj}}{\phi_{ij}}\right) \tag{4-18}$$

同理，i 国消费者在本国购买的产品价值除以该国在国际市场购买的产品价值可以表示为：

$$\frac{x_{ii}}{x_{ij}} = \frac{N_i}{N_j}\left(\frac{p_i}{p_j}\right)^{1-\sigma}\left(\frac{\phi_{ii}}{\phi_{ij}}\right) \tag{4-19}$$

将公式（4-18）、公式（4-19）进行整理，得到：

$$\frac{x_{ii}}{x_{ij}}\frac{x_{jj}}{x_{ji}} = \frac{\phi_{ii}}{\phi_{ij}}\frac{\phi_{jj}}{\phi_{ji}} \tag{4-20}$$

新经济地理学认为贸易完全自由，即 $\phi_{ii}=\phi_{jj}=1$[①]，两国或地区之间的贸易自由度具有对称性。海德和迈尔（Head & Mayer, 2004）推导出了两国之间的贸易自由度，表示为：

$$\phi_{ij} = \sqrt{\frac{x_{ij}\,x_{ji}}{x_{ii}\,x_{jj}}} \tag{4-21}$$

上式中 x_{ii}、x_{jj} 分别表示 i 国、j 国在国内购买的产品值，x_{ij}、x_{ji} 分别表示 i 国对 j 国、j 国对 i 国的出口额。

运用公式（4-21）计算中国与贸易伙伴国的贸易自由度指数。之后用公式（4-15）计算中国与贸易伙伴国的双边可变贸易成本。为了保持与上面一致，此处仍将产品替代弹性取值为8。关于企业异质性指数的确定，肯斯（Kancs, 2007）采用固定效应模型测算东欧、南欧国家双边贸易成本对贸易流量的影响，发现企业异质性指数大于3；钱学锋（2008）在测算中国与贸易伙伴国的制造业双边贸易成本时将企业异质性指数设定为0.377；姚娜（2013）研究贸易成本与出口扩展边际时将企业异质性指数设定为2。安虎森和邹璇（2008）、王晰（2014）、屈艺（2017）、贾伟等（2017）、童晓乐（2017）、殷磊磊等（2018）在研究时均将企业异质性指数设定为3，因此本书借鉴前人，将企业异质性指数设定为3，测算1992—2017年中国与主要贸易伙伴国双边农产品可变贸易成本，如表4-7所示。

表4-7　1992—2017年中国与贸易伙伴国双边农产品可变贸易成本

年份	韩国	日本	美国	越南	泰国	菲律宾	俄罗斯	德国	新加坡	南非
1992	6.49	4.91	3.97	8.56	4.31	11.04	5.02	3.58	4.41	18.34
1993	5.79	4.57	4.14	5.57	4.11	7.92	4.87	3.77	4.40	10.52
1994	5.16	4.05	3.91	5.37	3.57	4.53	4.81	3.31	4.52	11.49
1995	5.25	4.09	3.20	4.72	3.67	5.08	4.95	3.39	4.77	7.96
1996	5.23	4.15	3.51	5.49	4.30	5.26	4.86	4.03	5.39	8.38

[①] 该假设并不太符合现实。众多研究表明，各国国内市场存在比较严重的市场分割和地方保护主义现象，这表明国内各地区之间的贸易成本较高。此假设可能会高估双边贸易自由度。

续表

年份	韩国	日本	美国	越南	泰国	菲律宾	俄罗斯	德国	新加坡	南非
1997	4.83	4.07	3.60	6.73	3.96	6.27	5.02	3.61	5.58	8.71
1998	4.78	4.12	3.76	6.85	4.17	4.78	4.46	3.39	5.85	7.70
1999	4.88	3.92	3.78	6.99	3.57	6.26	4.92	2.58	5.74	7.35
2000	4.30	3.89	3.47	6.03	2.86	5.70	4.87	3.07	5.72	6.83
2001	4.35	3.78	3.44	5.04	1.68	5.82	4.65	3.55	5.74	6.30
2002	4.26	3.83	2.19	4.58	3.27	5.64	4.13	2.98	4.81	5.85
2003	4.00	3.73	2.93	4.11	3.39	4.99	4.09	3.14	4.85	5.73
2004	4.19	3.74	2.91	4.47	3.22	5.45	4.27	3.19	4.61	6.46
2005	3.90	3.53	2.86	4.29	3.28	5.49	4.02	2.73	4.80	5.82
2006	4.06	3.42	2.62	3.89	3.25	5.14	3.99	1.70	4.37	5.51
2007	3.87	3.53	2.52	3.70	3.21	5.34	3.99	1.84	4.17	4.83
2008	3.89	3.82	2.29	3.90	3.14	5.40	4.33	3.30	3.79	4.70
2009	3.99	3.82	2.35	3.57	2.83	5.26	4.31	2.81	3.66	4.45
2010	3.83	3.68	2.27	3.56	2.97	4.90	4.22	3.09	3.33	3.64
2011	3.65	4.07	2.30	3.19	2.80	4.69	4.28	3.42	2.96	3.47
2012	3.73	4.05	2.14	3.09	2.80	4.83	4.39	1.52	3.16	2.64
2013	3.68	3.93	2.39	3.15	2.80	4.70	4.42	2.87	2.98	2.69
2014	3.68	3.77	2.24	2.97	2.40	4.47	4.38	3.16	3.13	2.31
2015	3.68	3.70	2.24	2.87	2.07	4.47	4.25	1.83	2.73	3.66
2016	3.50	3.72	2.46	2.75	2.07	4.41	4.05	2.60	2.95	4.23
2017	3.50	3.79	2.55	2.72	2.60	4.70	4.71	0.95	3.00	4.98

注：表中结果由作者根据公式（4-15）计算整理得出。

由表4-7可知，1992—2017年中国与主要贸易伙伴国的双边农产品可变贸易成本均不断下降，其中，中国与南非农产品双边可变贸易成本下降最多，从18.34下降至4.98，下降了13.36；其次为中国与菲律宾双边农产品可变贸易成本从11.04下降至4.70，下降了6.34；在10个贸易伙伴国中，中国与俄罗斯双边农产品可变贸易成本仅下降了0.31。

以上变化说明中国与贸易伙伴国往来关系趋于良好。随着中国经济的不断发展和对外开放程度的逐步加深，中国以更积极的姿态融入全球贸易，通过加强基础设施建设以及改善海关秩序，缩短对外贸易时间，降低可变贸易成本。农产品贸易成本，固定贸易成本和可变贸易成本，均呈现整体下降态势。农产品贸易成本的变化大于固定贸易成本,但小于可变贸易成本的变化。

4.4 本章小结

本章首先介绍贸易成本的测度方法,并从中选取合适的方法测算中国与贸易伙伴国双边农产品贸易成本;然后对中国与贸易伙伴国双边农产品贸易成本进行分析,包括总体分析、分区域分析以及分类别分析;之后测算中国与贸易伙伴国双边农产品固定贸易成本及可变贸易成本。

本书采用关税等价法测算中国与贸易伙伴国双边农产品贸易成本。从测算结果看,中国与贸易伙伴国的双边农产品贸易成本呈下降趋势。可以分为四个阶段,第一个阶段为1992—2000年,中国与大部分贸易伙伴国的双边农产品贸易成本在小幅波动中逐渐下降;第二阶段为2001—2007年,中国与贸易伙伴国的双边贸易成本快速下降;第三阶段为2008—2010年,中国与贸易伙伴国双边农产品贸易成本出现上升趋势;第四阶段为2011年至今,中国与贸易伙伴国的农产品贸易合作不断恢复并逐渐加深,双边农产品贸易成本不断下降。分区域看,贸易伙伴国可以分为亚洲、欧洲、美洲和非洲国家,在33个亚洲国家中,中国与31个国家的双边农产品贸易成本下降;此外,中国与21个欧洲国家、8个美洲国家、1个大洋洲国家、2个非洲国家的双边农产品贸易成本均下降。分类别看,中国与贸易伙伴国细分农产品双边贸易成本均呈现不稳定变化趋势,其中HS16~24章农产品双边贸易成本最小,HS15章农产品双边贸易成本最大。

从固定贸易成本结果看,1992—2017年中国与主要贸易伙伴国的双边农产品固定贸易成本变化趋势存在差异,其中,中国与日本、韩国、德国、新加坡的双边农产品固定贸易成本下降,与越南、菲律宾、泰国、南非的双边农产品固定贸易成本上升,与俄罗斯、美国的双边农产品固定贸易成本不变。

就可变贸易成本而言,中国与主要贸易伙伴国双边农产品可变贸易成本不断下降,说明中国与各国贸易往来关系趋于良好。通过对比发现,中国与贸易伙伴国的双边农产品贸易成本的变化大于固定贸易成本的变化,但小于可变贸易成本的变化。

5 中国农产品出口的二元边际分解

1994年中国对外贸易额为2 366.2亿美元，2017年中国进出口贸易总额达41 045.04亿美元，增长了16.3倍；同期间，中国农产品对外贸易额从177.3亿美元增加至2 013.9亿美元，增长了10.4倍。在对外贸易规模不断扩大的同时，中国逐渐成为世界贸易大国，但作为人口大国，农产品对于我国经贸发展尤为重要。已有研究表明，出口扩张主要沿着扩展边际（出口产品种类的增加）和集约边际（出口产品量的增加）扩展，不同的出口扩张模式对经济发展的作用存在差异。那么中国农产品的出口扩张是按照扩展边际发展还是集约边际发展呢？

本章主要围绕中国农产品出口的二元边际进行展开，首先从产品层面和国家层面分析中国农产品出口的时序变化，继而对中国农产品出口边际进行测度并分解，找出阻碍中国农产品出口增长的二元边际约束，为我国农产品贸易扩张路径的转变与选择提供参考。

5.1 中国农产品出口的二元边际测度及分解

从现有文献看，无论是出口二元边际还是进口二元边际，学者们基本上都是围绕产品出口结构展开的，实际上要想探究二元边际应该将产品贸易进行拆分，即研究贸易沿着深度增长还是沿着广度增长。目前，关于二元边际的研究主要从产品层面、企业层面和国家层面展开，由于很难获取企业层面数据，本节分别基于1992—2017年中国与世界、中国与主要贸易伙伴国HS1992-6位农产品数据对中国农产品出口贸易进行二元边际分解。

5.1.1 二元边际的测度

5.1.1.1 产品层面

从产品层面看，扩展边际和集约边际分别指出口产品种类的增加，以及原有产品的持续出口，本书将某一年设为基期，将第二年设为现期，将现期的农产品出口分为持续出口、新增出口和消失出口。通过整理，1993—2017

年中国农产品出口分解结果如表 5-1 所示。

表 5-1　1993—2017 年中国农产品出口分解结果

年份	出口产品价值（千美元）	原有产品持续出口 数额（千美元）	比重（%）	新增产品出口 数额（千美元）	比重（%）	原有产品消失 数额（千美元）	比重（%）
1993	11 152 785.42	11 149 975.02	99.97	2 810.40	0.03	1 425.01	0.01
1994	13 808 211.81	13 805 658.85	99.98	2 552.97	0.02	4 072.01	0.03
1995	13 807 342.56	13 806 843.99	100.00	498.57	0.00	317 200.82	2.30
1996	13 690 929.56	12 987 998.96	94.87	702 930.60	5.13	50 753.46	0.37
1997	14 331 509.63	14 328 446.22	99.98	3 063.42	0.02	30 991.72	0.22
1998	13 388 129.48	13 383 050.89	99.96	5 078.59	0.04	6 685.31	0.05
1999	12 976 393.15	12 971 190.93	99.96	5 202.22	0.04	7 353.96	0.06
2000	15 011 748.16	14 993 779.85	99.88	17 968.31	0.12	2 648.10	0.02
2001	15 237 449.72	15 232 046.03	99.96	5 403.69	0.04	8 595.27	0.06
2002	17 332 608.65	17 325 429.85	99.96	7 178.80	0.04	12 092.29	0.07
2003	20 544 487.42	20 513 704.67	99.85	30 782.75	0.15	1 520.70	0.01
2004	22 305 491.39	22 281 523.46	99.89	23 967.92	0.11	44 670.84	0.20
2005	26 367 827.35	26 307 330.10	99.77	60 497.25	0.23	48 949.63	0.19
2006	30 068 157.58	30 029 455.37	99.87	38 702.21	0.13	515.81	0.00
2007	35 778 493.08	35 758 731.72	99.94	19 761.36	0.06	71 183.05	0.20
2008	39 324 630.19	39 321 022.03	99.99	3 608.15	0.01	7 882.23	0.02
2009	38 095 004.65	38 093 527.87	100.00	1 476.78	0.00	1 672.63	0.00
2010	47 194 085.96	47 190 717.45	99.99	3 368.51	0.01	8 095.24	0.02
2011	57 740 368.42	57 694 018.61	99.92	46 349.81	0.08	66 805.14	0.12
2012	59 975 813.27	59 182 404.36	98.68	793 408.91	1.32	252 705.80	0.42
2013	64 376 634.62	64 284 435.69	99.86	92 198.92	0.14	1 214 456.23	1.89
2014	68 447 528.25	67 853 366.62	99.13	594 161.63	0.87	86 268.79	0.13
2015	67 305 383.04	67 278 593.94	99.96	26 789.11	0.04	15 827.07	0.02
2016	69 652 373.50	69 636 747.91	99.98	15 625.59	0.02	25 322.37	0.04
2017	72 172 328.94	72 156 923.91	99.98	15 405.04	0.02	296 209.10	0.41

数据来源：根据联合国统计署 UN COMTRADE 数据库 HS-6 位农产品出口数据计算得出。

从表 5-1 中可以看出，中国农产品出口可以分为原有产品持续出口、新增产品出口、原有产品消失三部分。从横向分析看,原有产品持续出口在三部分中所占比重最大,除1996年的94.87%外,其余年份该比重均在99%以上;而新增产品出口比重、原有产品消失比重处于微小波动中。从时间序列分析结果看,原有产品持续出口比重、新增产品出口比重均处于波动中,但总体来看,二者比重几乎不变;原有产品消失的出口比重上升,从0.01%上升至0.41%。以上结果充分说明,中国农产品出口增长主要依赖于原有出口产品的持续出口。

除了从总体层面分析中国农产品出口特征外,可以借鉴基欧和鲁尔(Kehoe & Ruhl,2013)的做法,将出口产品进行分类,以此分析中国农产品的出口特征。本书以中国农产品出口的初始统计为标准,将1992年HS-6位农产品出口额的大小进行降序排列,并将其分为十等份,计算各等份产品占当年出口额的比重,考察并比较2005年、2017年与1992年各等份产品的出口比重变化,结果如图5-1所示。

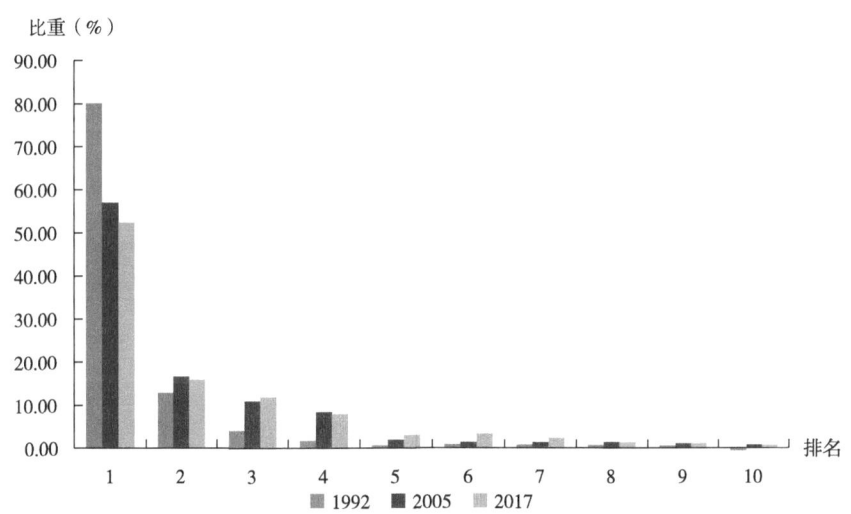

图5-1　1992年划分的产品集合与2005年、2017年出口额比重
注:根据联合国统计署UN COMTRADE数据库HS-6位农产品出口数据计算整理得出。

由图5-1可以看出,1992年、2005年、2017年中国农产品中排名靠前的产品出口比重发生了显著变化。按照产品比重结构时间变化看,排名第一和第九的产品集合在1992年的出口额占农产品总出口额的比重为80.13%,2005年其出口比重为56.99%,2017年该出口比重下降至52.32%,与1992年比下降了27.81%;排名第三至第七的农产品集合出口比重均呈现上升态势,其中排名第二、第三、第四的农产品集合出口比重分别从12.88%、

4.16%、1.71%上升至16%、11.93%、8.00%；排名第二、第八、第十的农产品集合出口比重则在2005年上升，2017年又下降。

尽管1992年、2005年、2017年排名第一的农产品集合出口比重有所下降，但仍达到总出口的一半以上，而其余农产品集合的出口比重处于稳中上升状态。由此可以看出，中国农产品出口主要依赖于原有产品的持续出口，即集约边际。

5.1.1.2 国家（地区）层面

在改革开放至今的40多年中，中国对每个出口市场的农产品出口额均有所增加。据国际货币基金组织统计，1992年之前中国农产品出口的主要市场为非洲及部分欧洲国家；1992年之后中国的出口市场开始转向亚洲地区。

由于中国农产品的出口目的地众多，本节选取2017年中国农产品出口市场前三位的国家（地区）（日本、中国香港、美国）进行二元边际测度。表5-2、表5-3、表5-4分别为1993—2017年中国对日本、中国香港、美国出口的农产品金额及比重变化情况。

表5-2 中国对日本出口农产品的金额及比重变化

年份	出口产品价值（千美元）	原有产品持续出口		新增产品出口		原有产品消失	
		数额（千美元）	比重（%）	数额（千美元）	比重（%）	数额（千美元）	比重（%）
1993	2 866 842.49	2 858 847.85	99.72	7 994.64	0.28	5 296.53	0.18
1994	4 222 174.50	4 212 346.90	99.77	9 827.60	0.23	2 707.35	0.06
1995	4 313 166.92	4 310 334.05	99.93	2 832.87	0.07	481 873.34	11.17
1996	4 737 666.95	4 228 880.98	89.26	508 785.96	10.74	6 940.29	0.15
1997	4 446 077.28	4 443 615.12	99.94	2 462.17	0.06	5 099.69	0.11
1998	4 242 009.97	4 239 607.94	99.94	2 402.03	0.06	6 259.63	0.15
1999	4 530 088.31	4 523 477.77	99.85	6 610.54	0.15	2 548.85	0.06
2000	5 193 533.82	5 190 512.11	99.94	3 021.71	0.06	3 407.25	0.07
2001	5 478 395.48	5 476 790.47	99.97	1 605.01	0.03	1 045.97	0.02
2002	5 496 706.93	5 490 723.91	99.89	5 983.02	0.11	7 993.38	0.15
2003	5 855 565.24	5 850 612.98	99.92	4 952.27	0.08	2 563.18	0.04
2004	7 215 060.11	7 213 552.95	99.98	1 507.16	0.02	3 337.77	0.05
2005	7 761 007.42	7 757 658.68	99.96	3 348.74	0.04	2 761.26	0.04
2006	8 043 979.64	8 042 002.85	99.98	1 976.79	0.02	2 175.21	0.03

续表

年份	出口产品价值（千美元）	原有产品持续出口		新增产品出口		原有产品消失	
		数额（千美元）	比重（%）	数额（千美元）	比重（%）	数额（千美元）	比重（%）
2007	8 188 666.27	8 169 826.25	99.77	18 840.02	0.23	23 961.11	0.29
2008	7 519 937.89	7 516 614.53	99.96	3 323.36	0.04	6 082.63	0.08
2009	7 557 070.47	7 555 472.28	99.98	1 598.19	0.02	6 871.75	0.09
2010	8 978 312.66	8 976 736.31	99.98	1 576.35	0.02	2 409.39	0.03
2011	10 783 082.23	10 778 997.16	99.96	4 085.07	0.04	9 205.42	0.09
2012	11 752 468.46	11 669 859.02	99.30	82 609.44	0.70	81 096.08	0.69
2013	11 026 641.65	11 022 969.52	99.97	3 672.14	0.03	3 347.68	0.03
2014	10 899 635.09	10 899 101.31	100.00	533.79	0.00	41 920.04	0.38
2015	9 977 240.87	9 973 397.99	99.96	3 842.88	0.04	1 837.79	0.02
2016	9 828 186.90	9 820 098.88	99.92	8 088.02	0.08	473.33	0.00
2017	10 030 942.19	10 013 153.93	99.82	17 788.26	0.18	65 841.82	0.66

注：根据联合国统计署 UN COMTRADE 数据库 HS-6 位农产品出口数据计算整理得出。

从农产品出口国别（地区）看，中国农产品出口第一大国为日本，2017年中国出口至日本的农产品金额占中国农产品出口总额的 13.56%。从表 5-2 可知，1993—2017 年中国出口到日本的农产品中，原有产品持续出口占总出口的比重最大且呈上升趋势，从 99.72% 上升至 99.82%，说明中国对日本出口的农产品增长主要来源为原有产品的持续出口。需要注意的是，1996 年该比重仅为 89.26%，主要原因在于，20 世纪 90 年代中日关系开始出现摩擦，特别是 1996 年日本《日美安全保障联合宣言》的出台，标志着中日关系进入了一个冰点。为了缓和中日贸易关系并加速中国农产品贸易发展，中国采取变换产品种类的方式向日本出口农产品。从新增产品、原有产品消失看，二者所占比重较小，且均处于微小波动中。

表 5-3 中国内地对中国香港出口农产品的金额及比重变化

年份	出口产品价值（千美元）	原有产品持续出口		新增产品出口		原有产品消失	
		数额（千美元）	比重（%）	数额（千美元）	比重（%）	数额（千美元）	比重（%）
1993	1 944 914.76	1 938 723.92	99.68	6 190.84	0.32	3 263.04	0.17
1994	2 928 256.77	2 924 436.05	99.87	3 820.73	0.13	6 164.68	0.21

续表

年份	出口产品价值（千美元）	原有产品持续出口		新增产品出口		原有产品消失	
		数额（千美元）	比重（%）	数额（千美元）	比重（%）	数额（千美元）	比重（%）
1995	2 970 426.70	2 969 243.91	99.96	1 182.80	0.04	26 769.79	0.90
1996	2 336 260.48	2 297 579.69	98.34	38 680.79	1.66	6 194.46	0.27
1997	2 686 941.70	2 684 511.46	99.91	2 430.24	0.09	2 926.49	0.11
1998	2 212 683.71	2 209 582.19	99.86	3 101.52	0.14	5 956.81	0.27
1999	1 826 806.83	1 824 675.23	99.88	2 131.60	0.12	22 385.12	1.23
2000	1 862 312.10	1 856 485.91	99.69	5 826.19	0.31	1 668.84	0.09
2001	1 833 801.96	1 832 806.71	99.95	995.25	0.05	6 192.30	0.34
2002	2 011 919.60	2 008 184.76	99.81	3 734.84	0.19	2 303.17	0.11
2003	2 149 056.92	2 148 243.09	99.96	813.83	0.04	4 016.90	0.19
2004	2 545 767.96	2 545 224.27	99.98	543.69	0.02	2 140.34	0.08
2005	2 599 205.49	2 597 924.45	99.95	1 281.05	0.05	2 043.87	0.08
2006	2 621 916.97	2 616 028.28	99.78	5 888.69	0.22	1 458.37	0.06
2007	3 002 734.04	3 001 421.22	99.96	1 312.83	0.04	7 644.29	0.25
2008	3 378 662.67	3 375 486.14	99.91	3 176.53	0.09	6 959.92	0.21
2009	3 462 515.70	3 461 053.44	99.96	1 462.27	0.04	5 370.62	0.16
2010	4 187 102.74	4 183 349.75	99.91	3 752.99	0.09	991.60	0.02
2011	5 475 026.94	5 470 002.77	99.91	5 024.17	0.09	1 124.01	0.02
2012	6 195 519.81	6 181 279.29	99.77	14 240.52	0.23	6 163.99	0.10
2013	7 415 673.19	7 405 454.35	99.86	10 218.84	0.14	4 474.27	0.06
2014	8 368 082.52	8 351 547.93	99.80	16 534.59	0.20	2 512.50	0.03
2015	8 564 643.27	8 562 534.84	99.98	2 108.43	0.02	13 316.38	0.16
2016	9 634 582.51	9 623 832.68	99.89	10 749.83	0.11	3 079.01	0.03
2017	9 555 126.99	9 549 423.86	99.94	5 703.13	0.06	76 566.97	0.80

注：根据联合国统计署 UN COMTRADE 数据库 HS-6 位农产品出口数据计算整理得出。

表5-3显示，1993—2017年中国内地对中国香港农产品出口额从19.45亿美元增加至95.55亿美元，增加了4倍之多。中国内地对中国香港的农产品出口分解结果与日本类似，即原有产品的持续出口比重最大且呈增加趋势，从99.68%上升至99.94%；而新增产品的出口比重从0.32%下降至0.06%，原有产品消失的出口比重处于波动变化中，但比重均在1.3%以下。由此可以看出，中国内地对中国香港的农产品出口增长主要依赖于原有产品的持续出口。

表 5-4 中国对美国出口农产品的金额及比重变化

年份	出口产品价值（千美元）	原有产品持续出口		新增产品出口		原有产品消失	
		数额（千美元）	比重（%）	数额（千美元）	比重（%）	数额（千美元）	比重（%）
1993	544 907.88	534 123.71	98.02	10 784.17	1.98	3 182.83	0.58
1994	604 782.71	602 407.46	99.61	2 375.25	0.39	3 689.23	0.61
1995	702 754.66	700 362.82	99.66	2 391.84	0.34	6 032.86	0.86
1996	724 105.63	720 783.13	99.54	3 322.50	0.46	4 134.00	0.57
1997	803 790.68	797 205.90	99.18	6 584.78	0.82	1 806.37	0.22
1998	852 504.96	848 420.11	99.52	4 084.84	0.48	1 647.03	0.19
1999	919 258.16	891 289.26	96.96	279 68.89	3.04	2 112.95	0.23
2000	1 137 080.72	1 132 465.23	99.59	4 615.49	0.41	3 620.54	0.32
2001	1 194 307.94	1 193 147.03	99.90	1 160.90	0.10	5 850.29	0.49
2002	1 599 661.36	1 592 537.00	99.55	7 124.37	0.45	2 549.64	0.16
2003	2 028 267.44	2 025 470.92	99.86	2 796.51	0.14	1 322.39	0.07
2004	2 292 276.73	2 290 177.20	99.91	2 099.53	0.09	1 785.86	0.08
2005	2 787 161.17	2 778 062.23	99.67	9 098.95	0.33	1 619.04	0.06
2006	3 769 623.35	3 679 259.96	97.60	90 363.39	2.40	4 664.47	0.12
2007	4 429 372.30	4 424 840.96	99.90	4 531.34	0.10	7 119.78	0.16
2008	5 123 326.44	5 121 013.21	99.95	2 313.23	0.05	11 227.50	0.22
2009	4 665 631.48	4 663 482.77	99.95	2 148.70	0.05	3 370.41	0.07
2010	5 706 985.95	5 705 513.28	99.97	1 472.67	0.03	2 664.02	0.05
2011	6 600 220.35	6 592 482.98	99.88	7 737.37	0.12	1 976.23	0.03
2012	7 050 048.01	7 041 105.70	99.87	8 942.31	0.13	35 448.66	0.50
2013	7 153 799.95	7 138 645.54	99.79	15 154.41	0.21	4 563.03	0.06
2014	7 282 279.22	7 280 735.57	99.98	1 543.65	0.02	14 230.36	0.20
2015	7 187 578.74	7 185 565.93	99.97	2 012.82	0.03	1 744.21	0.02
2016	7 195 434.47	7 190 946.50	99.94	4 487.97	0.06	4 703.07	0.07
2017	7 512 411.89	7 511 852.31	99.99	559.58	0.01	14 006.36	0.19

注：根据联合国统计署 UN COMTRADE 数据库 HS-6 位农产品出口数据计算整理得出。

1993年中国向美国出口的农产品金额为5.45亿美元,2017年中国向美国出口的农产品金额达到75.12亿美元,增加额将近70亿美元,这也体现了中国与美国的贸易关系不断加深。从表5-4中国对美国出口的农产品分解特征看,原有产品持续出口仍旧占据农产品出口的主体地位,从98.02%上升至99.99%;而新增产品出口比重从1.98%下降至0.01%,下降了1.97%;原有产品消失的出口比重也始终处于1%以下。

综上,无论从产品层面看,还是从国家(地区)层面看,中国农产品出口的分解情况都显示出如下结果:原有产品的持续出口比重均在97%以上,新增产品的出口比重以及消失产品的出口比重均比较低,基本都维持在4%以下,且变动不明显。由此可以看出,中国农产品贸易的发展主要依赖原有产品的持续出口,即集约边际。

5.1.2 二元边际的分解方法

目前关于二元边际的测度方法主要分为两类,一类是从国家对—产品层面对出口中的绝对贸易额进行拆解,区分出已有出口产品、新制造产品以及新开拓市场对出口的贡献;另一类是产品贡献率法。以下对两类方法进行描述。

5.1.2.1 国家对—产品法

国家对—产品法包括FR指数法和AP法。FR指数法以芬斯特拉(Feenstra,1994)的研究为基础。假设基期为t,现期为s,$I_t = \{1, 2, \cdots, N_t\}$,$I_s = \{1, 2, \cdots, N_s\}$。两个时期出口相同产品的序列用$I = I_t \cap I_s$表示。则产品种类的变化可以表示为:

$$\Delta_{ts} = \ln\left(\frac{\sum_{i \in I_s} p_{is} x_{is} / \sum_{i \in I} p_{is} x_{is}}{\sum_{i \in I_t} p_{it} x_{it} / \sum_{i \in I} p_{it} x_{it}}\right) \qquad (5-1)$$

FR指数法测度了一国对外的整体扩展边际,并不能计算集约边际,AP法则弥补了这一不足。AP法是阿穆尔·帕切科和皮耶罗(Amurgo Pacheco & Pierola,2007)方法的简称,该法将一国出口分为四种情况,一是老产品老市场(原有产品持续出口),二是新产品老市场(新产品出口至旧市场),三是老产品新市场(原有产品出口至新市场),四是新产品新市场(新产品出口至新市场),从产品、地理角度提出了二元边际测度方法。将以上四种情况中的第一种情况归为集约边际,将第二、三、四种情况归为扩展边际,如图5-2所示。

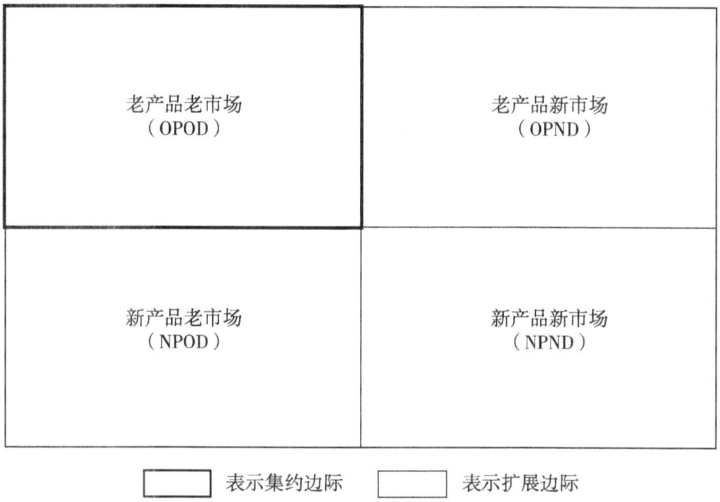

老产品老市场 （OPOD）	老产品新市场 （OPND）
新产品老市场 （NPOD）	新产品新市场 （NPND）

☐ 表示集约边际　　☐ 表示扩展边际

图 5-2　出口广化和出口深化的分解框架

注：O 代表 old，P 代表 products，N 代表 new，D 代表 destinations。

5.1.2.2　产品贡献率法

产品贡献法包括 AF 法和 HK 法。AF 是阿米特和弗罗因德（Amiti & Freund，2007）方法的简称，该方法将总的贸易增长比率分为三部分，即两个时期都出口的产品增长，第一期出口、第二期不出口的产品出口增长，第一期不出口、第二期出口的产品出口增长。

假设 i 产品在 t 期的出口值为 V，出口产品的种类为 I，那么出口额是价格 P 和数量 Q 的乘积之和，即：

$$V_t = \sum_{i=1}^{I} P_t^i Q_t^i \tag{5-2}$$

那么，该国出口产品从 $t-1$ 期到 t 期的出口额变化可以表示为：

$$\Delta V_t = V_t - V_{t-1} = \sum_{i=1}^{I} P_t^i Q_t^i - \sum_{i=1}^{I} P_{t-1}^i Q_{t-1}^i \tag{5-3}$$

农产品出口额的变化可以分解为 $t-1$ 期和 t 期均出口、$t-1$ 期无出口而 t 期有出口和 $t-1$ 期出口而 t 期没有出口，其中 $t-1$ 期和 t 期均出口即旧产品的持续出口，用 o 表示；$t-1$ 期无出口而 t 期有出口即新产品出口到旧市场或新市场，用 n 表示；$t-1$ 期出口而 t 期没有出口即旧产品的消失，用 x 表示，则上式可变为：

$$\Delta V_t = \sum_{o=1}^{O} P_t^o Q_t^o - \sum_{o=1}^{O} P_{t-1}^o Q_{t-1}^o + \sum_{n=1}^{N} P_t^n Q_t^n - \sum_{n=1}^{N} P_{t-1}^n Q_{t-1}^n + \sum_{x=1}^{X} P_t^x Q_t^x - \sum_{x=1}^{X} P_{t-1}^x Q_{t-1}^x$$

$$\tag{5-4}$$

当 $V_{t-1}^n = 0$ 且 $V_t^x = 0$ 时，即 $t-1$ 期产品出口量为 0，t 期产品出口量为 0，此时公式变为：

$$\Delta V_t = \sum_{o=1}^{O} P_t^o Q_t^o - \sum_{o=1}^{O} P_{t-1}^o Q_{t-1}^o + \sum_{n=1}^{N} P_t^n Q_t^n - \sum_{x=1}^{X} P_{t-1}^x Q_{t-1}^x \tag{5-5}$$

为了分离价格和数量效应，将上述等式右边加减 $\sum_{o=1}^{O} P_t^o Q_{t-1}^o$ 变换为：

$$\Delta V_t = \sum_{o=1}^{O} P_t^o Q_t^o + \sum_{o=1}^{O} P_t^o Q_{t-1}^o - \sum_{o=1}^{O} P_t^o Q_{t-1}^o - \sum_{o=1}^{O} P_{t-1}^o Q_{t-1}^o + \sum_{n=1}^{N} P_t^n Q_t^n - \sum_{x=1}^{X} P_{t-1}^x Q_{t-1}^x$$

$$= \sum_{o=1}^{O} P_t^o \Delta Q_t^o + \sum_{o=1}^{O} \Delta P_t^o Q_{t-1}^o + \sum_{n=1}^{N} P_t^n Q_t^n - \sum_{x=1}^{X} P_{t-1}^x Q_{t-1}^x \tag{5-6}$$

同理，将等式 (5-6) 右边加减 $\sum_{o=1}^{O} P_{t-1}^o Q_t^o$，等式变化为：

$$\Delta V_t = \sum_{o=1}^{O} P_{t-1}^o \Delta Q_t^o + \sum_{o=1}^{O} \Delta P_t^o Q_t^o + \sum_{n=1}^{N} P_t^n Q_t^n - \sum_{x=1}^{X} P_{t-1}^x Q_{t-1}^x \tag{5-7}$$

将等式 (5-6)、式 (5-7) 平均，得到：

$$\Delta V_t = \sum_{o=1}^{O} \frac{P_t^o + P_{t-1}^o}{2} \Delta Q_t^o + \sum_{o=1}^{O} \Delta P_t^o \frac{Q_t^o + Q_{t-1}^o}{2} + \sum_{n=1}^{N} P_t^n Q_t^n - \sum_{x=1}^{X} P_{t-1}^x Q_{t-1}^x \tag{5-8}$$

上式中右边前两项分别表示产品出口变化的数量效应、价格效应，后两项表示新产品的进入效应和旧产品的退出效应之和，即前两项是集约边际，表示由于产品出口价格不变而出口数量变化产生的集约边际和由于出口数量不变而价格变化产生的集约边际。后两项是扩展边际，表示出口企业数量和产品种类的增加，包括新产品出口至旧市场和旧产品出口至新市场。

HK 指数法是胡默尔斯和可莱诺（Hummels & Klenow，2005）在芬斯特拉和基（Feenstra & Kee，2004）的基础上将出口多样性定义为集约边际和扩展边际：集约边际指该国的出口产品篮子中该国出口占世界出口的比重；扩展边际指该国出口篮子中出口产品的世界贸易额占世界贸易总额的比重。在其分析框架中，一国出口占世界总出口的市场份额可以分解为集约边际和扩展边际。假设 i 代表出口国，j 代表进口国，w 表示参照国，n 表示农产品出口种类，n_{ij} 表示 i 国对 j 国出口的农产品种类集合，N 表示全部的农产品出口种类集合，p 表示农产品出口价格，q 表示农产品出口数量，那么 i 国出口至 j 国的农产品扩展边际 EM 可以表示为：

$$EM_{ijt} = \frac{\sum_{n \in n_{ij}} p_{wjn} q_{wjn}}{\sum_{n \in N} p_{wjn} q_{wjn}} \tag{5-9}$$

考虑到中国与世界平均水平相似，因此选取世界为参考国。从经济学含义看，扩展边际 EM 衡量了 i 国向 j 国出口产品与世界向 j 国出口产品的重叠部分在世界贸易总量中的比重，EM 值越大，说明 i 国对 j 国的出口与世界对 j 国出口的重合部分越大，从而说明 i 国在更多的产品种类上实现了出口。

集约边际 IM 表示为：

$$IM_{ijt} = \frac{\sum_{n \in N_{ij}} p_{ijn} q_{ijn}}{\sum_{n \in N_{ij}} p_{wjn} q_{wjn}} \qquad (5-10)$$

上式中分子表示 i 国向 j 国出口产品的价值，分母表示世界与 i 国在相同种类产品上对 j 国的出口额。集约边际衡量了在重合出口产品中，i 国出口占世界总出口的比重，IM 值越大，说明在 i 国与世界出口相同的产品时，i 国实现了更多出口。

将上式 (5-9) 与式 (5-10) 相乘，可以得到 i 国出口产品占世界出口产品的比重，用公式可以表示为：

$$W_{ij} = \frac{\sum_{n \in N} p_{ijn} q_{ijn}}{\sum_{n \in N} p_{wjn} q_{wjn}} = \frac{\sum_{n \in N} p_{wjn} q_{wjn}}{\sum_{n \in N} p_{wjn} q_{wjn}} \times \frac{\sum_{n \in N_{ij}} p_{ijn} q_{ijn}}{\sum_{n \in N_{ij}} p_{wjn} q_{wjn}} = EM_{ij} \times IM_{ij} \qquad (5-11)$$

上式表明，i 国出口产品是出口扩展边际与出口集约边际相互作用的结果，进一步，可以将集约边际分解为价格效应和数量效应：

$$IM_{ij} = p_{ij} \times X_{ij} \qquad (5-12)$$

其中价格效应 P_{ij}、数量效应 X_{ij} 分别表示为：

$$P_{ij} = \prod_{n \in N_{ij}} \left(\frac{p_{ijn}}{p_{wjn}}\right)^{\theta_{ijn}}, \quad X_{ij} = \prod_{n \in N_{ij}} \left(\frac{x_{ijn}}{x_{wjn}}\right)^{\theta_{ijn}} \qquad (5-13)$$

上式中权重 θ 表示为：

$$\theta_{ijn} = \frac{\dfrac{s_{ijn} - s_{wjn}}{\ln s_{ijn} - \ln s_{wjn}}}{\sum_{n \in N_{ij}} \dfrac{s_{ijn} - s_{wjn}}{\ln s_{ijn} - \ln s_{wjn}}} \qquad (5-14)$$

上式中 s_{ijn} 分别表示 i 国 n 类产品出口额占 i 国产品出口总额的比重，s_{wjn} 表示世界 n 类产品出口额占世界产品出口总额的比重。

这样 i 国出口就可以分解为扩展边际、价格效应和数量效应三者之积，用公式可以表示为：

$$W_{ij} = EM_{ij} \times P_{ij} \times X_{ij} \qquad (5-15)$$

综上，本书选取 HK 指标法分解中国农产品出口的二元边际。但 HK 法并不完美，其在测度二元边际时存在两个主要问题：一是该方法基于一国出口比重分解二元边际存在测算误差，因为该方法仅忽略了需求方面的信息，即世界对该国出口产品种类的需求增加也会导致出口产品种类增加，但该国的出口产品种类并没有发生变化,即该方法忽略了该国的已有产品出口至新市场也属于扩展边际;二是该方法将出口产品归为出口产品集合,这种归类本身不太合理,计算的扩展边际会非常大。针对这一问题,有学者在研究中对其设置标准,规定当某一类产品的出口额超过一定限制时才计入贸易集合,但是这种统一标准的方法忽视了不同经济体之间的差异。

由于中国农产品出口占总出口的比重比较小,本书仍然选取全部农产品出口数据进行研究。为了使研究更加精确,本书采用细分程度较高的数据。

5.1.3 二元边际分解结果及分析

本章基于联合国统计署 UN COMTRADE 数据库 HS-6 位农产品数据测算中国对世界、中国对主要贸易伙伴国农产品出口扩展边际和集约边际。

5.1.3.1 基于农产品出口总额的二元边际分解

按照 HK 指标法,对中国 1992—2017 年农产品出口增长的二元边际进行分解,分解的扩展边际及集约边际结果见表 5-5。

表 5-5 1992—2017 年中国农产品出口增长的扩展边际与集约边际

年份	进入计算 HS-6 位农产品种类数量	扩展边际	扩展边际增长率(%)	集约边际	集约边际增长率(%)
1992	647	0.974 4	—	0.045 2	—
1993	649	0.961 8	-1.29	0.043 2	-4.42
1994	670	0.980 5	1.94	0.038 2	-11.57
1995	639	0.953 8	-2.71	0.032 2	-15.71
1996	643	0.914 7	-4.10	0.031 4	-2.48
1997	658	0.972 9	6.36	0.031 0	-1.27
1998	651	0.966 3	-0.68	0.030 4	-1.94
1999	639	0.943 2	-2.39	0.031 4	3.29
2000	653	0.959 5	1.73	0.036 1	14.97
2001	645	0.961 7	0.23	0.034 9	-3.32
2002	642	0.955 1	-0.69	0.037 5	7.45
2003	640	0.947 1	-0.84	0.038 5	2.67
2004	628	0.921 9	-2.66	0.037 7	-2.08
2005	640	0.955 5	3.64	0.039 8	5.57
2006	629	0.961 7	0.65	0.040 7	2.26

续表

年份	进入计算 HS-6 位农产品种类数量	扩展边际	扩展边际增长率（%）	集约边际	集约边际增长率（%）
2007	600	0.957 8	-0.41	0.040 4	-0.74
2008	579	0.922 2	-3.72	0.038 2	-5.45
2009	584	0.942 3	2.18	0.040 5	6.02
2010	584	0.952 4	1.07	0.043 9	8.40
2011	578	0.944 2	-0.86	0.044 4	1.14
2012	574	0.910 9	-3.53	0.047 0	5.86
2013	582	0.956 9	5.05	0.045 5	-3.19
2014	579	0.948 9	-0.84	0.048 1	5.71
2015	583	0.947 5	-0.15	0.052 7	9.56
2016	578	0.951 0	0.37	0.054 2	2.85
2017	583	0.952 8	0.19	0.052 2	-3.69

注：表中结果由作者计算得出。

从表 5-5 中国历年扩展边际与集约边际值的变化趋势来看，二者均处于波动变化。总体来说，1992—2017 年中国农产品出口扩展边际从 0.974 4 下降至 0.952 8，下降了 0.021 6；集约边际从 0.045 2 上升至 0.052 2，增加了 0.007。尽管两者差距逐渐减少，但截至 2017 年，两者的差距仍然在 0.9 以上。

对比扩展边际和集约边际的增长率，发现前者明显高于后者。1992—2017 年中国农产品出口扩展边际增速总和为-1.44%，出口集约边际增速总和为 19.87%，尤其在 2000 年，中国农产品出口增长的集约边际增速达到了 10%以上。由此可以看出，1992—2017 年中国农产品出口增长主要依靠集约边际，该结论同钱学锋和熊平（2010）、刘祥霞等（2015）的研究结果保持一致。

5.1.3.2 基于双边贸易额的农产品出口二元边际分解

前面以世界为参照，对中国农产品出口边际进行分解，以下运用双边农产品贸易数据进行二元边际分解。鉴于数据处理比较复杂且篇幅有限，这里仅分析中国农产品出口前 5 位国家（地区）的贸易边际。通过农产品出口地理方向看，2017 年中国出口的农产品前五大市场分别为日本、中国香港、美国、韩国、越南，表 5-6 整理了 1992—2017 年中国对这 5 个国家（地区）的农产品出口二元边际分解结果。

表 5-6 中国与农产品出口市场前五位国家（地区）的农产品二元边际分解结果

年份	日本		中国香港		美国		韩国		越南	
	EM	IM	EM	IM	EM	IM	EM	IM	EM	IM
1992	0.778 5	0.085 4	0.947 9	0.396 7	0.496 5	0.033 3	0.508 5	0.213 9	0.520 5	0.252 4
1993	0.806 2	0.084 3	0.959 3	0.221 8	0.558 7	0.028 7	0.764 5	0.139 4	0.814 8	0.491 7
1994	0.833 3	0.101 3	0.964 8	0.286 0	0.572 9	0.028 8	0.638 4	0.180 5	0.799 4	0.216 2
1995	0.792 2	0.100 0	0.904 4	0.275 8	0.629 8	0.028 4	0.559 5	0.117 1	0.824 6	0.189 1
1996	0.803 8	0.108 8	0.944 6	0.201 5	0.517 8	0.032 5	0.545 9	0.143 6	0.740 3	0.209 9
1997	0.788 1	0.112 9	0.949 7	0.226 6	0.610 9	0.027 7	0.480 7	0.241 8	0.620 9	0.190 9
1998	0.727 4	0.130 5	0.953 3	0.216 9	0.620 8	0.027 9	0.512 8	0.199 5	0.605 8	0.199 7
1999	0.811 8	0.120 3	0.914 9	0.206 9	0.626 2	0.028 5	0.527 8	0.202 4	0.613 8	0.167 7
2000	0.838 7	0.128 8	0.952 2	0.196 7	0.657 6	0.034 1	0.593 0	0.268 4	0.556 9	0.170 0
2001	0.848 4	0.142 9	0.890 5	0.213 0	0.643 2	0.036 0	0.681 2	0.208 1	0.320 6	0.273 2
2002	0.848 9	0.146 9	0.918 6	0.230 3	0.654 6	0.041 9	0.666 6	0.259 8	0.470 2	0.292 3
2003	0.776 7	0.161 5	0.856 5	0.265 3	0.671 8	0.047 1	0.679 4	0.315 5	0.660 6	0.274 9
2004	0.853 1	0.161 4	0.837 8	0.306 8	0.689 6	0.047 2	0.770 4	0.195 2	0.600 4	0.184 3
2005	0.858 8	0.169 0	0.848 3	0.309 6	0.697 1	0.052 2	0.797 1	0.253 8	0.618 7	0.187 7
2006	0.799 1	0.190 9	0.923 2	0.266 4	0.713 8	0.061 8	0.783 5	0.235 3	0.655 7	0.173 5
2007	0.858 3	0.170 1	0.823 8	0.298 8	0.691 9	0.069 4	0.757 9	0.263 1	0.702 1	0.155 7
2008	0.816 2	0.138 4	0.797 9	0.277 6	0.671 9	0.076 5	0.547 9	0.258 7	0.594 4	0.196 7
2009	0.758 7	0.170 8	0.820 9	0.262 1	0.717 6	0.071 2	0.773 5	0.200 9	0.527 9	0.295 2
2010	0.760 7	0.182 2	0.807 4	0.268 5	0.689 9	0.081 9	0.689 5	0.225 6	0.549 5	0.293 9
2011	0.691 5	0.193 8	0.876 0	0.273 9	0.715 5	0.077 9	0.536 8	0.257 5	0.564 2	0.348 0
2012	0.716 9	0.203 9	0.886 9	0.293 6	0.699 9	0.084 2	0.507 1	0.278 8	0.564 6	0.315 6
2013	0.708 1	0.210 7	0.879 0	0.316 7	0.699 4	0.082 8	0.545 9	0.276 4	0.661 8	0.279 0
2014	0.667 9	0.230 6	0.910 6	0.328 1	0.680 9	0.072 5	0.653 9	0.239 7	0.658 5	0.305 6
2015	0.674 9	0.229 3	0.906 2	0.358 4	0.711 9	0.071 8	0.554 5	0.263 3	0.575 7	0.367 4
2016	0.683 9	0.223 5	0.938 6	0.374 7	0.721 5	0.069 9	0.620 9	0.255 4	0.524 8	0.418 8
2017	0.693 0	0.210 2	0.911 5	0.374 8	0.724 3	0.068 7	0.546 7	0.283 3	0.633 5	0.245 1

注：表中结果由作者计算得出。

从中国对农产品前五大出口市场国（地区）的二元边际分解结果看，1992—2017 年中国对农产品前五大出口市场的扩展边际均维持在 0.5 以上，集约边际均维持在0.5以下。从指标的变化情况看，中国与各国（地区）的集约边际均呈现增加态势。

从扩展边际变化趋势看，中国对日本农产品出口扩展边际从0.7785下降至0.6930，中国内地对中国香港农产品出口扩展边际从0.9479下降至0.9115，对美国、韩国、越南农产品出口扩展边际分别从0.4965、0.5085、0.5205上升至0.7243、0.5467、0.6335。上述扩展边际变化说明新增加农产品种类的出口对中国与美国、韩国、越南出口增长的贡献不断增加。

从集约边际变化趋势看，中国对五个国家（地区）的农产品出口集约边际均上升。中国与日本、美国、韩国农产品出口集约边际分别从0.0854、0.0333、0.2139上升至0.2102、0.0687、0.2833。值得注意的是，除1992年外，中国内地对中国香港农产品出口集约边际不断上升，从0.2218上升至0.3748，而1992年中国内地对中国香港的农产品出口集约边际为0.3967，因此认为1992年为特殊值，即研究期间中国内地对中国香港的农产品出口集约边际也处于上升趋势。从中国对越南出口的农产品集约边际变化趋势看，1992—2017年该值从0.2524变化至0.2451，几乎保持不变。以上变化说明，中国对各国（地区）农产品出口增长主要源于原有出口产品数量的增加。

5.2 中国农产品出口的二元边际约束

5.2.1 农产品出口增长主要靠集约边际拉动

就中国农产品出口总额的二元边际分解结果而言，1992—2017年中国农产品出口扩展边际和集约边际分别从0.9744、0.0452变化至0.9528和0.0522，扩展边际下降了0.0216，集约边际增加了0.007。从二者的变化速度看，扩展边际的增速之和为−1.44%，集约边际增速之和为19.87%。就中国对农产品出口的前五大市场国（地区）的双边贸易二元边际分解结果看，中国对美国、韩国、越南的农产品出口扩展边际在波动中不断上升，对日本、中国香港的农产品出口扩展边际在波动中逐渐下降，而中国对五个国家（地区）的农产品出口集约边际几乎均处于上升趋势。从二者的变化速度看，中国大陆对日本、中国香港、美国、韩国、越南的农产品出口扩展边际分别增长了−7.92%、−1.28%、43.12%、42.78%、69.11%，中国对五个国家（地区）的农产品出口集约边际分别增长了102.20%、23.64%、84.86%、101.59%、106.72%。无论从总出口分解结果看，还是从中国对主要贸易伙伴国（地区）的出口分解结果看，集约边际的贡献都大于扩展边际。如果中国农产品出口增长保持此种状态，在不久的将来，农产品出口增长乏力将成为中国农产品贸易发展的必然趋势。此外，依赖集约边际拉动的农产品出口增长会导致我国在出口市场上面临较高的风险，这好比将鸡蛋放在一个篮子里，一旦中国与贸易伙伴的关系破裂，我国农产品贸易将遭受很大损失。

5.2.2 产品种类对农产品出口增长贡献较低

中国对主要贸易伙伴国（地区）的农产品出口统计结果显示，原有产品持续出口对中国农产品出口增长的贡献高达85%以上，其中基于产品层面的原有产品的持续出口对农产品出口增长的贡献均在94%以上。对中国农产品出口市场的统计结果显示，近20年内中国农产品出口的前十大贸易伙伴几乎不变。二元边际分解结果显示，集约边际是中国农产品出口增长的主要源泉。以上结果说明中国农产品主要贸易伙伴比较稳定，即中国与贸易伙伴国（地区）保持着良好的贸易合作关系，但与此同时，我国农产品出口增长也面临着约束，即我国农产品出口增长主要依靠集约边际，而扩展边际并未表现出应有的贡献。

5.2.3 中国对主要贸易伙伴的农产品出口增长空间正在缩小

中国农产品出口二元边际分解结果显示，中国内地对日本、中国香港、美国、韩国、越南的农产品出口扩展边际均在0.5以上，但研究期间中国对美国、韩国、越南的农产品出口扩展边际呈现上升趋势，对日本、中国香港的农产品出口扩展边际呈现下降趋势，表现在对主要出口市场的农产品出口种类下降，对次要出口市场的农产品出口种类逐渐多元化；而中国对贸易伙伴的农产品出口集约边际逐渐增加。从以上变化看出，中国对主要贸易伙伴的农产品出口市场空间正在缩小，且中国对这些国家（地区）的农产品出口增长很难从种类上突破，即中国对这些贸易伙伴未来的农产品出口增长也主要依赖于集约边际。从现实情况看，2017年中国对前十大贸易伙伴的农产品出口比重为65.62%，一旦这些国家（地区）的市场需求发生变化，中国农产品出口贸易将受到很大影响。

5.3 本章小结

本章基于中国农产品出口数据进行出口市场分析及出口二元边际分解，对后面的开展至关重要。如果不能实现中国农产品出口二元边际的统计分析和精确分解，后续研究将难以展开。本章主要分为两节，第一节首先对中国农产品出口边际进行测度，并基于中国与主要贸易伙伴、世界与贸易伙伴、中国与世界农产品贸易数据分解中国农产品出口二元边际。第二节探讨中国农产品出口的二元边际约束。

中国农产品出口边际测度结果表明，原有出口产品的持续出口对中国农产品出口增长的贡献均在94%以上，基于国家层面对中国农产品出口二元边际的测度结果表明，原有出口产品的持续出口对中国农产品出口增长的贡献均在89%以上。从横向分析看，原有产品的持续出口在三部分中所占比重最大，除1996年的94.87%外，其余年份该比重均达99%以上；新增产品出口、原有产品的消失所占比重处于微小波动中。从时间序列分析结果看，原有产品的持续出口、新增产品出口均处于波动中，总体来看，二者比重几乎不变；原有产品的消失比重上升，从0.01%上升至0.41%。中国对主要贸易伙伴国的农产品出口二元边际表明，中国内地对日本、中国香港、美国出口的农产品中，原有产品的持续出口在中国农产品出口增长中占有绝大部分比重。综上，无论从产品层面看，还是从国家（地区）层面看，中国农产品出口的分解情况都显示：原有出口产品的持续出口比重均在97%以上，新增产品的出口比重以及消失产品的出口比重均比较低，基本都维持在4%以下，且变动不明显。由此可以看出，中国农产品贸易的发展持续依赖原有产品的持续出口即集约边际。

本书选取HK指标法分解中国农产品出口增长的二元边际，分解均以世界为参照。为了对比中国对世界农产品出口与中国对主要贸易伙伴农产品出口情况，本书分别运用不同数据分析。二元边际分解结果显示，中国农产品出口主要依赖集约边际，1992—2017年中国对农产品出口的前五大市场的扩展边际均维持在0.5以上，集约边际均维持在0.5以下。从指标变化情况看，中国与各国（地区）的集约边际均呈现增加态势，表明源于原有产品出口增长的贡献在不断上升。从扩展边际看，中国对韩国、越南、美国的农产品出口扩展边际在波动中不断上升，对日本、中国香港的农产品出口扩展边际在波动中逐渐下降。从集约边际变化趋势看，中国对五个国家（地区）的农产品出口集约边际几乎均处于上升趋势。

基于前面分析，得出中国农产品出口二元边际面临的约束包括：产品种类对农产品出口增长贡献低、中国对主要贸易伙伴的农产品出口增长空间正在缩小。

6 贸易成本对贸易边际的影响：理论分析

古典贸易理论主要研究产业间贸易，其假定企业是同质的，即不同国家生产的同类产品并无差异，这种假设使其无法与国际贸易实际情况契合。新贸易理论指出企业异质性的存在，但为了简化研究，霍尔普曼（Helpman，1985）在差别产品模型中选用典型企业进行分析。新新贸易理论将研究重点放在异质企业上，指出企业之间存在差异，使得国际贸易研究更贴近事实。有鉴于此，本书在企业异质性理论模型的基础上引入比较优势，并假定国家之间是非对称的，运用改进的模型分析贸易成本对贸易边际的影响机制。

本章主要包括4节，第1节从整体层面探究贸易成本对贸易边际的影响，分别从生产者与消费者角度入手研究二者行为，探究贸易成本对贸易边际的影响机制；第2节研究固定贸易成本对贸易边际的影响机制，分别从市场层面与企业层面入手考察固定贸易成本对贸易边际的影响；第3节研究可变贸易成本对贸易边际的影响；第4节为本章小结。

6.1 贸易成本影响贸易边际的理论框架

借鉴肯斯（Kancs，2007）的理论框架，探讨贸易成本对贸易边际的影响机制。首先，假定世界上存在 N 个国家，各国之间相互进行贸易。假定每个国家生产连续的差异化产品，且各国使用相同的生产技术。每个国家只有两种部门：传统部门和制造业部门。假设传统部门生产同质性产品，制造业部门生产差异化产品，由于同质性产品具有同质性，在进行交易时其交易成本为零。此外，将同质产品的价格标准化为1，且每个国家将同质商品设定为等价物，因此每个国家的工资也统一设定为1。而制造业部门生产的产品因具有差异性而面临两种生产成本：一是固定生产成本，二是可变生产成本。对所有企业来说，产品的固定生产成本均相同；而可变生产成本受企业规模、技术、生产率等影响，因此企业之间的可变生产成本并不一致。由于产品在进行跨国交易时，除了需要经过生产等环节，还需要经过交易环节，因此制造业部门生产的产品在交易时也面临两种交易成本：一是固定交易成本，二是可变交易成本。

假定劳动是生产的唯一投入要素，每个国家有 L 单位的劳动力，每个生产部门的单位劳动生产率用 φ 表示。对于那些将产品出口到国外的企业来说，它们面临的交易成本即贸易成本。以下运用需求市场的一般均衡理论推导贸易成本对贸易边际的影响机制。

6.1.1 生产者行为

企业异质性理论指出，每个企业具有不同的生产率，本模型中的生产者指那些可以进入出口市场的企业。企业在进行国际贸易时面临两种贸易成本：固定贸易成本和可变贸易成本。假定固定贸易成本用 FC 表示，可变贸易成本用 τ 表示。对于在国际市场进行交易的企业来说，它们面临的固定贸易成本与仅在国内市场交易的企业相同，即所有企业无差异，但可变贸易成本存在差异。

假定企业的生产率服从 $g(\varphi)$ 分布，那么企业的成本可以表示为：

$$c(x) = \frac{x}{\varphi} + FC \tag{6-1}$$

式中 φ 表示企业生产率，x 表示产出，FC 表示固定成本。根据最优定价原则，产品在国内的定价可以表示为：

$$p_d(\varphi) = \frac{\sigma \omega}{(\sigma - 1)\varphi} = \frac{\sigma}{(\sigma - 1)\varphi} \tag{6-2}$$

其中，ω 表示工资率，可以将其标准化为 1；下标 d 表示国内市场；$\sigma/(\sigma-1)$ 表示企业利润最大化时的加价。

企业在出口市场上生存，除了需要支付固定贸易成本之外，还需要支付关税等可变贸易成本，因此其出口产品价格要高于国内同类产品的价格。

假设出口产品的市场价格为 $p_x(\varphi)$，用公式表示为：

$$p_x(\varphi) = \frac{\sigma \tau}{(\sigma - 1)\varphi} = \tau p_d(\varphi) \tag{6-3}$$

上式中 τ 表示可变贸易成本，那么商品在国内市场与在国际市场出售所获得的收益可分别表示为：

$$e_d(\varphi) = E \left[\frac{(\sigma - 1) P \varphi}{\sigma} \right]^{\sigma - 1} \tag{6-4}$$

$$e_x(\varphi) = \tau^{\sigma - 1} e_d(\varphi) \tag{6-5}$$

上式中，P 表示总价格指数，E 表示每个国家的总支出。

6.1.2 消费者行为

假定消费者偏好满足 CES 效用函数，用 σ 表示商品之间的替代弹性，那

么消费者消费 x_i 单位商品所获得的效用可以表示为：

$$U = \left[\int x^{\frac{\sigma-1}{\sigma}} di\right]^{\sigma-1} \tag{6-6}$$

根据迪克希特和斯蒂格利茨（Dixit & Stiglitz，1977），消费者消费商品的总价格可以表示为：

$$P = \left[\int x_i^{1-\sigma} di\right]^{\frac{1}{1-\sigma}} \tag{6-7}$$

对于消费者而言，消费者一般会选择一定数量的商品达到效用最大化。假定消费者消费产品的总支出为 E，消费产品的数量为 Q，那么消费者在每种商品上的消费量 x_i 和支出 e_i 可以表示为：

$$x_i = Q\left[\frac{p_i}{P}\right]^{-\sigma} \tag{6-8}$$

$$e_i = E\left[\frac{p_i}{P}\right]^{1-\sigma} \tag{6-9}$$

那么总消费支出可以表示为：

$$E = PQ = \int e_i di \tag{6-10}$$

6.1.3 开放经济条件下的均衡

根据企业异质性理论可知，出口市场存在一个生产率门槛值。同理，国内市场也存在一个国内生产率门槛值。当企业的生产率水平小于国内生产率门槛时，企业死亡；当企业的生产率水平大于国内生产率门槛而小于出口生产率门槛时，企业只能在国内市场存活；当企业的生产率水平大于出口生产率门槛值时，企业既可以选择在国内市场销售，也可以选择在国际市场销售。

由于出口企业的生产率均大于出口生产率门槛值，则出口企业既可以出口，又可以在国内市场出售产品。换句话说，出口企业的销售利润由两部分组成，一部分来自国内市场的销售利润，另一部分来自国际市场的出口利润。用 $\pi_d(\varphi)$ 表示国内市场利润，$\pi_x(\varphi)$ 表示国际市场利润。由前面可知，出口企业的国内市场收益为 $e_d(\varphi)$，固定贸易成本为 FC；出口企业的国际市场收益为 $e_x(\varphi)$，固定贸易成本为 FC。那么出口企业在国内市场和国际市场获得的利润可以分别表示为：

$$\pi_d(\varphi) = \frac{e_d(\varphi)}{\sigma} - FC = \frac{E\left[\frac{(\sigma-1)P\varphi}{\sigma}\right]^{\sigma-1}}{\sigma} - FC \tag{6-11}$$

$$\pi_x(\varphi) = \frac{e_x(\varphi)}{\sigma} - FC = \frac{\tau^{\sigma-1} e_d(\varphi)}{\sigma} - FC \tag{6-12}$$

从式（6-11）、式（6-12）可以看出，企业的国内市场利润受固定贸易成本影响；而企业的国际市场利润不仅受固定贸易成本影响，而且受可变贸易成本影响。在国际市场上，企业获取利润的方式有三种：一是提高出口产品价格，二是增加出口产品数量；三是扩大出口产品种类，而扩大出口产品种类和增加出口产品数量分别表示产品的出口扩展边际和集约边际。

6.2 固定贸易成本对贸易边际的影响机理

6.2.1 企业维度：生产率临界值效应

伯纳德和詹森（Bernard & Jensen，2004）将出口市场上新增出口企业数量的增加定义为扩展边际，伯纳德（Bernard，2009）将现有出口企业数量的增加定义为集约边际。能否降低固定贸易成本并获得出口利润是企业进行出口决策的关键，因此本节从企业层面探究固定贸易成本对贸易边际的影响。

假定世界上存在 N 个国家，每个国家拥有两个部门，一个是同质性部门 A，向社会提供无差异产品；另一个为异质性部门 B，向社会提供差异化产品。假设消费者消费 (q_A, q_B) 单位产品的效用函数为 U，可以表示为：

$$U = q_A^{\mu_A} \left[\int q_B(n)^{\frac{\sigma_n - 1}{\sigma_n}} dn \right]^{\left(\frac{\sigma_n}{\sigma_n - 1}\right) \mu_B} \tag{6-13}$$

其中 $\mu_A + \mu_B = 1$，表示效用函数的替代弹性不变；σ_n 表示部门 B 中产品之间的替代弹性。

由于同质性部门生产的产品无差异，因此其贸易成本为零。对出口企业来说，其需要降低固定贸易成本 FC 和可变贸易成本 τ。由于固定贸易成本的存在，异质性部门 B 对其生产的产品拥有定价权。假设所有国家拥有相同的生产技术，企业面临随机的生产率 φ，该生产率服从 $G(\varphi)$ 分布，$G(\varphi) = 1 - \varphi^{-\gamma}$，$\gamma > \varphi - 1$ 代表企业的异质性程度；工人的工资率为 ω，i 国的单个企业生产 q 单位差异化产品并出口至 j 国需要支付的成本为：

$$c_{ij}(q) = \frac{\omega_i \tau_{ij}}{\varphi} q + FC_{ij} \tag{6-14}$$

产品在 j 国的销售价格表示为：

$$p_{ij}(\varphi) = \frac{\sigma}{\sigma - 1} \cdot \frac{\omega_i \tau_{ij}}{\varphi} \tag{6-15}$$

产品在 j 国的销售收入表示为：

$$ex_{ij}(\varphi) = p_{ij}(\varphi) q_{ij}(\varphi) = \mu_B Y_j \left[\frac{p_{ij}(\varphi)}{P_j} \right]^{1-\sigma} \tag{6-16}$$

上式中 P_j 表示目的国差异化产品的理想价格指数，Y_j 表示目的国总支出。

j 国的理想价格指数可以表示为：

$$p_j = \left[\sum_{i=1}^{N} \omega_i L_i \int_{\bar{\varphi}_x}^{\infty} \left(\frac{\sigma}{\sigma-1} \frac{\omega_i \tau_{ij}}{\varphi} \right)^{1-\sigma} dG(\varphi) \right]^{\frac{1}{1-\sigma}} \quad (6-17)$$

从上式看出，目的国的理想价格指数与出口国企业生产率水平密切相关。

根据利润最大化原则，假设 $\bar{\varphi}_x$ 为企业从国家 i 出口至国家 j 的最低生产率，则 $\pi_{ij}(\varphi) = 0$，可以得到：

$$\bar{\varphi}_x = Z_1 \left(\frac{FC_{ij}}{Y_j} \right)^{\frac{1}{\sigma-1}} \frac{\omega_i \tau_{ij}}{p_j} \quad (6-18)$$

上式中 Z 表示常数。将目的国 j 的理想价格指数代入上式，得到出口生产率门槛及单个企业出口额的表达式：

$$\bar{\varphi}_x = Z_2 \left(\frac{Y_j}{Y} \right)^{\frac{1}{\gamma}} \left(\frac{\omega_i \tau_{ij}}{\theta_j} \right) FC_{ij}^{\frac{1}{\sigma-1}} \quad (6-19)$$

$$ex_{ij} = Z_3 \left(\frac{Y_j}{Y} \right)^{\frac{\sigma-1}{\gamma}} \left(\frac{\theta_j}{\omega_i \tau_{ij}} \right)^{\sigma-1} \varphi^{\sigma-1} \quad (6-20)$$

其中，θ_j 表示目的国偏远指数，$\theta_j = \left(\sum_{i=1}^{N} \frac{Y_i}{Y} \right)^{\frac{-1}{\gamma}} (\omega_i \tau_{ij}) FC_{ij}^{\left(\frac{1}{\gamma} - \frac{1}{\sigma-1} \right)}$，$Y$ 为世界总支出，Z 为常数。

已知 i 国潜在的出口企业数量为 $\omega_i L_i$，那么企业出口总收益可以表示为：

$$EX_i = \omega_i L_i \int_{\bar{\varphi}_x}^{\infty} ex_{ij}(\varphi) dG(\varphi) = \mu_B \frac{Y_i Y_j}{Y} \left(\frac{\omega_i \tau_{ij}}{\theta_j} \right)^{-\gamma} FC_{ij}^{-\left(\frac{\gamma}{\sigma-1} - 1 \right)} \quad (6-21)$$

将出口企业总收益的固定贸易成本弹性进行分解，可以得到：

$$\frac{-dEX_{ij}/dFC_{ij}}{EX_{ij}/FC_{ij}} = \frac{FC_{ij}}{EX_{ij}} \left[\omega_i L_i \int_{\bar{\varphi}_x}^{\infty} \frac{\partial ex_{ij}(\varphi)}{\partial FC_{ij}} dG(\varphi) \right] + \frac{FC_{ij}}{EX_{ij}} \left[\omega_i L_i ex_{ij}(\bar{\varphi}_x) G'(\bar{\varphi}_x) \frac{\partial \bar{\varphi}_x}{\partial FC_{ij}} \right]$$
$$(6-22)$$

上式右边分别表示集约边际和扩展边际的固定贸易成本弹性。将公式 (6-18) 对 f_{ij} 求偏导，可以得到：

$$\frac{\partial \bar{\varphi}_x}{\partial FC_{ij}} = \frac{1}{\sigma-1} \frac{\bar{\varphi}_x}{FC_{ij}} \quad (6-23)$$

由公式 (6-19) 可知，单个企业的出口收益可以简化表示为 $ex_{ij} = \lambda_{ij} \varphi^{\sigma-1}$。由分布函数可知，$G'(\varphi) = \varphi^{-\gamma-1}/\gamma$，因此出口总收益函数可以变换为：

$$EX_{ij} = \omega_i L_i \int_{\bar{\varphi}_x}^{\infty} ex_{ij}(\varphi) dG(\varphi) = \omega_i L_i \int_{\bar{\varphi}_x}^{\infty} \lambda_{ij} \varphi^{\sigma-1} \frac{\varphi^{\sigma-1}}{\gamma} d\varphi$$

$$= \frac{1}{[\gamma - (\sigma-1)]} \omega_i L_i ex_{ij} G'(\bar{\varphi}_x) \bar{\varphi}_x \quad (6-24)$$

将公式（6-22）代入上式，对扩展边际进行处理，可以得到：

$$\eta_{FC_{ij}}^{EM} = -\frac{FC_{ij}}{EX_{ij}}\left[\omega_i L_i ex_{ij} G'(\overline{\varphi}_x) \frac{\partial \varphi_x}{\partial FC_{ij}}\right]$$

$$= -\frac{FC_{ij}}{EX_{ij}}\left[\frac{1}{\sigma-1}\frac{\omega_i L_i ex_{ij}(\varphi_x) G'(\varphi_x) \varphi_x}{FC_{ij}}\right]$$

$$= -\left(\frac{\gamma-(\sigma-1)}{\sigma-1}\right)\frac{FC_{ij}}{EX_{ij}}\frac{EX_{ij}}{FC_{ij}} = -\left(\frac{\gamma}{\sigma-1}-1\right) \quad (6-25)$$

由上式可知，集约边际的固定贸易成本弹性为零，即固定贸易成本对出口总收益的影响通过扩展边际实现。

6.2.2 市场维度：目的国收入门槛效应

伯纳德（Bernard，2009）认为，出口企业数量的增加即为扩展边际。实际上，他们对企业层面扩展边际的定义只能代表产品层面扩展边际的一部分，因为企业开拓新市场也属于扩展边际的一部分。有鉴于此，本节从市场维度切入，探讨固定贸易成本对出口扩展边际的影响机理。

假设出口国存在许多垄断竞争企业，这些企业的生产率为 φ_i，且每个企业生产一种差异化产品。劳动力是唯一的生产要素，工人的工资标准化为 1。假设目的国数量为 N，在 t 时期，出口国的消费者效用函数可以表示为：

$$U_t = \left[\sum_{i \in \bar{I}_t}(q_{i,t})^{\frac{\sigma-1}{\sigma}}\right]^{\frac{\sigma}{\sigma-1}} \quad (6-26)$$

上式中 U_t 表示消费者效用，q_t 表示产品数量，I_t 代表差异化产品种类集合，那么 t 时期差异化产品的总价格指数以及企业生产 $q_{i,t}$ 单位产品需要投入的劳动分别表示为：

$$P_t = \left[\sum_{i \in \bar{I}_t}(p_{i,t})^{1-\sigma}\right]^{\frac{1}{\sigma-1}} \quad (6-27)$$

$$l_i = FC_i + \frac{q_i}{\varphi_i} \quad (6-28)$$

上式中 $1/\varphi$ 为劳动边际成本。企业面临的国内市场价格和国外市场价格分别表示为：

$$p_i^d = \frac{\omega_t}{\theta \varphi_i} = \frac{1}{\theta \varphi_i} \quad (6-29)$$

$$p_{i,t}^n = \frac{\tau_t^n}{\theta \varphi_i} \quad (6-30)$$

上式中 $\theta = \sigma/(\sigma-1)$。假定固定贸易成本与目的国收入一一对应，那么出口国的企业收入可以表示为：

$$r_{i,t} = Y_t(P_t \theta \varphi_i)^{\sigma-1} \quad (6-31)$$

出口国的利润等于国内销售利润加上出口销售利润，用公式表示为：

$$\pi_{i,t} = \pi_{i,t}^d + \sum_{n=1}^{N} \pi_{i,t}^n \tag{6-32}$$

$$\pi_{i,t}^d = \frac{Y_{i,t}^d (p_{i,t}^d \theta \varphi_i)^{\sigma-1}}{\sigma} - FC_{i,t}^d \tag{6-33}$$

$$\pi_{i,t}^n = \frac{(\tau_t^n)^{1-\sigma} Y_t^n (P_{i,t}^n \theta \varphi_i)^{\sigma-1}}{\sigma} - FC_t^n \tag{6-34}$$

令 φ_t^{n*} 表示对目的国 N 出口企业的最低生产率水平，其需要满足 $\pi_t^n(\varphi_t^{n*}) = 0$，那么其出口零利润的生产率表达式可以表示为：

$$\varphi_t^{n*} = \frac{\tau_t^n}{P_t^n \theta} \left(\frac{FC_t^n \sigma}{Y_t^n} \right)^{\frac{1}{\sigma-1}} \tag{6-35}$$

从上式可以看出，固定生产成本及可变贸易成本的下降或者收入的提高，均会导致零利润生产率下降，从而促使更多企业进入出口市场。

6.3 可变贸易成本对贸易边际的影响机理

6.3.1 企业层面：改进的结构引力模型

可变贸易成本指企业在出口过程中支付的除固定成本以外的成本，例如关税和运输成本等。但目前学术界并没有确切的衡量可变贸易成本的方法，本书在传统引力模型的基础上引入企业异质性，考察可变贸易成本对贸易边际的影响。

如前面所讲，假定每个国家同世界上其余 $N-1$ 个国家进行贸易，每个国家只有两种类型的部门：同质部门 A 和异质部门 B。消费者面临的 CES 效用函数表示为：

$$U_j = q_{Aj}^\mu \prod_{k=1,\dots H} \left(\int q_{kij}^{\sigma_k-1} \right)^{\mu_k \frac{\sigma_k}{\sigma_k-1}}, \mu_A + \sum_k \mu_k = 1 \tag{6-36}$$

其中，j 表示进口国，k 表示行业，i 表示产品种类，q_{kij} 表示 j 国对 k 行业 i 产品的需求量，σ_k 表示产品间的替代弹性。

假设企业的生产率为 φ_i，其边际成本为 $\frac{1}{\varphi_i}$，则在 j 国销售 q 单位产品的成本可表示为：

$$TC_{ij}(\varphi_i) = \frac{q(\varphi_i)}{\varphi_i} + FC \tag{6-37}$$

企业面临的冰山成本为 τ_{ij}，根据最优定价原则，生产率为 φ 的企业生产

差异化产品在 j 国的定价为：

$$p_{ij}(\varphi_i) = \frac{\sigma \tau_{ij}}{(\sigma-1)\varphi} \tag{6-38}$$

用 P_j 表示目的国的总价格指数，E_j 表示目的国对进口商品的总消费支出，则目的国的消费者需求可以表示为：

$$m_{ij}(\varphi_i) = p_{ij}(\varphi_i) \cdot q_{ij}(\varphi_i) = \left(\frac{p_{ij}(\varphi_i)}{P_j}\right)^{1-\sigma} \cdot E_j \tag{6-39}$$

假定企业的生产率 φ 服从规模参数为 γ 的帕累托分布，$P(\varphi > \varphi^*) = F(\varphi) = \varphi^{-\gamma}$ 且 $\mathrm{d}F(\varphi) = f(\varphi) = -\gamma\varphi^{-\gamma}\mathrm{d}\varphi$。$\gamma$ 代表企业的异质性程度，$\gamma \in (1, \infty)$。

由前面知，企业生产率门槛为 $\bar{\varphi}_x$，只有生产率超过门槛值的企业才有资格进入出口市场，那么生产率为 φ_i 的企业销售产品至 j 国的利润可以表示为：

$$\pi_{ij}(\varphi_i) = \frac{m_{ij}(\varphi_i)}{\sigma} - TC_{ij}(\varphi_i) = \left(\frac{\sigma}{\sigma-1}\frac{\tau_{ij}}{\varphi_i P_j}\right)^{1-\sigma} E_j - FC \tag{6-40}$$

从上式可以看出，产品的销售利润随着目的国消费支出的提高而上升，即目的国的收入水平越高，其对产品的需求越大，出口国的销售利润越高；与此同时，可变贸易成本 τ_{ij} 越大，产品的销售利润越低。

令 $\bar{\varphi}_x$ 表示企业出口收入等于固定贸易成本时的生产率水平，则出口生产率门槛可以表示为：

$$\bar{\varphi}_x = Z_j C_j^{\frac{1}{1-\sigma}} \tau_j, \quad Z_j = \frac{\sigma-1}{\sigma} E_j^{\frac{1}{\sigma-1}} P_j \tag{6-41}$$

出口国中超过生产率门槛的企业数量可以表示为：

$$N_{ij} = \int_{\bar{\varphi}_x}^{\infty} Nf(\varphi) \mathrm{d}\varphi = \left[N\frac{\gamma}{\gamma-1}Z_j^{\gamma}\right]\left(\frac{1}{FC_{ij}}\right)^{\frac{\gamma}{\sigma-1}} \tau_{ij}^{-\gamma} \tag{6-42}$$

从上式可以看出，可变贸易成本降低能够增加出口企业的数量，但同时会降低企业进入出口市场的效率。

出口国在目的国的总收益表示为：

$$R_{ij} = \int_{\bar{\varphi}_x}^{\infty} N_{ij} m_{ij}(\varphi_i) f(\varphi) \mathrm{d}\varphi = \left(\frac{\sigma}{\sigma-1}\right)^{1-\sigma}\left(\frac{\gamma}{\gamma-(\sigma-1)}\right) Z_j^{\gamma-(\sigma-1)} \frac{E_j}{P_j^{1-\sigma}} N(FC_{ij})^{1-\frac{\gamma}{\sigma-1}} (\tau_{ij})^{-\gamma} \tag{6-43}$$

由上式可以推出总收益的可变贸易成本弹性：

$$-\frac{\partial R_{ij}}{\partial \tau_{ij}}\frac{\tau_{ij}}{R_{ij}} = \gamma \tag{6-44}$$

由此可见，总收益的可变贸易成本弹性与企业异质性有关，与产品间的替代弹性无关。

将式（6-44）代入（6-43），得到扩展边际的可变贸易成本弹性为：

$$\eta_{ij}^{\tau} = [\gamma - (\sigma - 1)] \tag{6-45}$$

通过以上推导可知，随着可变贸易成本的下降，出口零利润的临界值下降，出口企业数量不断增加。

6.3.2 产品层面：改进的李嘉图比较优势模型

从产品层面看，已有产品出口种类的增加表现为扩展边际，即某种产品的出口量由零变为正值。比较优势理论认为，国与国之间发生贸易的前提在于两国具有不同的比较优势，即不存在贸易量为零的产品。而现实中，贸易量为零的产品一直存在。本节在比较优势理论的基础上，将贸易量为零的产品纳入模型，并将可变贸易成本放入其中，探讨可变贸易成本对贸易边际的影响。

假设有两个国家 A 和 B，两国均生产差异化产品，劳动为唯一投入要素。A 国生产单位产品所需的劳动为 φ_A，B 国生产单位产品所需的劳动为 φ_B。用 ω 表示工资率，则 A 国和 B 国工人的工资率分别表示为 ω_A、ω_B。用 l 表示两国生产产品的劳动力数量，则 A、B 两国劳动力数量分别为 l_A 和 l_B，那么两国生产差异化产品的产量为：

$$y_A = \frac{l_A}{\omega_A}, \quad y_B = \frac{l_B}{\omega_B} \tag{6-46}$$

假定每个国家拥有的劳动力总量为 L，生产产品所需要的固定成本为 FC，则消费者消费产品的效用函数可以表示为：

$$U = \int_0^1 \log[FC^i(x)] dx \tag{6-47}$$

消费者面临的预算约束为：

$$\int_0^1 p^i(x) FC^i(x) dx \leq \omega^i L^i \tag{6-48}$$

产品出口需要支付的可变贸易成本用 τ 表示，那么产品从出口国运送至目的国，只有 $1/\tau$ 可以到达。为了方便计算，将出口国的工资率简化为 1。对于出口国来说，产品的国内生产成本小于进口价格的条件需满足：

$$(1 + \tau^B) \varphi_A(x) < \omega^B \varphi_B(x) \tag{6-49}$$

但上述公式并不能代表 A 国和 B 国生产的所有产品，总存在一些产品的相对劳动生产率满足以下条件：

$$(1 + \tau^B) \omega^B < \frac{\varphi_A(x)}{\varphi_B(x)} < \frac{\omega^B}{(1 + \tau^B)} \tag{6-50}$$

此种条件下的产品不进行贸易，只存在于国内市场。从上式可以看出，随着可变贸易成本的下降，上式第一项减小，第三项增大，两国之间不进行贸易的相对劳动生产率区间变窄，原来不进行贸易的产品由非贸易品变为贸易品。

6.4 本章小结

本章主要从理论层面推导贸易成本对贸易边际的影响。从生产者角度看，企业利润的高低与企业行为息息相关，贸易成本越低，企业利润越高。推导结果表明，固定贸易成本影响企业的国内利润和国际利润，可变贸易成本仅影响企业的国际利润。就出口企业而言，固定贸易成本越低，企业出口产品的数量和种类越多；与此同时，较低的贸易成本促使一些原本生产率低于门槛值的企业成为新出口企业。

通过以上分析，从理论上厘清了固定贸易成本、可变贸易成本对贸易边际的影响机制，为后续研究提供了基础。

7 贸易成本对中国农产品出口边际的影响：实证检验

传统贸易理论认为，各国根据比较优势参与国际分工，即各国均可根据自身意愿决定是否参与国际贸易。新贸易理论认为一国是否参与国际贸易取决于非关税壁垒，以及与市场研究、建立国外分布网络或者建立国外合同有关的成本［梅迪（Medin，2003）］。随着国际贸易研究的深入，企业异质性理论逐渐兴起。企业异质性理论认为，现实中的企业均是异质的，它们在规模、人力资本、技术等方面均存在差异。对于企业来说，贸易成本是其出口行为和产品分布的重要决定因素［阿克拉基斯和穆恩德勒（Arkolakis & Muendler，2009）］。前面研究也表明贸易成本不仅影响企业进入或退出出口市场，而且影响出口扩展边际和集约边际，固定贸易成本主要通过扩展边际影响出口，可变贸易成本既可以通过扩展边际影响出口，又可以通过集约边际影响出口。

本章为研究的核心章节，共分为5节，主要目的是检验贸易成本对中国农产品出口二元边际的影响。第1节将前面的理论模型转换为计量模型，并比较所构建模型与传统引力模型的区别；第2节为变量选取及说明，包括选取合适的样本并对数据来源进行解释与说明；第3节为模型估计结果及分析；第4节为稳健性检验；第5节为本章小结。

7.1 计量模型的构建

7.1.1 计量模型的设定

由前面贸易成本对贸易边际的影响机理分析可知，当企业生产率大于出口生产率门槛值时，出口总收益与经济规模、工人劳动生产率、固定贸易成本、可变贸易成本之间呈现如下关系：

$$EX_{ij} = \begin{cases} \mu \dfrac{Y_i Y_j}{Y} \left(\dfrac{\omega_i \tau_{ij}}{\theta_{ij}} \right)^{-\gamma} FC^{-\left(\frac{\gamma}{\sigma-1}-1\right)} & \varphi \geq \varphi^* \\ 0 & \varphi < \varphi^* \end{cases} \quad (7-1)$$

上式中等式左边 EX 表示 i 国的总出口量，μ 表示贸易伙伴国的消费者对产品的消费份额，Y_i、Y_j 分别表示出口国与伙伴国的经济规模，ω_i 表示 i 国工人的劳动生产率，FC_{ij} 表示出口国与目的国的固定贸易成本，τ_{ij} 表示双边可变贸易成本，θ_j 表示目的国偏远指数，γ、σ 是外生参数，分别表示企业异质性参数和产品替代弹性。

胡默尔斯（Hummels，2008）将出口国 i 出口到目的国 j 的出口额总量表示为 EX_{ij}，用出口企业数量 X_{ij} 乘以单位企业的平均出口量 ex_{ij}：

$$EX_{ij} = ex_{ij} \times N_{ij} \tag{7-2}$$

沙内（Chaney，2008）推导出口二元边际同出口国和目的国宏观变量之间的相关关系，他将从 i 国出口到 j 国的出口企业数量，即扩展边际定义为：

$$N_{ij} = P_j \omega_i L_i(\varphi > \varphi^*) = \lambda_E \frac{\omega_i L_i \times \omega_j L_j}{\omega L}\left(\frac{\tau_{ij}}{\theta_j}\right)^{-\gamma} \cdot FC_{ij}^{-\frac{\gamma}{\sigma-1}} \tag{7-3}$$

其中 N_{ij} 代表出口企业数量，P_j 表示目的国价格，ω_i 表示 i 国的工资率水平，ω 表示世界工资率水平；L_i 表示 i 国市场规模，L 表示世界市场规模，$\omega_i \cdot L_{ii} = Y$；$FC_{ij}$ 代表双边固定贸易成本，τ_{ij} 表示双边可变贸易成本，λ_E 为常数，$\lambda_E = \alpha \frac{\gamma-(\sigma-1)}{\gamma^\sigma}$，$\theta_j$ 表示目的国偏远指数。

沙内（Chaney，2008）认为集约边际的表达式为：

$$ex_{ij} = \lambda_E^{\frac{\sigma-1}{\gamma}} \sigma \varphi^{\sigma-1}\left(\frac{\omega_i L_i}{\omega L}\right)\left(\frac{\tau_{ij}}{\theta_j}\right)^{1-\sigma} \tag{7-4}$$

经过转化，模型变为：

$$EX_{ij} = \left[\lambda_E^{\frac{\sigma-1}{\gamma}} \varphi^{\sigma-1}\left(\frac{\omega_i L_i}{\omega L}\right)\left(\frac{\tau_{ij}}{\theta_j}\right)^{1-\sigma}\right]\left[\lambda_E \frac{\omega_i L_i \cdot \omega_j L_j}{\omega L}\left(\frac{\tau_{ij}}{\theta_j}\right)^{-\gamma} \cdot FC_{ij}^{\left(-\frac{\gamma}{\sigma-1}\right)}\right] \tag{7-5}$$

上式中等式后边第一项表示集约边际，第二项表示扩展边际。通过对比公式（7-4）、式（7-5）可知，固定成本主要影响扩展边际，而对集约边际没有影响。

上面将一国的出口量分解为扩展边际和集约边际，从公式（7-5）可以看出，等式右边的形式类似于引力模型，但是由于前提假设不同，本模型与引力模型又存在区别，因此本节主要区分本研究所用模型与引力模型的区别，主要表现在以下三个方面：一是贸易成本弹性的设置不同，二是企业生产率存在差异，三是允许零贸易值的存在。

就贸易成本弹性来看，在引力模型中，贸易成本弹性是固定的，表现为 $\sigma-1$；在改进的模型中，贸易成本分为固定贸易成本和可变贸易成本，且贸易成本弹性并不是一成不变的。固定贸易成本的出口弹性与产品的替代弹性 σ 负相关，此处类似于引力模型；但可变贸易成本的出口弹性取决于产品的替

代弹性 σ 和企业异质性指数 γ，当 $\sigma-1>\gamma$ 时，模型中可变贸易成本的出口弹性小于不考虑企业异质性时的出口弹性。

就企业生产率而言，传统引力模型认为各企业具有相同的生产率；在改进的引力模型中，企业之间具有异质性，而贸易成本的出口弹性也受到企业异质性程度的影响。从现实情况看，出口生产率门槛会落在大部分企业的生产率水平之间，此种条件下，企业能否进入出口市场就受到可变贸易成本的影响。

从零贸易值情况看，在传统引力模型中，贸易成本的存在会导致企业出口数量下降，且必将存在一个临界点，在临界点处企业刚好能支付出口的固定贸易成本，企业将生产的产品在国内市场销售，这样就会允许零贸易值的存在，这也与现实情况相吻合。

7.1.2 计量模型的转换

由前面公式（7-5）知，一国出口可以分解为扩展边际和集约边际。根据公式，一国的出口量为被解释变量，双边固定贸易成本、可变贸易成本、一国的相对市场规模、目的国偏远指数等为解释变量。对公式（7-3）两边同取对数，得到出口国 i 和目的国 j 之间的出口扩展边际估计方程：

$$\ln EM_{ij} = \alpha_0 + \alpha_1 \ln L_j + \alpha_2 \ln \omega_i + \alpha_3 \ln \theta_j + \alpha_4 \ln FC_{ij} + \alpha_5 \ln \tau_{ij} + \alpha_6 Z + \mu \quad (7-6)$$

对公式（7-4）两边同取对数，得到出口国 i 和目的国 j 之间的出口集约边际估计方程：

$$\ln IM_{ij} = \beta_0 + \beta_1 \ln L_j + \beta_2 \ln \omega_i + \beta_3 \ln \theta_j + \beta_4 \ln \tau_{ij} + \beta_5 Z + \varepsilon \quad (7-7)$$

其中 EM_{ij}、IM_{ij} 分别表示出口扩展边际和出口集约边际，L_j 表示市场规模，w_i 表示出口国的劳动工资，θ_j 表示目的国偏远指数，FC_{ij} 表示双边固定贸易成本，τ_{ij} 表示双边可变贸易成本，Z 表示其他控制变量，μ 和 ε 代表残差项。

7.2 变量选取及数据来源

7.2.1 变量选取

7.2.1.1 扩展边际（EM）

阿穆尔·帕切科和皮耶罗（Amurgo Pacheco & Pierola，2007）将某一年作为基期，认为如果某种产品在基期没有出口，但在当期发生了出口，则用该年该产品的出口值作为扩展边际。为了解决内生性问题，本书选取 HK 指标法，运用相对出口数据计算出口扩展边际。由于无法获取企业层面数据，本书运用一国出口篮子中某种产品的世界贸易额占该种产品世界贸易总额的比重衡量扩展边际。为了防止零贸易数据的丢失，采用 $\ln(1+EM)$ 进入模型。

7.2.1.2 集约边际（IM）

钱学锋和熊平（2010）在其研究中，选取某一年作为基期，如果某种产品在基期发生了出口，并且在当期也发生了出口，则用该年该产品的出口值作为集约边际。本书选取 HK 指标法，运用相对出口数据计算出口集约边际。由于无法获取企业层面数据，用该国出口产品篮子中该国出口占世界出口的比重衡量集约边际。为了防止零贸易数据的丢失，采用 $\ln(1+IM)$ 进入模型。

7.2.1.3 市场规模（L）

从供给层面看，如果一国具有较大的市场规模，那么意味着该国具有较高的生产能力。玛蒂娜（Martina，2008）在其研究中用 GDP 的绝对值衡量各国的市场规模，为了使研究更加精确，本书采用各国 GDP 与中国 GDP 的比值衡量市场规模，用 $\ln(1+L)$ 进入模型。

7.2.1.4 劳动工资（ω）

由于无法获取企业数据，本书采用相对劳动生产率代替工人工资来衡量企业生产率及工人工资，用 $\ln(1+\omega)$ 进入模型，这种做法的好处是消除多重共线性，但同时也会损失部分信息。

7.2.1.5 目的国偏远指数（θ）

目的国偏远指数表示一国与目的国进行贸易时的阻力。肯斯（Kancs，2007）指出，目的国偏远指数可以定义为：

$$\theta_j^{-\gamma} = \sum_{r=1}^{R} \left(\frac{L_r}{L}\right) \tau_{ij}^{-\gamma} FC_{ij}^{1-\frac{\gamma}{\sigma-1}} \qquad (7-8)$$

相应地，钱学锋和梁琦（2008）将目的国偏远指数通过贸易自由化转化为：

$$\theta_j^{-r} = \sum_{r=1}^{R} \left(\frac{L_r}{L}\right) \phi_{rj} \qquad (7-9)$$

根据前面计算出的贸易自由度，可以计算目的国偏远指数。最后仍用各国的目的国偏远指数与中国之比，以 $\ln(1+\theta)$ 进入模型。

7.2.1.6 固定贸易成本（FC）

目前并没有专业数据库提供固定贸易成本数据，《营商环境报告》提供了全球 178 个国家的营商规制及其执行情况，其中一项为与"跨境贸易"有关的研究比较接近贸易成本 [陈和诺维（Chen & Novy，2011）]，但该数据库对该指数的统计起始时间为 2005 年；美国传统基金会（The Heritage Foundation）出版的《经济自由指数》提供了全球许多国家涵盖贸易自由、投资自由等方面的总体得分，钱学锋（2008）用此方法测算固定贸易成本；本书借鉴安德森和温库普（Anderson & Wincoop，2003）的方法，通过引力模型间接测度中国与主要贸易伙伴国的农产品固定贸易成本。

7.2.1.7 可变贸易成本（τ）

目前测算可变贸易成本的方法主要有三种：霍尔普曼（Helpman，2008）采用双边距离代替可变贸易成本；海德和迈尔（Head & Mayer，2004）采用贸易自由度代替贸易成本；肯斯（Kancs，2007）将企业异质性嵌入贸易自由度指数中测算可变贸易成本。本书借鉴肯斯（Kancs，2007）的方法，测算中国与主要贸易伙伴国的农产品可变贸易成本。

7.2.1.8 人均 GDP（AGDP）

人均 GDP 意味着一国的潜在需求。人均 GDP 越高的国家，其需求能力越旺盛，本书采用贸易国人均 GDP 与中国人均 GDP 的比值，以便更加真实反映双边人均 GDP。

7.2.1.9 外商直接投资（FDI）

外商直接投资对本国的出口边际具有直接和间接效应。首先，当外商直接投资进入后，其溢出效应有可能提高出口企业的生产率，进而促使出口产品种类和数量增加。其次，外商直接投资进入东道国后，有可能对当地的资源产生挤出效应，尼勒和皮素（Kneller & Pisu，2007）的研究表明，外商直接投资进入东道国后，会挤占出口企业的优势资源，使得部分想要出口的企业改变出口决策，退出出口市场。本书采用贸易伙伴国对中国的外商直接投资额，由于在样本初期，许多贸易伙伴国对中国的外商直接投资数据为 0，采用 ln（1+FDI）进入模型。

7.2.1.10 汇率（RATE）

国际贸易发生在两国或多国之间，因此中国与贸易伙伴国汇率的相对变化会影响中国农产品出口边际。目前国际货币制度为"牙买加协定"体系，各国汇率并不是一成不变的，而是处于浮动状态。供需理论表明，人民币越贬值，外部需求量和贸易增长量越大。本书采用贸易伙伴国与中国相对汇率之比进入模型。

7.2.1.11 其他控制变量

模型还考察了地理临近（CONT）、区域经济一体化（FTA）、目的国发展水平（DEVL）等虚拟变量对中国农产品出口二元边际的影响。区域经济一体化用中国和目的国是否签署 FTA 表示，如果中国与目的国签署了 FTA，则变量赋值为 1，否则变量赋值为 0；地理临近用中国与目的国是否处于同一大洲表示，如果中国与贸易伙伴国处于同一大洲，则变量赋值为 1，否则变量赋值为 0；国家发展水平用伙伴国是否为发达国家表示，如果贸易伙伴国为发达国家，则变量赋值为 1，否则变量赋值为 0。

7.2.2 数据来源及说明

模型中的变量包括解释变量和被解释变量，被解释变量包括扩展边际和集约边际，计算二者所需要的中国对世界农产品出口额、中国对贸易伙伴国农产品出口额、世界对贸易伙伴国农产品出口额数据来自联合国统计数据库（UN COMTRADE）。解释变量包括各国市场规模、各国劳动工资、目的国偏远指数、双边固定贸易成本、双边可变贸易成本、双边相对汇率、目的国人均 GDP、外商直接投资、区域经济一体化、地理临近、国家发展水平。其中计算各国相对市场规模需要的各国 GDP 数据来自世界银行的 WDI 数据库；计算各国劳动工资需要的各国生产率数据来自 BvD 全球宏观数据库；目的国偏远指数、固定贸易成本、可变贸易成本均由上面计算得出；双边相对汇率、目的国人均 GDP 数据来自世界银行；区域经济一体化数据来自中国自由贸易服务网；地理临近数据来自 CEPII 国际贸易数据库；国家发展水平根据世界银行标准确定。

本书欲选取 2017 年中国农产品出口排名前 35 位国家作为贸易伙伴国，但由于缺少朝鲜及缅甸数据，为了与前面贸易成本、贸易边际数据保持一致，本章选取中国与 33 个贸易伙伴国[①] 1992—2017 年 HS1992-6 位农产品数据进行实证检验。为了消除异方差影响，本书对各变量进行取对数处理。描述性统计结果见表 7-1。

表 7-1 各变量的描述性统计分析

变量	观测值数	均值	标准差	中值	最大值	最小值
$\ln EM$	858	0.346 6	0.142 1	0.350 2	0.653 4	0.003 3
$\ln IM$	858	0.096 7	0.077 9	0.074 5	0.680 1	0.001 5
$\ln L$	858	0.305 3	0.438 4	0.128 5	2.801 4	0.007 1
$\ln \omega$	858	0.266 6	0.190 3	0.238 2	1.374 9	0.007 6
$\ln \theta$	858	0.008 2	0.025 1	0.000 8	0.193 8	0.000 4
$\ln FC$	858	0.360 9	0.036 3	0.361 1	0.447 2	0.224 9

---

① 分别为日本、美国、韩国、越南、泰国、马来西亚、菲律宾、俄罗斯、德国、印度尼西亚、荷兰、澳大利亚、孟加拉国、巴西、加拿大、智利、丹麦、法国、墨西哥、印度、伊朗、意大利、哈萨克斯坦、巴基斯坦、波兰、沙特阿拉伯、新加坡、南非、西班牙、瑞典、斯里兰卡、英国、阿联酋。

续表

变量	观测值数	均值	标准差	中值	最大值	最小值
$\ln\tau$	858	1.883 8	0.520 9	1.758 9	4.016 6	0.665 6
lnRATE	858	0.902 5	0.906 6	0.692 4	7.946 1	0.000 2
lnFDI	858	8.109 2	3.473 6	8.858 5	13.507 8	0
lnAGDP	858	1.876 6	1.162 1	1.786 6	4.561 9	0.126 2
FTA	858	0.122 4	0.327 9	0	1	0
CONT	858	0.151 5	0.358 8	0	1	0
DEVL	858	0.333 3	0.471 7	0	1	0

7.3 变量处理及内生性问题

时间序列数据容易出现多重共线性问题，横截面数据容易出现异方差问题，由于本书运用面板数据，容易出现以上问题，因此在回归之前需要检验各变量的相关系数，结果表明，各变量不存在共线性，可以进入计量方程。由于本书选取的样本及时间均属于小样本，也有可能存在异方差及序列相关等问题，本书运用广义最小二乘法（GLS）对模型进行估计，以便解决估计有偏的问题。

在模型回归之前，对数据进行平稳性检验，表7-2为各变量的单位根检验结果。

表7-2 模型各变量的单位根检验结果：一阶差分

变量	Obs	Cross-section	LLC		ADF	
			Statistic	Prob.	Statistic	Prob.
lnEM	858	33	-18.134 0	0.000 0	551.822 3	0.000 0
lnIM	858	33	-8.526 7	0.000 0	402.988 9	0.000 0
lnL	858	33	-14.143 5	0.000 0	431.142 2	0.000 0
$\ln\omega$	858	33	-12.451 7	0.000 0	453.281 8	0.000 0
$\ln\theta$	858	33	-13.382 4	0.000 0	413.036 3	0.000 0
lnFC	858	33	-15.433 6	0.000 0	612.671 3	0.000 0
$\ln\tau$	858	33	-13.358 3	0.000 0	485.251 1	0.000 0
lnRATE	858	33	13.630 8	0.000 0	423.989 5	0.000 0

续表

变量	Obs	Cross-section	LLC		ADF	
			Statistic	Prob.	Statistic	Prob.
lnFDI	858	33	-9.733 0	0.000 0	357.527 4	0.000 0
ln$AGDP$	858	33	-7.681 5	0.000 0	366.643 7	0.000 0

注：表中数据通过 Stata 计量软件得出。

上表结果显示，各变量一阶差分为平稳序列，需要检验变量间是否存在长期均衡关系，检验结果分别见表7-3、表7-4。

表 7-3　扩展边际与各变量协整检验结果

Statistic	Value	Prob.
Gt	-3.513	0.000 0
Ga	-16.760	0.000 0
Pt	-17.465	0.000 0
Pa	-16.561	0.000 0

表 7-4　集约边际与各变量协整检验结果

Statistic	Value	Prob.
Gt	-3.939	0.000 0
Ga	-26.153	0.000 0
Pt	-19.777	0.000 0
Pa	-25.569	0.000 0

表中结果显示，扩展边际与固定贸易成本、可变贸易成本，集约边际与可变贸易成本之间存在长期协整关系。

在对模型进行估计前还需要解决两个重要问题，一是由于模型的解释变量中含有市场规模，而劳动需求一般与出口正相关，即一国的出口量越多，该国对劳动的需求越大，因此出口量可能会引起劳动需求的增加，这就会产生内生性问题。二是模型估计有偏问题。针对以上两方面的问题，本书采取以下方法解决内生性问题：一是在变量指标获取上尽量用相对量代替绝对量，二是寻找合适的工具变量放入模型中对结果进行估计，即分别估计式（7-6）、式（7-7）和加入工具变量的模型，并比较二者结果。

7.4 扩展边际影响因素回归结果及分析

由于模型所包含的样本包括不同国家，且估计方程形式不一致，因此在估计方程时需要分别对所用方程进行检验，以选取合理的方法对模型进行估计。以下分别为双边贸易成本对中国农产品出口扩展边际、集约边际的估计结果及分析。

7.4.1 全样本回归结果及分析

7.4.1.1 静态面板回归

表 7-5 呈现了中国与贸易伙伴国农产品贸易成本对中国农产品出口扩展边际影响的估计结果。豪斯曼（Hausman）检验结果的 P 值等于 0.000 3，小于 0.05，说明双边农产品贸易成本对中国农产品出口扩展边际影响的固定效应模型优于随机效应，因此本书选取固定效应模型。为了对比不同估计方法下的结果，将 OLS 回归、固定效应回归及广义最小二乘法（GLS）回归结果分别放入表中。

表 7-5 中国与贸易伙伴国农产品贸易成本对中国农产品出口扩展边际影响的估计结果

变量	OLS	固定效应	GLS (1)	GLS (2)	GLS (3)
$\ln L$	-0.103 *** (0.018)	-0.114 *** (0.019)	-0.066 *** (0.019)	-0.095 *** (0.019)	-0.080 *** (0.018)
$\ln \omega$	0.044 ** (0.019)	0.050 ** (0.020)	0.033 *** (0.004)	0.038 ** (0.018)	0.039 ** (0.018)
$\ln \theta$	1.128 *** (0.236)	1.238 *** (0.239)	0.748 *** (0.095)	1.052 *** (0.231)	1.009 *** (0.228)
$\ln FC$	1.276 *** (0.141)	1.205 *** (0.143)	1.145 *** (0.072)	1.095 *** (0.134)	1.004 *** (0.132)
$\ln \tau$	-0.164 *** (0.011)	-0.156 *** (0.011)	-0.150 *** (0.007)	-0.147 *** (0.011)	-0.146 *** (0.011)
$\ln RATE$	-0.011 ** (0.005)	-0.011 ** (0.005)	-0.002 (0.003)	-0.008 * (0.005)	-0.008 * (0.005)

续表

变量	OLS	固定效应	GLS (1)	GLS (2)	GLS (3)
$\ln FDI$	0.006*** (0.001)	0.011*** (0.002)	0.005*** (0.001)	0.010*** (0.002)	0.010*** (0.002)
$\ln AGDP$	0.029*** (0.006)	0.018*** (0.007)	0.007 (0.008)	0.025*** (0.006)	0.019*** (0.006)
FTA	0.064*** (0.012)	0.060*** (0.012)	0.058*** (0.006)	0.066*** (0.010)	0.062*** (0.010)
$CONT$	0.046*** (0.011)	0.045*** (0.011)	0.054*** (0.016)	0.046*** (0.010)	0.048*** (0.010)
$DEVEL$	0.024*** (0.009)	0.025** (0.011)	0.075*** (0.014)	0.023** (0.010)	0.023** (0.010)
R^2	0.535	0.743	—	—	—
F	88.41	81.10	—	—	—
$Wald\ chi2$	—	—	1 309.84	1 045.63	1 056.69
P	0.000	0.000	0.000	0.000	0.000
N	858	858	858	858	858
C	0.089** (0.045)	0.083* (0.045)	0.127*** (0.023)	0.096** (0.042)	0.129*** (0.041)

注：括号内的数字为标准误，*、**、***分别表示在10%、5%、1%的水平上显著。

上表汇报了双边农产品固定贸易成本、可变贸易成本对中国农产品出口扩展边际的影响，第 2 列为 OLS 混合回归结果，第 3 列为固定效应回归结果，第 4 列为控制自相关的 GLS 回归结果，第 5 列为控制异方差的 GLS 回归结果，最后一列为同时控制自相关和异方差的 GLS 回归结果。从回归结果看，无论采用哪种方法，各变量系数的符号均保持一致。

模型的关键解释变量为固定贸易成本与可变贸易成本，二者对中国农产品出口扩展边际均有负向影响。从模型的回归结果看，中国与贸易伙伴国农产品固定贸易成本的 OLS 混合回归系数为 1.276，固定效应模型回归系数为 1.205，GLS 回归系数分别为 1.145、1.095、1.004，且均在 1% 水平上显著。因中国与贸易伙伴国农产品固定贸易成本值介于（0，1），回归结果意味着双边农产品固定贸易成本的下降能够促进中国农产品出口扩展边际。双边农产品可变贸易成本 OLS 混合回归系数为 - 0.164，固定效应模型回归系数为

−0.156，GLS 回归系数分别为−0.150、−0.147、−0.146，且均在 1% 水平上显著，说明双边农产品可变贸易成本对中国农产品出口扩展边际的影响为负。该结果验证了前面贸易成本对贸易边际的影响机制，同时与钱学锋（2008）的研究结果保持一致。

就市场规模的回归结果看，该系数与经典引力模型结论并不一致。在经典引力模型中，市场规模与双边贸易流量正相关，但中国农产品出口扩展边际的回归结果却显示负相关，表现为中国与贸易伙伴国市场规模对中国农产品出口扩展边际的影响为负。产生该结果的原因可能在于，中国农产品出口增长主要依赖于集约边际，市场规模在农产品出口增长方面为集约边际提供了较大的市场容量和消费潜力，而对于扩展边际提供的市场容量和消费潜力有限，因此中国与贸易伙伴国市场规模对于中国农产品出口扩展边际的影响为负。此外，企业异质性理论指出，对于那些生产率稍微超过门槛值的企业来说，市场规模的影响更多体现在较大的市场进入成本上，因而对于尚未出口的新产品而言，无疑面临着较高的进入障碍［伊顿（Eaton，2004）］。

目的国与中国农业企业生产率水平之比对中国农产品出口扩展边际的影响系数为正。BvD 全球宏观数据库显示，研究期间样本国与中国农业企业生产率之比小于 1，那么意味着回归结果 $\ln\omega$ 越小，贸易伙伴国与中国农业企业生产率之比越大，扩展边际则越小。这说明，当贸易伙伴国农业企业生产率远大于中国农业企业生产率时，中国农产品出口扩展边际越小；当中国农业企业生产率远大于贸易伙伴国农业企业生产率时，中国农产品出口扩展边际越大。该结论符合企业异质性理论，即生产率水平越高的企业，出口产品的可能性越大。由企业异质性理论模型可知，企业将产品出口至国外市场的前提是该企业在国外市场获得的利润足以支付进入国外市场所需要的固定贸易成本。企业在出口产品时，除了需要降低相关的贸易成本外，提高企业生产率也是增加企业出口的可行方法。

目的国偏远指数对中国农产品出口扩展边际的影响为正，且在 1% 水平下显著。该结论同安德森和温库普（Anderson & Wincoop，2003）的研究结论一致，即目的国偏远指数对贸易增长的影响是通过扩展边际实现的。

贸易伙伴国与中国汇率之比对中国农产品出口扩展边际的影响为负向显著，说明人民币升值或者贸易伙伴国货币贬值会导致中国对贸易伙伴国的农产品出口下降，表现在农产品出口种类减少或者企业退出出口市场。该结论与王孝松（2014）的研究结论保持一致。

上表显示，无论用何种回归方法，外商投资对中国农产品出口扩展边际的影响均为正。该结论说明外商直接投资进入中国后，中国企业充分利用外商直接投资，提高农产品的出口边际。

贸易伙伴国人均 GDP 对中国农产品出口扩展边际的影响系数为正。具体来看，贸易伙伴国与中国人均 GDP 之比每提高 1%，中国农产品出口扩展边际将增加约 0.02%，该结论符合预期。贸易伙伴国人均 GDP 反映了该国对产品的潜在需求及消费能力，这种能力体现在出口国提高产品的出口质量或者扩大对该国新产品的出口种类，即出口扩展边际的扩大。

从控制变量的回归系数看，目的国发展水平、地理临近、区域经济一体化对中国农产品出口扩展边际均有正向影响。具体来看，中国与贸易伙伴国签署 FTA 能够提高中国农产品出口扩展边际，说明中国与贸易伙伴国签署的 FTA 不仅适用于已出口产品，而且适用于新出口产品，该研究结论同基欧和鲁尔（Kehoe & Ruhl，2003）的研究结论一致。地理临近对中国农产品出口扩展边际具有正向影响，该结论符合预期，说明地理位置仍然是两国进行贸易的最大优势。目的国发展水平对中国农产品出口扩展边际的影响为正，即目的国经济发展程度越高，该国居民对产品的要求越高，中国需要不断向该国出口新种类的产品以满足其市场需求。

7.4.1.2 动态面板回归

农产品出口扩展边际反映了中国农产品出口增长的一个方面，因此其具有一定的依赖性，即上一期的农产品出口扩展边际会影响本期的农产品出口扩展边际。为了反映这种路径依赖，对模型（7-6）进行改进，将滞后一期的农产品出口扩展边际放入模型，构建动态面板数据对模型进行估计。但将滞后一期的因变量放入模型通常会导致解释变量和误差项之间相关，产生一系列的内生性问题，如果采用普通的 OLS 回归，会造成估计结果有偏和不一致。广义矩估计（GMM）可以在一定程度上解决内生性问题。表 7-6 为中国农产品出口扩展边际 GMM 回归结果。

表 7-6 中国农产品出口扩展边际 GMM 回归结果

变量	回归系数	标准误
$L.\text{lnem}$	-0.129^{***}	0.018
$LL.\text{lnem}$	-0.238^{***}	0.019
$\ln L$	-0.107^{***}	0.019
$\ln \omega$	0.070^{***}	0.013
$\ln \theta$	1.410^{***}	0.191
$\ln FC$	0.590^{***}	0.137
$\ln \tau$	-0.138^{***}	0.010

续表

变量	回归系数	标准误
lnRATE	-0.033***	0.002
lnFDI	0.010***	0.001
lnAGDP	0.023***	0.003
FTA	0.045***	0.008
CONT	0.034***	0.007
DEVEL	0.041***	0.006
AR（1）	0.000	—
AR（2）	0.498	—
Sargan	0.999	—
Wald chi2	12 956.20	—
P	0.000	—
C	0.408***	0.048

注：*、**、*** 分别表示在10%、5%、1%的水平上显著。

运用GMM回归需要满足扰动项不相关的假设。自相关检验结果显示，AR（2）的P值小于5%，说明残差序列存在二阶相关。将工具变量的滞后阶数调整为2再进行检验，结果如表7-6所示，AR（2）的P值大于5%，说明可以运用GMM回归。模型用滞后两期的扩展边际作为工具变量，通过矩条件来检验工具变量的有效性，检验结果表明，工具变量有效且不存在过度识别问题。

表7-6显示，中国与贸易伙伴国的农产品固定贸易成本、可变贸易成本均对中国农产品出口扩展边际具有负向影响，具体表现为中国与贸易伙伴国农产品固定贸易成本每增加1%，中国农产品出口扩展边际下降0.59%；中国与贸易伙伴国农产品可变贸易成本每增加1%，中国农产品出口扩展边际下降0.14%。这均说明双边贸易成本抑制了中国农产品出口扩展边际。

从其他影响中国农产品出口扩展边际的因素看，在控制了其他变量之后，滞后期的农产品出口扩展边际对当期具有负影响，说明中国农产品出口扩展边际具有依赖性。此外，目的国农业企业生产率、目的国偏远指数、外商直接投资、目的国人均GDP、双边签署自由贸易协定、地理临近、目的国经济发展水平对中国农产品出口扩展边际的影响系数均为正数；双边市场规模、双边汇率对中国农产品出口扩展边际的影响系数均为负数。

7.4.2 分品种回归结果及分析

上面分析了中国与主要伙伴国贸易成本对中国农产品出口扩展边际的影响，以下分别利用中国与贸易伙伴国1992—2017年活动物及动物产品（HS1~5章），植物产品（HS6~14章），动、植物油、脂、蜡、精致食用油脂（HS15章），食品、饮料、酒及醋、烟草及制品（HS16~24章）数据检验贸易成本对中国农产品出口扩展边际的影响。

7.4.2.1 静态面板回归

表7-7为运用广义最小二乘法（GLS）对静态面板回归的估计结果。

表7-7 中国与贸易伙伴国分类农产品贸易成本对出口扩展边际影响的GLS估计结果

变量	HS1~5	HS6~14	HS15	HS16~24
$\ln L$	-0.065*** (0.021)	-0.061** (0.024)	-0.058*** (0.019)	-0.068*** (0.020)
$\ln \omega$	0.103*** (0.022)	0.064*** (0.024)	-0.001 (0.021)	-0.014 (0.020)
$\ln \theta$	1.288*** (0.267)	0.790** (0.314)	1.662*** (0.260)	1.014*** (0.246)
$\ln FC$	1.173*** (0.147)	0.411** (0.170)	0.673*** (0.135)	0.822*** (0.132)
$\ln \tau$	-0.102*** (0.009)	-0.071*** (0.010)	-0.049*** (0.005)	-0.075*** (0.008)
$\ln RATE$	-0.016*** (0.006)	-0.009 (0.006)	-0.012** (0.005)	0.002 (0.005)
$\ln FDI$	0.004** (0.002)	0.020*** (0.002)	0.008*** (0.001)	0.015*** (0.002)
$\ln AGDP$	0.037*** (0.007)	0.014* (0.008)	-0.025*** (0.006)	0.004 (0.006)
FTA	0.008 (0.013)	0.034** (0.008)	0.074*** (0.014)	0.080*** (0.011)
CONT	0.069*** (0.012)	0.184*** (0.014)	-0.036*** (0.012)	0.048*** (0.011)

续表

变量	HS1~5	HS6~14	HS15	HS16~24
DEVEL	−0.009 (0.013)	0.035** (0.014)	0.067*** (0.012)	0.019* (0.011)
Wald chi (2)	551.59	719.76	651.97	899.60
P	0.000	0.000	0.000	0.000
N	858	858	858	858
C	−0.066 (0.052)	0.127** (0.056)	0.034 (0.050)	0.175*** (0.045)

注：括号内的数字为标准误，*、**、***分别表示在10%、5%、1%的水平上显著。

从表中估计结果可知，从总体看，中国与贸易伙伴国细分农产品贸易成本对出口扩展边际的影响与上面总体结果基本一致。

从模型的关键变量看，双边固定贸易成本、可变贸易成本的上升均会抑制中国农产品出口扩展边际。从双边固定贸易成本对扩展边际的影响结果看，在中国与贸易伙伴国交易的四大类农产品中，活动物及动物产品（HS1~5章）双边固定贸易成本对中国农产品出口扩展边际的抑制作用最大，食品、饮料、酒及醋、烟草及制品（HS16~24章）双边固定贸易成本对中国农产品出口扩展边际的抑制作用次之，植物产品（HS6~14章）双边固定贸易成本的抑制作用最小。从双边可变贸易成本对扩展边际的影响看，在四大类农产品中，活动物及动物产品（HS1~5章）双边可变贸易成本对中国农产品出口扩展边际的抑制作用最大，表现为双边可变贸易成本上升1%，中国农产品出口扩展边际将下降0.102%；其余种类中，植物产品（HS6~14章），活动物及动物产品（HS1~5章），食品、饮料、酒及醋、烟草及制品（HS16~24章）可变贸易成本分别每增加1%，中国农产品出口扩展边际将分别下降0.071%、0.049%、0.075%。

从其他影响因素看，目的国市场规模对中国农产品出口扩展边际具有负向影响。由于中国农产品出口增长主要依赖集约边际，相对于集约边际来说，市场规模对扩展边际提供的市场容量和消费潜力有限，因此贸易伙伴国市场规模对农产品出口扩展边际的影响表现为负。目的国劳动工资对活动物及动物产品（HS1~5章）、植物产品（HS6~14章）出口扩展边际的影响为正，对动、植物油、脂、蜡、精致食用油脂（HS15章），食品、饮料、酒及醋、烟草及制品（HS16~24章）出口扩展边际的影响不显著。目的国偏远指数对各类农产品出口扩展边际的影响均为正。双边汇率对活动物及动物产品

(HS1~5章),动、植物油、脂、蜡、精致食用油脂(HS15章)出口扩展边际的影响为负;对植物产品(HS6~14章),食品、饮料、酒及醋、烟草及制品(HS16~24章)出口扩展边际的影响不显著。外商直接投资对中国各类农产品出口扩展边际均有促进作用,该结论与前面结论保持一致,说明中国企业充分利用外商直接投资,增加农产品出口种类,提高农产品的出口边际。

从控制变量看,双边贸易协定、地理临近、目的国经济发展水平均对中国农产品出口扩展边际具有促进作用。

7.4.2.2 动态面板回归

由前面可知,中国农产品出口扩展边际具有依赖性,以下运用差分GMM回归对面板数据进行回归,并进行自相关检验及萨尔干(Sargan)检验。由于植物产品(HS6~14章)、动、植物油、脂、蜡、精致食用油脂(HS15章)的自相关检验结果显示$AR(2)$小于0.05,因此选取滞后两期的因变量作为解释变量放入模型。中国与贸易伙伴国分类别农产品GMM回归结果如表7-8所示。

表7-8 中国与贸易伙伴国分类别农产品GMM回归结果

变量	HS1~5	HS6~14	HS15	HS16~24
$L.\ln em$	-0.083**	-0.193	-0.089	-0.067***
	(0.034)	(0.125)	(0.051)	(0.013)
$LL.\ln em$		-0.208***	-0.168***	
		(0.017)	(0.036)	
$\ln L$	-0.089***	-0.035*	-0.044	-0.062***
	(0.018)	(0.021)	(0.038)	(0.016)
$\ln \omega$	0.156***	0.114***	0.025	0.023
	(0.022)	(0.017)	(0.016)	(0.016)
$\ln \theta$	1.213***	0.761*	1.749***	0.873***
	(0.232)	(0.408)	(0.466)	(0.226)
$\ln FC$	1.269***	0.433***	0.428**	0.591***
	(0.086)	(0.126)	(0.204)	(0.099)
$\ln \tau$	-0.114***	-0.055***	-0.046***	-0.072***
	(0.006)	(0.007)	(0.005)	(0.007)
$\ln RATE$	-0.022***	-0.038***	-0.017***	-0.013***
	(0.004)	(0.004)	(0.003)	(0.003)

续表

变量	HS1~5	HS6~14	HS15	HS16~24
$\ln FDI$	0.003*** (0.001)	0.022*** (0.002)	0.006*** (0.001)	0.016*** (0.002)
$\ln AGDP$	0.026*** (0.004)	0.009** (0.008)	-0.015*** (0.006)	0.017*** (0.003)
FTA	0.001 (0.006)	0.012 (0.008)	0.064*** (0.008)	0.062*** (0.008)
CONT	0.065*** (0.008)	0.141*** (0.013)	-0.033*** (0.010)	0.072*** (0.009)
DEVEL	0.008 (0.007)	0.062*** (0.009)	0.071*** (0.008)	0.015** (0.006)
Wald chi2	12 772.54	6 508.34	3 048.50	9 140.14
AR(1)	0.000 1	0.000 0	0.000 0	0.000 0
AR(2)	0.300 4	0.198 3	0.104 0	0.124 1
Sargan	1.000	1.000	1.000	1.000
P	0.000	0.000	0.000	0.000
C	-0.014 (0.025)	0.083* (0.045)	0.127* (0.066)	0.255*** (0.033)

注：*、**、*** 分别表示在10%、5%、1%的水平上显著。

从上表结果可知，各细分农产品贸易成本对出口扩展边际回归结果的自相关检验 AR(1) 的值小于0.05，AR(2) 的值均大于0.05，说明可以运用GMM对模型进行估计。经过检验，发现工具变量有效且不存在过度识别问题。

从关键变量看，双边细分农产品贸易成本对中国农产品出口扩展边际的回归系数为正，该结论与前面总体回归结果及细分农产品静态回归结果保持一致，说明双边固定贸易成本抑制了中国农产品出口扩展边际。双边细分农产品贸易成本对中国农产品出口扩展边际的回归系数为负，该结论与前面研究结果保持一致。从各类农产品的回归系数来看，无论是固定贸易成本还是可变贸易成本，活动物及动物产品（HS1~5章）对其出口扩展边际的抑制作用最大。

在其他条件不变情况下，滞后一期的活动物及动物产品（HS1~5章），食品、饮料、酒及醋、烟草及制品（HS16~24章）出口扩展边际对当期的扩展边际具有促进作用；而对于植物产品（HS6~14章），动、植物油、脂、蜡、精致食用油脂（HS15章）而言，滞后两期的出口扩展边际对当期的出口扩展边际均有影响。以上结果说明各细分农产品的出口扩展边际具有依赖性。从其他影响因素看，目的国市场规模、双边汇率对中国农产品出口的扩展边际具有负向影响；目的国劳动工资、目的国偏远指数、外商直接投资、双边贸易协定、地理临近、目的国发展水平对农产品出口扩展边际具有正向影响；而人均GDP对于各细分农产品出口扩展边际的影响不一致，表现为其对活动物及动物产品（HS1~5章），植物产品（HS6~14章），食品、饮料、酒及醋、烟草及制品（HS16~24章）出口扩展边际的影响为正，而对动、植物油、脂、蜡、精致食用油脂（HS15章）出口扩展边际的影响为负。

7.5 集约边际影响因素回归结果及分析

7.5.1 全样本回归结果及分析

7.5.1.1 静态面板回归

由前面理论模型可知，固定贸易成本对集约边际并无影响，而可变贸易成本对贸易增长的影响主要通过集约边际实现。表7-9汇报了中国与贸易伙伴国农产品可变贸易成本对中国农产品出口集约边际影响的估计结果。通过豪斯曼（Hausman）检验，发现P值为0，因此拒绝原假设，选用固定效应模型。表7-9第2列为OLS混合回归结果，第3列为固定效应回归结果，第4列为控制自相关的GLS回归结果，第5列为控制异方差的GLS回归结果，最后一列为同时控制自相关和异方差的GLS回归结果。

表7-9 中国与贸易伙伴国农产品可变贸易成本对中国农产品出口集约边际影响的估计结果

变量	OLS	固定效应	GLS(1)	GLS(2)	GLS(3)
$\ln L$	0.031*** (0.009)	0.009 (0.010)	0.024*** (0.005)	0.034*** (0.009)	0.040*** (0.008)
$\ln \omega$	0.050*** (0.011)	0.048*** (0.012)	0.040*** (0.002)	0.049*** (0.010)	0.045*** (0.010)
$\ln \theta$	-0.232* (0.140)	-0.035 (0.140)	-0.169*** (0.040)	-0.259** (0.125)	-0.254** (0.117)

续表

变量	OLS	固定效应	GLS (1)	GLS (2)	GLS (3)
$\ln\tau$	-0.033*** (0.005)	-0.029*** (0.005)	-0.030*** (0.002)	-0.032*** (0.005)	-0.032*** (0.005)
$\ln RATE$	-0.010 (0.007)	-0.022*** (0.003)	-0.016*** (0.002)	-0.026*** (0.003)	-0.0024*** (0.003)
$\ln FDI$	-0.004*** (0.001)	0.001 (0.001)	-0.004*** (0.000)	-0.001 (0.001)	-0.001* (0.001)
$\ln AGDP$	-0.033*** (0.003)	-0.042*** (0.004)	-0.029*** (0.002)	-0.035*** (0.003)	-0.041*** (0.003)
FTA	0.002 (0.007)	0.001 (0.007)	0.004* (0.002)	-0.003 (0.006)	-0.009 (0.005)
$CONT$	0.012* (0.007)	0.010 (0.006)	0.021*** (0.006)	0.005 (0.006)	0.006 (0.005)
$DEVEL$	0.021*** (0.006)	0.021*** (0.016)	0.009* (0.005)	0.017*** (0.006)	0.028*** (0.006)
R^2	0.432	—	—	—	—
F	64.35	69.18	—	—	—
Wald chi2	—	—	1 706.30	775.98	864.04
P	0.000	0.000	0.000	0.000	0.000
N	858	858	858	858	858
C	0.241*** (0.016)	0.218*** (0.016)	0.225*** (0.006)	0.221*** (0.015)	0.233*** (0.014)

注：括号内的数字为标准误，*、**、*** 分别表示在10%、5%、1%的水平上显著。

从回归结果看，无论采用哪种方法，各变量系数的符号均保持一致，且均在5%水平上显著，说明模型回归结果可靠。

从模型的关键解释变量看，在其他条件不变情况下，双边可变贸易成本对中国农产品出口集约边际的影响为负。具体来说，OLS混合回归系数为-0.033，随机效应模型回归系数为-0.029，GLS回归系数分别为-0.030、-0.032、-0.032，该结果与双边农产品可变贸易成本对中国农产品出口扩展边际影响的符号保持一致。该结论验证了前面可变贸易成本对集约边际的影响，同时同霍尔普曼和美利兹（Helpman & Melitz，2008）的研究结论保持一致。

从其他影响中国农产品出口集约边际的因素看,贸易伙伴国市场规模对中国农产品出口集约边际有正向影响,该结论与传统的引力模型回归结果一致。根据引力模型,目的国市场规模越大,双边贸易量越多。

中国与贸易伙伴国农业企业生产率之比越高,中国农产品出口集约边际越大,该结论看似也不符合预期。中国与贸易伙伴国农业企业生产率之比越高,意味着当中国农业企业生产率一定时,贸易伙伴国企业生产率水平越低;或者当贸易伙伴国农业企业生产率一定时,中国企业生产率水平越高,因而中国农业企业能够出口的农产品数量和种类也越多。该结论产生的原因可能在于中国运用出口退税和出口补贴等政策来鼓励企业出口,该政策的实施使得企业出口增加的同时也扭曲了企业出口行为。正常情况下,企业出口需要考虑生产率是否超过门槛值和贸易成本,但在该政策下,企业出口时考虑更多的是得到的退税收入和补贴,这就使那些原本没有达到生产率门槛值的企业为了得到补贴采用不正当手段进入出口市场。

与中国农产品出口扩展边际的回归结果相比,目的国偏远指数对中国农产品出口集约边际具有相反作用。表中第 2 列、第 4~6 列回归结果均显示,目的国偏远指数对中国农产品出口集约边际具有负向影响,即中国某个贸易伙伴国与世界其他贸易伙伴国贸易成本的增加,并不能促进中国对指定贸易伙伴国农产品集约边际的出口。

中国与贸易伙伴国汇率之比对中国农产品出口集约边际具有负向影响,该结论与上面扩展边际回归结果一致。汇率变化反映了出口国与目的国货币购买力水平的变化,人民币升值或者贸易伙伴国货币贬值会导致中国对贸易伙伴国的农产品出口下降,促使中国农产品出口集约边际的下降。

外商直接投资对中国农产品出口集约边际的影响与集约边际的影响也不一致,该结果对应尼勒和皮素(Kneller & Pisu,2007)的研究。当外商直接投资进入东道国后,会挤占出口企业的优势资源,对当地资源产生挤出效应,使得部分出口企业改变出口决策,退出出口市场,降低中国农产品出口的集约边际。

表中回归结果显示,贸易伙伴国与中国人均 GDP 之比对中国农产品出口集约边际的影响为负,且在 1% 水平上显著。该结论与扩展边际的影响相反,看似不符合情理。从定义看,集约边际指已出口产品的持续出口或出口数量的增加,而贸易伙伴国人均 GDP 的提高反映了该国对产品质量及种类的需求层次提高,更多地表现在扩展边际上。出口企业仅通过增加出口产品数量并不能满足国外消费者的需求,只有增加出口产品种类或提高出口产品质量才能实现对目的国的持续出口。对出口企业而言，增加出口产品种类或提高出口产品质量又会对出口产品数量的增加产生挤占，导致中国农产品出口集约边际的下降。

中国与贸易伙伴国是否签署 FTA、地理是否临近对中国农产品出口集约边际的影响不稳定。第 2 列、第 3 列结果显示双边签署 FTA 对中国农产品出口集约边际影响为正，但不显著；第 5 列、第 6 列结果显示双边签署 FTA 对中国农产品出口集约边际影响为负，但是也不显著；只有考虑了自相关的广义最小二乘回归结果表明双边签署 FTA 对中国农产品出口集约边际具有正向影响。以上结果说明签署 FTA 对已出口产品的影响不大，更多地反映在新出口产品上。OLS 回归及考虑自相关的 GLS 回归表明双边地理临近对中国农产品出口集约边际的影响为正，即双边地理临近有助于中国农产品的持续出口。但其他回归结果显示其对集约边际的影响不显著，说明在当前条件下，科技的日新月异使得地理不再是进行贸易时难以逾越的障碍。

7.5.1.2 动态面板回归

与农产品出口扩展边际类似，农产品出口集约边际也具有一定的依赖性，即上一期的农产品出口集约边际会影响本期的农产品出口集约边际。为了反映这种路径依赖，对模型（7-7）进行改进，将滞后一期的农产品出口集约边际放入模型，构建动态面板模型对模型进行估计。但将滞后一期的因变量放入模型通常会引起解释变量和误差项之间相关，从而导致一系列的内生性问题，如果采用普通的 OLS 回归，将造成估计结果有偏和不一致。以下运用动态面板数据对结果进行回归并分析。中国与贸易伙伴国农产品集约边际全样本 GMM 回归结果如表 7-10 所示，$AR(1)$ 的 P 值为 0，$AR(2)$ 的 P 值为 0.972 5，大于 5%，说明可以运用 GMM 对模型进行估计。工具变量的检验结果表明，不存在过度识别问题。

表 7-10　中国与贸易伙伴国农产品集约边际全样本 GMM 回归结果

变量	回归系数	标准误
$L.\ln im$	-0.067***	0.011
$\ln L$	0.020***	0.003
$\ln \omega$	0.067***	0.008
$\ln \theta$	-0.184***	0.041
$\ln \tau$	-0.030***	0.002
$\ln RATE$	-0.024***	0.001
$\ln FDI$	0.001*	0.001

续表

变量	回归系数	标准误
ln*AGDP*	-0.042***	0.001
FTA	-0.009	0.005
CONT	0.016***	0.003
DEVEL	0.025***	0.002
AR（1）	0.000	—
AR（2）	0.697 5	—
Sargan	1.000 0	—
Wald chi2	37 847.74	—
P	0.000	—
N	858	—
C	0.222***	0.007

注：*、**、*** 分别表示在10%、5%、1%的水平上显著。

从表7-10的回归结果看，在控制其他变量之后，双边农产品可变贸易成本对中国农产品出口集约边际具有负向影响，具体表现为中国与贸易伙伴国农产品可变贸易成本每增加1%，中国农产品出口扩展边际下降0.03%，说明双边可变贸易成本抑制了中国农产品的出口集约边际。与扩展边际的回归结果相比，中国与贸易伙伴国农产品可变贸易成本对扩展边际的影响较大。

从其他影响中国农产品出口集约边际的因素看，在控制了其他变量之后，滞后一期的农产品出口集约边际对当期农产品出口集约边际的影响系数均为负，说明中国农产品出口集约边际具有依赖性。由于农产品出口集约边际界于（0，1），回归结果意味着滞后一期的农产品出口集约边际对当期农产品出口集约边际具有促进作用。此外，目的国市场规模、目的国农业企业生产率、目的国偏远指数、地理临近、目的国经济发展水平对中国农产品出口集约边际具有正向影响，该结论与上面静态面板回归结果保持一致，说明回归结果可靠。双边汇率、目的国人均GDP对中国农产品出口集约边际的影响系数均为负数，也与上面回归结果对应。

7.5.2 分品种回归结果及分析

上面分析了中国与主要伙伴国贸易成本对中国农产品出口集约边际的影响，以下分别运用中国与贸易伙伴国1992—2017年活动物及动物产品（HS1~5章），植物产品（HS6~14章），动、植物油、脂、蜡、精致食用油脂（HS15章）、食品、饮料、酒及醋、烟草及制品（HS16~24章）数据检验双边贸易成本对中国农产品出口集约边际的影响。

7.5.2.1 静态面板回归

表7-11为运用广义最小二乘法（GLS）对静态面板回归的估计结果。

表7-11 中国与贸易伙伴国分类农产品贸易成本对出口集约边际影响的GLS估计结果

变量	HS1~5	HS6~14	HS15	HS16~24
$\ln L$	-0.017	0.056***	-0.030*	0.026***
	(0.339)	(0.015)	(0.016)	(0.009)
$\ln \omega$	0.767*	0.076***	0.015	0.023**
	(0.428)	(0.020)	(0.017)	(0.010)
$\ln \theta$	-9.904***	-0.844***	0.111	-0.092
	(5.183)	(0.222)	(0.187)	(0.121)
$\ln \tau$	-0.220*	-0.041***	-0.018***	-0.016**
	(0.152)	(0.007)	(0.004)	(0.003)
$\ln RATE$	0.389***	-0.023***	-0.025***	-0.035***
	(0.107)	(0.005)	(0.005)	(0.003)
$\ln FDI$	-0.058*	-0.003**	-0.007***	0.003***
	(0.031)	(0.001)	(0.002)	(0.003)
$\ln AGDP$	-0.178	-0.037***	0.025***	-0.026***
	(0.120)	(0.005)	(0.006)	(0.003)
FTA	-0.199	0.045***	-0.011	-0.006
	(0.261)	(0.012)	(0.009)	(0.006)
$CONT$	0.083	0.008	0.011	0.004
	(0.243)	(0.011)	(0.009)	(0.006)
$DEVEL$	1.338***	-0.009	0.002	0.025***
	(0.243)	(0.011)	(0.009)	(0.006)
Wald chi2	85.62	513.08	69.30	515.28
P	0.000	0.000	0.000	0.000
N	858	858	858	858
C	1.452**	0.321***	0.162***	0.143***
	(0.597)	(0.025)	(0.024)	(0.015)

注：括号内的数字为标准误，*、**、***分别表示在10%、5%、1%的水平上显著。

从表中估计结果可知,从总体看,中国与贸易伙伴国细分农产品可变贸易成本对中国农产品出口集约边际的影响与上面总体结果基本一致。

从模型的关键变量看,双边可变贸易成本对中国农产品出口集约边际的回归系数为负,说明双边可变贸易成本的上升会抑制中国农产品出口集约边际。从双边可变贸易成本对中国农产品出口集约边际的影响看,在中国与贸易伙伴国交易的四大类农产品中,活动物及动物产品(HS1~5章)双边可变贸易成本对中国农产品出口集约边际的抑制作用最大,表现为双边可变贸易成本上升1%,中国农产品出口集约边际将下降0.22%;其余种类中,植物产品(HS6~14章)、活动物及动物产品(HS1~5章),食品、饮料、酒及醋、烟草及制品(HS16~24章)可变贸易成本分别每增加1%,中国农产品出口集约边际将分别下降0.041%、0.018%、0.016%。

从其他影响因素看,目的国市场规模对中国农产品出口集约边际的影响不确定,表现为其对活动物及动物产品(HS1~5章)出口集约边际的影响不显著;对植物产品(HS6~14章),食品、饮料、酒及醋、烟草及制品(HS16~24章)出口集约边际的影响显著为正;而对动、植物油、脂、蜡、精致食用油脂(HS15章)出口集约边际的影响显著为负。产生该结果的原因可能在于目的国消费者对产品的需求偏好不一致,即一些国家的消费者喜好肉制品,另一些国家的消费者喜好水果及蔬菜,导致目的国市场规模对各类产品出口集约边际的影响不一致。目的国劳动工资对各类农产品出口集约边际的影响为正,且均在1%水平下显著,说明目的国较高的劳动工资促进了中国农产品出口集约边际。与扩展边际结果不同,目的国偏远指数对活动物及动物产品(HS1~5章),植物产品(HS6~14章)出口集约边际的影响显著为正;但对动、植物油、脂、蜡、精致食用油脂(HS15章),食品、饮料、酒及醋、烟草及制品(HS16~24章)出口集约边际的影响却不显著。双边汇率对活动物及动物产品(HS1~5章)出口集约边际的影响为负;对植物产品(HS6~14章),动、植物油、脂、蜡、精致食用油脂(HS15章),食品、饮料、酒及醋、烟草及制品(HS16~24章)出口集约边际的影响为正。外商直接投资对活动物及动物产品(HS1~5章),植物产品(HS6~14章),动、植物油、脂、蜡、精致食用油脂(HS15章)出口集约边际的影响为负;对食品、饮料、酒及醋、烟草及制品(HS16~24章)出口集约边际的影响为正。目的国人均GDP对活动物及动物产品(HS1~5章)出口集约边际的影响为负但不显著;对植物产品(HS6~14章),食品、饮料、酒及醋、烟草及制品(HS16~24章)出口集约边际的影响为负;对动、植物油、脂、蜡、精致食用油脂(HS15章)出口集约边际的影响为正。控制变量中,双边贸易协定、目的国发展水平对中国农产品出口集约边际具有促进作用,地理临近对中国农产品出口集约边际的影响不显著。

7.5.2.2 动态面板回归

由于农产品出口集约边际具有依赖性,以下运用差分 GMM 回归对面板数据进行回归,并进行自相关检验及萨尔干(Sargan)检验。因食品、饮料、酒及醋、烟草及制品(HS16~24 章)的自相关检验结果显示 AR(2)小于 0.05,因此选取滞后两期的因变量作为解释变量放入模型。中国与贸易伙伴国分类别农产品 GMM 回归结果如表 7-12 所示。

表 7-12 中国与贸易伙伴国分类别农产品 GMM 回归结果

变量	HS1~5	HS6~14	HS15	HS16~24
$L.\ln im$	-0.147**	-0.185***	-0.061**	0.010
	(0.003)	(0.013)	(0.024)	(0.016)
$LL.\ln im$				-0.019***
				(0.007)
$\ln L$	-1.231***	0.067***	-0.024	0.005
	(1.158)	(0.014)	(0.033)	(0.004)
$\ln\omega$	-1.195***	0.066***	0.017	0.051***
	(0.287)	(0.016)	(0.013)	(0.007)
$\ln\theta$	4.630*	-1.225***	-0.457	0.130***
	(2.638)	(0.249)	(0.603)	(0.041)
$\ln\tau$	-0.382***	-0.035***	-0.011**	-0.007**
	(0.047)	(0.005)	(0.004)	(0.003)
$\ln RATE$	0.404***	-0.021***	-0.017***	-0.033***
	(0.033)	(0.002)	(0.004)	(0.001)
$\ln FDI$	-0.089***	-0.002**	-0.006***	0.004***
	(0.015)	(0.001)	(0.001)	(0.001)
$\ln AGDP$	0.237***	-0.051***	0.001	-0.031***
	(0.019)	(0.003)	(0.006)	(0.002)
FTA	0.649***	0.041***	-0.022***	-0.013**
	(0.051)	(0.005)	(0.005)	(0.006)
$CONT$	-0.879***	0.030***	0.014	0.013***
	(0.027)	(0.005)	(0.010)	(0.004)

续表

变量	HS1~5	HS6~14	HS15	HS16~24
DEVEL	1.637***	0.003	0.027***	0.041***
	(0.034)	(0.007)	(0.005)	(0.002)
Wald chi2	73 971.42	5 077.44	3 138.84	12 253.61
AR (1)	0.000 0	0.000 2	0.000 7	0.044 3
AR (2)	0.224 8	0.837 8	0.426 8	0.792 2
Sargan	1.000	1.000	1.000	1.000
P	0.000	0.000	0.000	0.000
C	1.788***	0.338***	0.173***	0.118***
	(0.192)	(0.015)	(0.027)	(0.011)

注：*、**、*** 分别表示在10%、5%、1%的水平上显著。

从上表结果可知，各细分农产品双边贸易成本对中国农产品出口集约边际回归结果的自相关检验 AR（1）的值小于0.05，AR（2）的值均大于0.05，说明可以运用 GMM 对模型进行估计。萨尔干（Sargan）检验结果如表中所示，其 P 值均大于0.1，说明工具变量有效且不存在过度识别问题。

从关键变量看，中国与贸易伙伴国细分农产品可变贸易成本对中国细分农产品出口集约边际的影响为负，该结论与前面总体回归结果及细分农产品静态回归结果保持一致，说明可变贸易成本抑制了农产品出口集约边际。从各变量的回归结果看，活动物及动物产品（HS1~5章）可变贸易成本对其出口集约边际的抑制作用最大，表现为活动物及动物产品（HS1~5章）可变贸易成本每增加1%，农产品出口集约边际将会下降0.382%。其余种类产品中，可变贸易成本每增加1%，植物产品（HS6~14章）出口集约边际下降0.035%；动、植物油、脂、蜡、精致食用油脂（HS15章）出口集约边际下降0.015%；食品、饮料、酒及醋、烟草及制品（HS16~24章）出口集约边际下降0.007%。

在其他条件不变情况下，滞后一期的活动物及动物产品（HS1~5章），植物产品（HS6~14章），动、植物油、脂、蜡、精致食用油脂（HS15章）出口集约边际均对当期产品的出口集约边际具有促进作用；而滞后一期的食品、饮料、酒及醋、烟草及制品（HS16~24章）出口集约边际对当期出口集约边际的影响不显著，滞后两期的食品、饮料、酒及醋、烟草及制品（HS16~24章）出口集约边际对当期出口集约边际具有促进作用。以上结果说明各细分农产品的出口集约边际具有依赖性。从其他影响因素看，目的国市场规模对活动物及动物产品（HS1~5章）出口集约边际具有负影响；对植物产品（HS6~14章）出口集约边际具有正影响；而对动、植物油、脂、蜡、精致食用油脂（HS15章），食品、饮料、酒及醋、烟草及制品（HS16~24章）出口集约边际的影响不显著。目的国劳动工资对各细分农产品出口集约边际具有促进作用。目的国偏远指数对于活动物及动物产品（HS1~5章），食品、饮料、酒及醋、烟草及制品（HS16~24章）出口集约边际具有正影响；对于植物产品（HS6~14章）出口集约边际具有负影响，而对动、植物油、脂、蜡、精致食用油脂（HS15章）出口集约边际的影响不显著。双边汇率、外商直接投资对各类农产品出口集约边际具有负影响。目的国人均GDP、双边贸易协定、地理临近、目的国发展水平对各类农产品出口集约边际均具有正向影响。

7.6 稳健性检验

以上运用中国与贸易伙伴国1992—2017年数据检验了双边贸易成本对中国农产品出口二元边际的作用，但是回归结果是否稳健仍未可知。稳健性检验的关键在于寻找合适的替代变量，以下分别选取出口边际的替代变量和贸易成本的替代变量对模型进行稳健性检验。

7.6.1 替代二元边际

由于二元边际有多种分解方法，本书运用阿穆尔·帕切科和皮耶罗（Amurgo Pacheco & Pierola，2007）的方法确定扩展边际和集约边际。以1992年为基期，以某种农产品1992年未出口但2017年从中国出口至某个国家为参照，依次考察1993—2016年该种农产品的出口，用该产品的出口额作为扩展边际，如果某年未出口，其出口额为零。集约边际的确定方法是以某种农产品1992年从中国出口至某个国家且2017年该种产品持续出口为参照，考察1993—2016年该种农产品的出口，用其出口额作为集约边际，如果某年未出口，其出口额为零。用以上方法替代中国农产品出口的二元边际，对前面回归结果进行稳健性检验，检验结果如表7-13所示。

表7-13 替代出口边际的稳健性检验

变量	扩展边际		集约边际	
	GLS	GMM	GLS	GMM
$L.lnem$	—	-0.065^{***} (0.024)	—	—

续表

变量	扩展边际		集约边际	
	GLS	GMM	GLS	GMM
$L.\ln im$	—	—	—	0.046***
				(0.006)
$\ln L$	-1.644***	-0.247***	1.799***	1.209***
	(0.258)	(0.087)	(0.219)	(0.151)
$\ln \omega$	-0.583**	0.303	-0.057	0.813***
	(0.243)	(0.204)	(0.257)	(0.208)
$\ln \theta$	9.346***	-2.844***	-4.868*	-2.675
	(2.935)	(0.639)	(2.938)	(2.102)
$\ln FC$	19.510***	18.183***	—	—
	(1.764)	(0.418)		
$\ln \tau$	-1.933***	-1.635***	-1.014***	-0.849***
	(0.148)	(0.046)	(0.118)	(0.075)
$\ln RATE$	0.062	-0.014	0.061	-0.139***
	(0.067)	(0.024)	(0.068)	(0.024)
$\ln FDI$	0.171***	0.026***	0.369***	0.356***
	(0.025)	(0.008)	(0.022)	(0.012)
$\ln AGDP$	-0.407***	0.110***	-0.414***	0.095***
	(0.084)	(0.040)	(0.076)	(0.023)
FTA	-0.009	-0.003	0.195	0.236***
	(0.135)	(0.057)	(0.136)	(0.078)
$CONT$	-0.442***	-0.280***	1.007***	1.200***
	(0.129)	(0.029)	(0.129)	(0.037)
$DEVEL$	-0.534***	-0.862***	0.041	-0.096***
	(0.137)	(0.043)	(0.141)	(0.030)
$Wald\ chi2$	770.75	70 211.00	1 315.38	25 318.34
P	0.000	0.000	0.000	0.000
$AR\ (1)$	—	0.000 2	—	0.000 0
$AR\ (2)$	—	0.356 6	—	0.573 7
$Sargan$	—	1.000 0	—	1.000 0

续表

变量	扩展边际		集约边际	
	GLS	GMM	GLS	GMM
C	7.353*** (0.539)	7.019*** (0.507)	10.531*** (0.358)	9.046*** (0.278)

注：括号内的数字为标准误，*、**、*** 分别表示在10%、5%、1%的水平上显著。

从上表稳健性检验结果可以看出，无论是用 GLS 方法进行的稳健性检验还是用 GMM 方法进行的稳健性检验，关键解释变量对出口边际的影响系数符号均与前面一致。从中国农产品出口扩展边际的 GLS 稳健性检验结果看，双边固定贸易成本、可变贸易成本对中国农产品出口扩展边际具有抑制作用；从 GMM 稳健性检验结果看，残差项不存在序列相关，工具变量仍然有效，且双边固定贸易成本、可变贸易成本对中国农产品出口扩展边际均有负向影响。从中国农产品出口集约边际的 GLS 检验结果看，双边可变贸易成本对中国农产品出口集约边际具有抑制作用；从 GMM 稳健性检验结果看，残差项不存在序列相关，工具变量仍然有效，双边可变贸易成本对农产品出口扩展边际仍有负向影响。

与上面回归结果相比，中国与贸易伙伴国农产品固定贸易成本、可变贸易成本的回归系数有所提高，且在1%的水平上均显著，说明双边农产品贸易成本显著抑制了中国农产品出口二元边际。滞后一期的中国农产品出口二元边际对当期的农产品出口二元边际在1%的水平上具有显著影响，再次验证了中国农产品出口二元边际具有依赖性。以上结果说明，本书的回归结果具有稳健性，即双边农产品贸易成本显著抑制了中国农产品出口二元边际。

7.6.2 替代贸易成本

如前面所述，贸易成本有多种测算方法，钱学锋和熊平（2010）运用美国传统基金会（The Heritage Foundation）中提供的经济自由度指数（index of economic freedom）数据衡量固定贸易成本，该数据包括全球160多个国家和地区1995年以来涵盖商务自由、贸易自由、财政自由、政府规模、货币自由、投资自由、金融自由、知识产权和腐败等方面的总体得分。此外有学者用两国之间的距离衡量可变贸易成本。本书借鉴上述方法，作为双边固定贸易成本和可变贸易成本的替代变量，对双边贸易成本对中国农产品出口二元边际的影响进行稳健性检验。替代贸易成本的稳健性检验结果见表7-14。

表 7-14 替代贸易成本的稳健性检验

变量	扩展边际		集约边际	
	GLS	GMM	GLS	GMM
$L.\ln em$	—	−0.025 (0.047)	—	—
$LL.\ln em$	—	−0.037 (0.038)	—	—
$LLL.\ln em$	—	−0.054 (0.045)	—	—
$LLLL.\ln em$	—	0.127*** (0.040)	—	—
$L.\ln im$	—	—	—	0.037*** (0.011)
$\ln L$	−0.025 (0.017)	−0.024 (0.023)	0.024*** (0.008)	0.036*** (0.005)
$\ln\omega$	−0.007 (0.017)	−0.017 (0.019)	0.025 (0.009)	0.039*** (0.007)
$\ln\theta$	1.011*** (0.226)	1.278*** (0.304)	−0.011 (0.115)	−0.097* (0.058)
$\ln FC$	0.167*** (0.030)	0.116*** (0.033)	—	—
$\ln\tau$	−0.089*** (0.007)	−0.097*** (0.007)	−0.051*** (0.004)	−0.046*** (0.003)
$\ln RATE$	0.030*** (0.006)	0.031 (0.005)	−0.004 (0.004)	−0.007*** (0.002)
$\ln FDI$	0.022*** (0.002)	0.017*** (0.003)	0.001 (0.001)	−0.001 (0.001)
$\ln AGDP$	−0.013** (0.006)	0.001 (0.005)	−0.034*** (0.003)	−0.035*** (0.002)
FTA	0.088*** (0.010)	0.099*** (0.009)	0.006 (0.005)	0.008** (0.004)

续表

变量	扩展边际		集约边际	
	GLS	GMM	GLS	GMM
CONT	0.064*** (0.011)	0.022* (0.012)	−0.010* (0.005)	−0.007 (0.005)
DEVEL	0.002 (0.010)	0.010 (0.008)	0.005 (0.005)	0.011*** (0.003)
Wald chi2	1 285.75	5 192.00	1 076.87	1 9421.63
P	0.000	0.000	0.000	0.000
AR（1）	—	0.000 0	—	0.000 0
AR（2）	—	0.675 4	—	0.201 4
Sargan	—	0.999 7	—	1.000 0
C	0.213* (0.124)	0.516*** (0.148)	0.584*** (0.034)	0.534 4*** (0.034 3)

注：括号内的数字为标准误，*、**、*** 分别表示在10%、5%、1%的水平上显著。

运用 GMM 方法时，扩展边际的自相关检验结果显示 AR（1）、AR（2）的 P 值均小于 5%，说明残差序列存在相关。将工具变量的滞后阶数调整为 4 进行检验，结果如表中所示，AR（1）的 P 值为 0，AR（2）的 P 值大于 5%，说明可以运用 GMM 对模型进行估计。从上表稳健性检验结果可以看出，无论是用 GLS 方法进行稳健性检验还是用 GMM 方法进行稳健性检验，关键解释变量对中国农产品出口边际的影响系数符号均与前面一致。从中国农产品出口扩展边际的 GLS 稳健性检验结果看，双边固定贸易成本、可变贸易成本对中国农产品出口扩展边际具有抑制作用；从 GMM 稳健性检验结果看，残差项不存在序列相关，工具变量仍然有效，且双边固定贸易成本、可变贸易成本对中国农产品出口扩展边际均有负向影响。从中国农产品出口集约边际的 GLS 检验结果看，双边可变贸易成本对中国农产品出口集约边际具有抑制作用；从 GMM 稳健性检验结果看，残差项不存在序列相关，工具变量仍然有效，双边可变贸易成本对中国农产品出口集约边际仍有负向影响。

与前面回归结果相比，中国与贸易伙伴国农产品固定贸易成本、可变贸易成本的回归系数有所降低，但在 1%的水平上均显著，说明双边农产品贸易成本显著抑制了中国农产品出口二元边际。对于集约边际而言，滞后一期的农产品出口集约边际对当期农产品出口集约边际具有促进作用；但对于扩展边际而言，滞后四期的农产品出口扩展边际对当期的农产品出口扩展边际依然具有促进作用。该结论再次验证了中国农产品出口二元边际具有依赖性。

以上无论用替代出口二元边际方法,还是用替代贸易成本方法,稳健性检验结果均验证了前面结论,即中国与贸易伙伴国的农产品贸易成本显著抑制了中国农产品出口的二元边际,说明本书的回归结果真实可靠。

7.7 本章小结

本章基于前面贸易成本对出口边际的影响机理、中国与贸易伙伴国贸易成本的测算,以及中国农产品出口二元边际的分解进行展开。首先将上面理论推导转化为计量模型;其次对变量进行选取并对数据来源进行解释说明;然后对变量进行处理并针对模型存在的内生性问题提出解决办法;再次分别运用中国与贸易伙伴国农产品贸易数据及分类农产品贸易数据检验固定贸易成本、可变贸易成本对出口扩展边际的影响,以及可变贸易成本对农产品出口集约边际的影响;之后进行稳健性检验;最后是本章小结。

全样本回归结果显示,无论是 OLS 回归、固定效应回归、GLS 回归,还是 GMM 回归,结果均得出一致结论。从中国农产品出口扩展边际的影响因素看,目的国市场规模、中国与贸易伙伴国固定贸易成本、可变贸易成本、双边汇率对中国农产品出口扩展边际具有负向影响;目的国劳动工资、目的国偏远指数、外商直接投资、目的国人均 GDP、双边贸易协定、地理临近、目的国经济发展水平对中国农产品出口扩展边际具有正向影响。从中国农产品出口集约边际的影响因素看,目的国偏远指数、可变贸易成本、双边汇率、外商直接投资、目的国人均 GDP 对中国农产品出口集约边际均有负向影响;目的国市场规模、目的国劳动工资、双边贸易协定、地理临近、目的国经济发展水平对中国农产品出口集约边际均有正向影响。

分类农产品回归结果显示,无论是 GLS 回归还是 GMM 回归,中国与贸易伙伴国各细分农产品固定贸易成本对细分农产品出口扩展边际均有抑制作用,各细分农产品可变贸易成本对农产品出口扩展边际和集约边际也均有抑制作用。GLS 回归结果表明,目的国市场规模对各类农产品出口扩展边际均有负向影响;但对各类农产品出口集约边际的影响却不确定。目的国劳动工资对各类农产品出口扩展边际、集约边际均有促进作用。目的国偏远指数对各类农产品出口扩展边际具有正向影响,却对出口集约边际具有负向影响。双边汇率对各类农产品出口扩展边际、集约边际的影响为负。地理临近、目的国发展水平对分类农产品出口边际具有正影响。GMM 回归结果显示,滞后期的各细分农产品出口边际对当期农产品出口边际具有影响,说明农产品出口边际具有依赖性。

  本章运用两种方法对结果进行稳健性检验，无论是替代出口二元边际还是替代贸易成本，稳健性检验结果均显示，中国与贸易伙伴国农产品固定贸易成本显著抑制了中国农产品出口扩展边际和集约边际，双边可变贸易成本也显著抑制了中国农产品出口集约边际。该结论与前面结论一致，说明书中回归结果真实可靠。

8 出口边际对中国农产品出口升级的影响

一国经济发展主要依赖于消费、投资和进出口,但各项指标对一国经济发展的贡献却存在差异,国内经济发展主要依赖于消费和国内投资,对外贸易发展则主要依赖投资和进出口。林毅夫等(1994)认为产业升级是促进中国经济发展的必经之路。当前中国经济发展处于转型时期,依靠扩大产品生产规模和进出口规模等方式已经不能满足中国经济发展的要求。随着居民收入水平的提高,消费者对产品的需求层次也不断提高,这种变化在农产品需求结构方面尤为明显。加之目前中国经济发展处于转型时期,产品的提质增效就成为该时期中国经济发展的主要目标之一。

本章共有4节,第1节对中国农产品出口结构变化情况进行分析;第2节介绍现阶段农产品出口升级的测度方法,并从中选取合适的方法测算中国农产品出口升级;第3节实证检验中国农产品出口升级的影响因素并进行分析;第4节为本章小结。

8.1 中国农产品出口结构分析

8.1.1 总体出口结构

随着中国农产品贸易的发展,中国农产品出口结构也发生了相应的变化。图8-1为1992—2017年中国农产品出口比重总体变化情况。

从图8-1可以看出1992—2017年中国农产品中初级农产品与加工农产品呈现交叉变化。1992年中国农产品出口中初级农产品比重为63%,加工农产品比重为37%,此时中国出口的农产品以初级产品为主。1992—2006年中国出口的农产品中初级农产品比重不断下降,从63%下降至50%;加工农产品比重从37%上升至50%。此阶段的变化说明了两个问题:一是中国在农产品生产过程中不断注入新技术,提高农产品附加值;二是中国与贸易伙伴国关系不断改善,促使出口产品种类发生变化。2006—2008年,中国出口的初级农产品与加工农产品比重几乎相同,均维持在50%左右。2012年之后初级农产品出口比重与加工农产品出口比重的差距不断缩小。截至 2017 年中国出口初级农产品比重、加工农产品比重分别为 54%、46%。以上变化反映了中国农产品出口结构与经济发展变化相适应，这也说明中国农产品出口结构在一定程度上得到了优化。

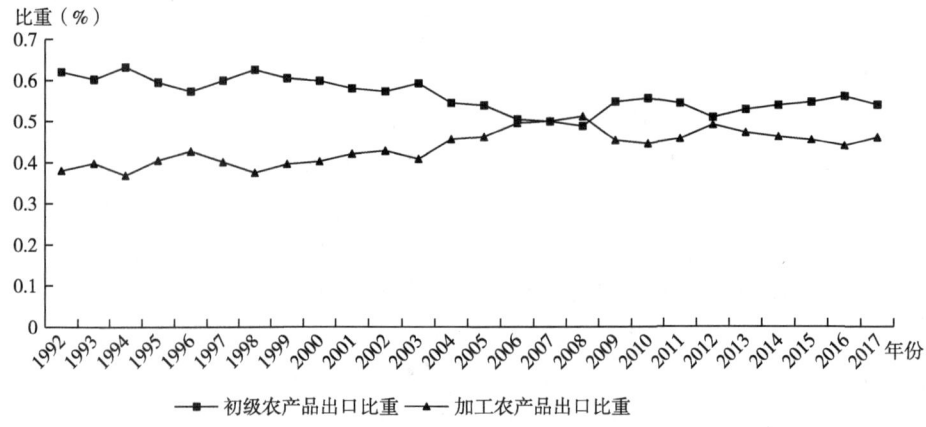

图 8-1　1992—2017 年中国农产品出口比重总体变化情况

8.1.2　分国家出口结构

图 8-2 为 1992—2017 年中国对日本农产品出口结构变化情况。从图中可以看出，1992 年中国对日本出口的初级农产品与加工农产品比重分别为 70%、30%，2017 年二者比重分别变化至 43.5%、56.5%，其中初级（加工）农产品出口比重下降（上升）了 26.5%。

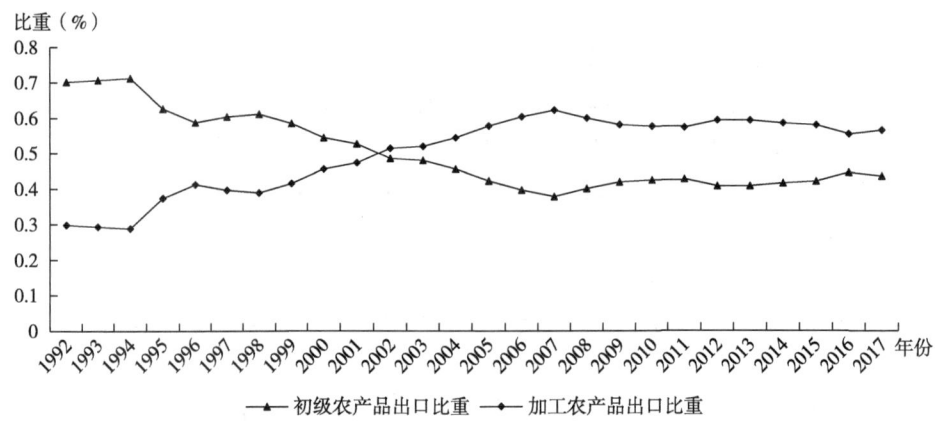

图 8-2　1992—2017 年中国对日本农产品出口结构变化情况

图 8-3 为 1992—2017 年中国对美国农产品出口结构变化情况。与日本相比，中国向美国出口的初级农产品与加工农产品结构变化更大，分别从 77.87% 下降至 44.24%、22.13% 上升至 55.76%。

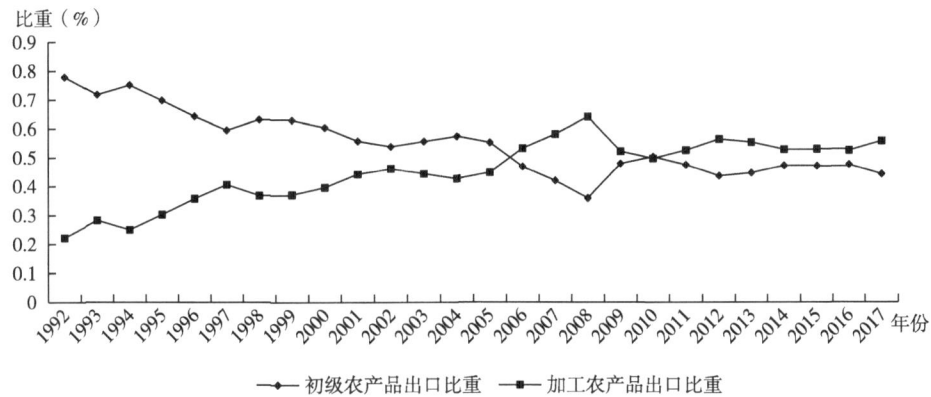

图 8-3　1992—2017 年中国对美国农产品出口结构变化情况

图 8-4 为 1992—2017 年中国对韩国农产品出口结构变化情况。从中国对韩国出口的农产品看，1992 年中国向韩国出口初级农产品比重为 80.13%，加工农产品比重为 19.87%；2017 年二者比重分别变化至 49.43%、50.57%。

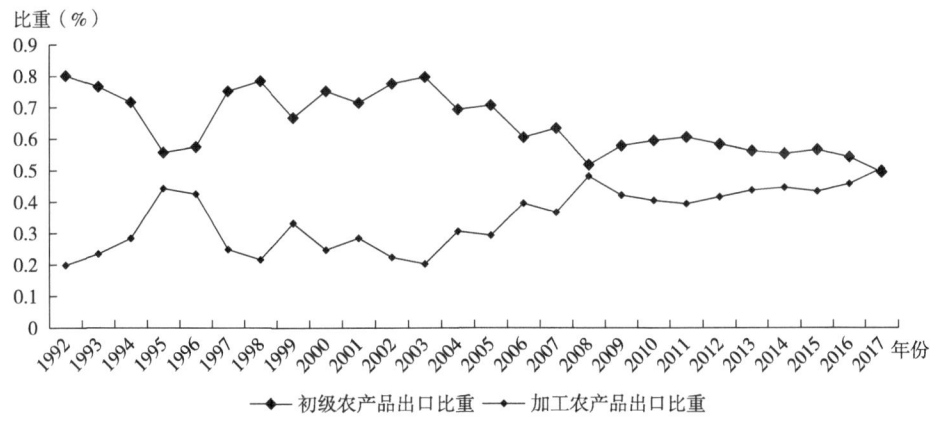

图 8-4　1992—2017 年中国对韩国农产品出口结构变化情况

综上，从中国农产品出口市场排名前几位国家看，中国对主要贸易伙伴国出口的农产品中初级农产品比重不断下降，加工农产品比重不断上升。以上情况说明，中国出口农产品的附加值不断提高，即中国农产品在一定程度上实现了升级。

8.2 农产品出口升级测度方法

8.2.1 测度方法

对农产品出口升级的测算是研究农产品出口升级相关问题的前提，尽管现有研究对出口升级并无统一的定义及解释，但关于出口升级的测算方法却有很多。关于出口产品升级的测度，目前主要有两种方法：一种是定性分析；另一种是构建指标。下面对相关方法进行介绍。

8.2.1.1 贸易结构优化法衡量出口产品升级

西方经济理论指出，产业可以划分为第一产业、第二产业和第三产业。随着经济的不断发展，附加值较低的第一产业在国内生产总值中的比重越来越低，而附加值较高的第三产业在国内生产总值中的比重越来越高。从各产业内容看，各产业由产品组成；从产业主体看，各产业的产品由企业生产，因此产业的升级归根结底在于产业内产品的升级。

根据前面农产品范围界定可知，本书所包含的农产品主要包括 HS 编码 1~24 章及 24 章以后部分农产品。其中 HS1~5 章活动物及动物产品，HS6~14 章植物产品均属于直接农产品，即动物和植物的直接产品；而 HS15 章动、植物油、脂、蜡、精致食用油脂，HS16~24 章食品、饮料、酒及醋、烟草及制品均属于间接农产品，即需要加工才可以出口的农产品。为了便于研究，本书用 HS1~14 章农产品出口在所有农产品出口所占比重表示初级农产品，用 HS15~24 章农产品出口在所有农产品出口所占比重表示加工农产品，分别用 pex_1、pex_2 表示，用公式表示为：

$$pex_{ij1} = \frac{ex_{ij1}}{totalex_{ij}} \tag{8-1}$$

$$pex_{ij2} = \frac{ex_{ij2}}{totalex_{ij}} \tag{8-2}$$

在对外贸易发展中，如果加工农产品出口比重逐渐上升，初级农产品出口比重不断下降，这说明农产品出口实现了升级。

8.2.1.2 临近距离法衡量产品升级的潜力

豪斯曼和克林格尔（Hausmann & Klinger，2006）首次提出产品距离的概念，并认为产品距离是衡量生产能力转移的机会成本进而实现产品升级的最佳指标。他将一国的产品集合比喻为森林，将国内企业比喻为森林里的猴子，将产品比喻为森林中的每一棵树，并把产品升级的过程比喻为猴子在森林里从一棵树跳跃至另一棵树的过程。两棵树之间的距离是影响猴子跳跃的主要因素，如果两棵树距离很近，那么猴子从一棵树跳跃至另一棵树就非常容易；反之，如果两棵树距离很远，那么猴子跳跃难度就会加大。结合现实，森林中两棵树之间的距离就类似于两种产品之间的距离，即产品的相似度。两种产品越相似，产品升级的难度越小。采用产品距离表示产品出口升级潜力，其测算公式为：

$$\varphi_{k,t}^{ij} = min_{i,j \in N}\{P(X_{k,t}^i | X_{k,t}^j), P(X_{k,t}^j | X_{k,t}^i)\}, X_{k,t}^i = \begin{cases} 1, & RCA \geq 1 \\ 0, & RCA < 1 \end{cases} \quad (8-3)$$

则产品距离表示为：

$$\varphi_{k,t}^{ij} = \frac{1}{\varphi_{k,t}^{ij}} \quad (8-4)$$

其中，$\varphi_{k,t}^{ij}$ 表示产品之间的临近性，$P(X_{k,t}^i | X_{k,t}^j)$ 表示出口 j 产品的条件下出口 i 产品的概率，$P(X_{k,t}^j | X_{k,t}^i)$ 表示出口 i 产品的条件下出口 j 产品的概率。尽管两产品间的距离对称分布，但条件概率未必相等，即 $P(X_{k,t}^i | X_{k,t}^j) \neq P(X_{k,t}^j | X_{k,t}^i)$，因此在产品距离选择中，使用两产品的最小概率。$\varphi_{k,t}^{ij}$ 越大，表明产品升级的潜力越大。

8.2.1.3 出口技术复杂度衡量出口产品升级

产品出口升级既包括产品间的升级，又包括产品内的技术升级。出口技术复杂度用于测算产品的出口技术含量，在以往的相关研究中被许多学者运用。关于出口技术复杂度的测算许多文献已有探讨，目前运用较多的是豪斯曼（Hausmann，2010）的方法，他假设产品的技术含量取决于出口国的人均GDP，用出口产品的比重与该种产品的世界出口比重之比作为权重，对出口国的人均GDP进行加权平均，得到能够反映出口产品技术复杂度的指标。其计算过程如下：

首先，计算行业中单个产品的复杂度，计算公式为：

$$expy_j = \sum_i \frac{x_{ij}/X_i}{\sum_i (x_{ij}/X_i)} \cdot Y_i \quad (8-5)$$

其中，$expy_j$ 表示第 j 类产品的出口复杂度指数，Y_i 表示 i 国的人均GDP，x_{ij} 表示 i 国第 j 类产品的出口规模，X_i 表示 i 国的总出口额。

其次，计算各国出口产品的技术复杂度，计算公式为：

$$Expy_i = \sum_i \frac{x_{ij}}{X_i} \cdot expy_j \quad (8-6)$$

上式中，$Expy_i$ 表示 i 国出口产品的技术复杂度，$expy_j$ 表示第 j 类产品的出口复杂度指数，x_{ij} 表示 i 国第 j 类产品的出口额，X_i 表示 i 国产品的出口额之和。一国出口产品的技术复杂度越高，即出口产品所含技术含量越高，说明该国产品越实现了出口升级。

8.2.1.4 质量法衡量出口产品升级

随着相关研究的不断深入,关于产品升级的研究焦点也发生了改变。近年来产品升级的相关研究逐渐转向产品质量,为从质量视角研究中国的出口产品升级提供了理论支撑。目前测量产品质量的方法有很多,包括单位价值法 [艾金戈(Aiginger,1997);李坤望和王有鑫,2013;景光正和李平,2016)]、产品特征构造法 [(高柏格和沃博温(Goldberg & Verboven,2001);陈和尤维纳(Chen & Juvenal,2016)]、价格推算法 [坎德瓦尔(Khandelwal,2010);高晓娜和兰宜生,2016;许明,2016]。目前运用较多的是价格推算法,因此此处主要介绍价格推算法。

价格推算法将产品质量引入函数中,假定消费者效用函数为:

$$U = \left[\sum_k (\lambda_k q_k)^{\frac{\sigma-1}{\sigma}}\right]^{\frac{\sigma}{\sigma-1}} \tag{8-7}$$

上式中 k 表示产品,λ 表示产品的质量,q 表示产品数量,σ 表示产品替代弹性。产品价格指数可以表示为:

$$P = \sum_k (\lambda_k^{\sigma-1} p_k^{\sigma-1}) \tag{8-8}$$

上式中 p 表示产品的价格。假设消费者支出用 E 表示,那么产品 k 对应的消费者购买量可以表示为:

$$q_k = p_k^{-\sigma} \lambda_k^{-\sigma} \frac{E}{P} \tag{8-9}$$

对于某一种产品来说,该产品在 t 年对 m 国的出口量表示为:

$$q_{mt} = p_{mt}^{-\sigma} \lambda_{mt}^{-\sigma} \frac{E_{mt}}{P_{mt}} \tag{8-10}$$

将上式两边同时取对数,转化为 HS2 位数的产品层面回归模型,并进行简单整理,可以得到:

$$\ln q_{mt} + \sigma \ln P_{mt} = x_{mt} + \alpha_h + \varepsilon_{mt} \tag{8-11}$$

上式中 $x_{mt} = \ln E_{mt} - \ln P_{mt}$。由于 x_{mt} 取决于进口国消费者支出和价格指数,因此由进口国特征决定,可以运用年份、进口国等虚拟变量表示;α_h 表示产品固定效应。

测算出口产品质量主要关注残差项,即 $\varepsilon_{mt} = (\sigma-1) \ln \lambda_{mt}$。需要说明的是,由于缺乏企业层面的数据,该式主要是对产品层面进行的回归。那么产品质量的最终测算公式为:

$$quality_{mt} = \ln \hat{\lambda}_{mt} = \frac{\varepsilon_{mt}}{\sigma-1} \tag{8-12}$$

8.2.2 方法选取

前面介绍了衡量产品出口升级的方法,主要包括结构优化法、临近距离法、出口技术复杂度法、产品质量法。综合现有研究方法看,以上方法各有优劣,结构优化法和临近距离法均主要研究产业间产品的出口升级。结构优化法从宏观层面着手,数据容易获取;临近距离法运用条件概率法呈现了产品出口升级的过程,但理解起来比较抽象,并且数据不易获取。出口技术复杂度法和产品质量法主要研究产品内的出口升级。出口技术复杂度法体现了产品的技术含量,但主要强调技术;与技术复杂度不同,产品质量法主要强调产品内的垂直差异性,且所用数据均为微观数据,研究结果可能更加精确。综上,由于缺乏距离临近法所用的数据,以下运用产品质量法检验中国农产品出口升级。

鉴于运用价格推算法时需要知道产品替代弹性,此处参考霍克和斯科特(Hallak & Schott, 2011)的做法,将农产品替代弹性设为8。由于通过价格推算法得出的残差可能存在负数,因此在计算出口产品质量之前,需要对残差进行标准化处理,将其值调整至0~1,以便后续检验中国农产品出口质量的影响因素。

8.3 中国农产品出口升级影响因素分析

8.3.1 模型构建

为了检验农产品出口升级的影响因素,本章在前人研究的基础上将中国农产品出口升级作为被解释变量放入模型,将扩展边际、集约边际作为解释变量放入模型进行回归。模型表述为:

$$\ln upex_{ij} = \alpha_0 + \alpha_1 \ln em_{ij} + \alpha_2 \ln im_{ij} + \alpha_3 Z_{ij} + \varepsilon_{ij} \quad (8-13)$$

上式中 i 表示出口国,j 表示进口国,$upex$ 表示农产品出口升级状况,em 表示农产品出口扩展边际,im 表示农产品出口集约边际,Z 表示控制变量,ε 表示随机误差项。

由前面文献综述可知,产品出口升级既与出口国有关,又与进口国有关。从出口国看,出口国资源是生产产品的先天条件,工人工资、生产技术、研发投入、外商直接投资等是提高农产品附加值的后天条件;从进口国看,进口国对产品的需求量、对产品质量的要求都会影响出口产品本身。此外,双边市场规模、双边距离、双边汇率、双边是否签署FTA等因素也会影响产品出口升级。因此,模型将除农产品出口扩展边际、集约边际之外的以上变量加入模型中,并将中国加工农产品出口比重、农产品出口技术复杂度、农产品出口质量分别作为因变量,对模型进行回归。

$$\ln upex_{ij} = \beta_0 + \beta_1 \ln em_{ij} + \beta_2 \ln im_{ij} + \beta_3 \ln L_{ij} + \beta_4 \ln \omega_i + \beta_5 \ln agdp_{ij} + \beta_6 \ln fdi_{ij} + \beta_7 \ln rate_{ij}$$
$$+ \beta_8 \ln rd_i + \beta_9 fta_{ij} + \beta_{10} cont_{ij} + \beta_{11} dev_j + \mu_{ij} \tag{8-14}$$

上式中 i 表示出口国，j 表示进口国，$upex$ 表示农产品出口升级状况，em 表示农产品出口扩展边际，im 表示农产品出口集约边际，L 表示出口国与目的国经济规模之比，ω 表示出口国劳动生产率，$agdp$ 表示目的国与出口国人均 GDP 之比，fdi 表示目的国对出口国的外商投资金额，$rate$ 表示目的国与出口国汇率之比，rd 表示出口国研发投入占 GDP 比重，fta 表示双边是否签署自由贸易协定，$cont$ 表示双边是否地理临近，dev 表示进口国是否为发达国家。

8.3.2 数据来源及说明

上式中农产品出口升级状况通过公式（8-12）计算得出，出口扩展边际、集约边际由前面计算得出，双边经济规模、双边人均 GDP、双边汇率数据来自世界银行的 WDI 数据库，双边劳动生产率数据来自 BvD 全球宏观数据库，外商投资数据来自联合国贸发会议数据库，是否签署自由贸易协定来自中国自由贸易区服务网。

由于伊朗数据缺失比较严重，因此选用 1992—2017 年中国与 32 个贸易伙伴国数据进行检验。各变量的描述性统计结果如表 8-1 所示。

表 8-1 各变量描述性统计结果

变量	观测值数	均值	标准差	中值	最大值	最小值
ln$upex$	832	-2.573 8	1.285 9	-2.511 7	-1.945 9	-39.200 4
lnem	832	-0.968 5	0.603 2	-0.826 4	-0.081 1	-4.092 4
lnim	832	-2.623 2	0.883 4	-2.563 5	-0.026 3	-5.574 1
ln$L$	832	-1.780 6	1.502 9	-1.948 8	2.738 7	-4.944 4
lnω	832	2.173 7	0.231 1	2.168 7	2.617 4	1.871 8
ln$agdp$	832	1.512 8	1.578 3	1.681 9	4.551 5	-2.006 3
lnfdi	832	8.814 8	2.726 9	9.305 9	13.078	1.098 6
ln$rate$	832	-0.715 8	2.697 3	0.084 1	7.945 8	-8.155 9
lnrd	832	0.145 4	0.453 7	0.231 9	0.725 4	-0.573 9
fta	832	0.126 3	0.332 3	0	1	0
$cont$	832	0.156 3	0.363 3	0	1	0
dev	832	0.437 5	0.496 6	0	1	0

8.3.3 内生性问题及处理

本章研究中国农产品出口升级程度及影响因素，重点关注农产品出口质量升级。由前面分析可知，扩展边际通过扩大出口产品种类促进农产品出口质量升级，集约边际通过持续出口增长促进农产品出口质量升级。但农产品出口质量的提高对农产品出口扩展边际和集约边际是否具有一定的影响呢？理论上看，农产品出口质量的提高促使其在出口市场上具有更高的竞争力，同时会吸引更多的国际客户，这些客户分为两类，一类是既有的购买者，他们会因为产品质量的提高而持续购买本产品，即所谓的集约边际增加；另一类购买者是潜在客户，这些客户在这之前并没有购买过此商品，但因为出口产品质量能够得到保证而愿意购买此商品，这就是所谓的扩展边际增加。

通过以上分析可以看出，中国农产品出口质量升级与出口边际之间可能存在因果关系，如果直接对模型进行回归会导致估计结果有偏。为了使回归结果更加准确，需要对模型进行内生性处理，本书欲运用中国农产品出口扩展边际和集约边际的滞后一期作为当期的扩展边际和集约边际的替代变量，对模型进行回归，以便在一定程度上解决内生性问题。

8.3.4 回归结果及分析

表 8-2 为中国农产品出口升级的影响因素回归结果，首先运用最小二乘法（OLS）对中国农产品出口升级的影响因素进行回归，结果如表中第 2 列所示。为了使研究更加精确，在运用最小二乘回归之后用静态面板进行回归，豪斯曼检验结果显示，随机效应回归结果优于固定效应回归结果，如表中第 3 列所示。由于产品出口升级具有持续性，因此需要运用动态面板检验回归结果，如表中第 4 列所示。为了解决内生性问题，本节将滞后一期的中国农产品出口扩展边际和集约边际分别代替当期的扩展边际和集约边际，放入模型中进行回归，结果如第 5 列所示。

表 8-2 中国农产品出口升级影响因素回归结果

变量	OLS	随机效应	动态 GMM	内生性处理
L. upex	—	—	0.019 *** (0.001)	
lnem	0.059 *** (0.015)	0.067 *** (0.015)	0.127 *** (0.033)	—
L. lnem	—	—	—	0.026 ** (0.014)

续表

变量	OLS	随机效应	动态GMM	内生性处理
$\ln im$	0.055***	0.066***	0.186***	—
	(0.010)	(0.011)	(0.025)	
$L.\ln im$	—	—	—	0.047***
				(0.010)
$\ln L$	0.025***	0.026***	0.130	0.021***
	(0.006)	(0.007)	(0.398)	(0.006)
$\ln\omega$	0.057**	0.055**	0.015	0.061**
	(0.027)	(0.027)	(0.018)	(0.027)
$\ln rate$	0.006**	0.007**	0.018**	0.003
	(0.003)	(0.003)	(0.008)	(0.003)
$\ln fdi$	-0.026***	-0.027***	-0.015***	-0.019***
	(0.004)	(0.004)	(0.003)	(0.004)
$\ln agdp$	0.006	0.008***	-0.084	0.005
	(0.008)	(0.004)	(0.363)	(0.009)
$\ln rd$	0.128***	0.125***	0.073**	0.132***
	(0.019)	(0.019)	(0.030)	(0.019)
fta	0.046**	0.043**	0.077	0.047**
	(0.020)	(0.021)	(0.068)	(0.020)
$cont$	-0.020	-0.024	0.151	-0.014
	(0.020)	(0.022)	(0.961)	(0.021)
dev	0.075***	0.080***	0.449	0.064***
	(0.023)	(0.025)	(0.357)	(0.023)
Wald chi2	—	168.43	48121.94	128.63
AR(2)	—	—	0.054	—
Sargan	—	—	1.000	—
P	0.000	0.000	0.000	0.000
N	832	832	858	760
C	-2.242***	-2.193***	-1.635	-2.374***
	(0.084)	(0.086)	(1.001)	(0.084)

注：括号内的数字为标准误，*、**、***分别表示在10%、5%、1%的水平上显著。

回归结果显示，无论是农产品出口扩展边际还是集约边际，均对中国农产品出口升级具有正影响。具体表现为出口扩展边际每增加1%，中国农产品出口升级速度将提升0.059%；中国农产品出口集约边际每增加1%，中国农产品出口升级速度将提升0.055%。可见二者对中国农产品出口升级均有贡献，且二者贡献几乎相等。从其他影响因素看，出口国劳动生产率对中国农产品出口升级有正向影响，该结论与传统的引力模型回归结果一致。出口国劳动生产率越高，中国农产品出口升级速度越快，该结论符合预期。劳动生产率越高，说明该企业在生产方面具备的实力越强，因此越有能力生产出高质量的产品。此外，贸易伙伴国市场规模、双边汇率、中国研发投入、中国与贸易伙伴国签署自由贸易协定、贸易伙伴国经济发展水平对中国农产品出口升级均有正向影响。外商投资对中国农产品出口升级具有负向影响。

从随机效应回归结果看，中国农产品出口扩展边际和集约边际每增加1%，中国农产品出口升级速度分别提升0.067%、0.066%。该系数与OLS回归结果相比稍有增加，说明中国农产品出口二元边际有助于促进中国农产品出口升级。从其他影响因素看，各因素的回归系数符号及显著性均同OLS回归结果保持一致，说明中国农产品出口二元边际对农产品出口升级的影响比较稳定。值得注意的是，在OLS回归结果中，贸易伙伴国与出口国人均GDP之比对中国农产品出口升级的影响不显著，而随机效应回归结果显示贸易伙伴国与出口国人均GDP之比对农产品出口升级具有正向影响。由于人均GDP不仅反映了一国的供给能力，也反映了一国的需求能力，因此运用不用的方法进行回归，其对农产品出口升级的影响结果并不一致。

由于农产品出口升级具有持续性，即某种产品能够实现升级并不是一触即发的，而是经过时间的积累，因此运用动态面板数据进行的回归结果才最符合真实情况。从表8-2中第4列结果可知，中国农产品出口二元边际对中国农产品出口升级具有显著的正向影响，扩展边际对其回归系数为0.127，集约边际对其回归系数为0.186。其他影响因素的回归结果与前两列回归结果稍有不同，双边汇率、研发支出对中国农产品出口升级仍然具有正向影响，外商直接投资对中国农产品出口升级仍然具有负向影响，其余变量则变为影响不显著。汇率代表了货币价值，贸易伙伴国与中国的汇率之比越大，说明人民币价值越高，从而越有利于中国从其他国家进口廉价的原材料或从他国学习先进技术，以便进行对低级的农产品进行再加工，最终实现农产品的出口升级。

通过内生性处理的模型结果可以看出，滞后一期的中国农产品出口扩展边际每增加1%，中国农产品出口升级速度将提升0.026%；出口集约边际每增加1%，中国农产品出口升级速度将提升0.047%。尽管该系数与前3列回归结果相比稍有降低，但二者均在1%的水平上显著，说明中国农产品出口二元边际有助于促进中国农产品出口升级。由此可见，无论用何种回归方法，中国农产品出口二元边际对中国农产品出口升级均有促进作用。从其他影响因素看，双边汇率对中国农产品出口质量升级的影响不显著，研发支出是一国政府专门出资鼓励企业进行技术研发的资金，目的就是为了增加产品的技术含量，实现产品的质量升级，因此其对农产品出口升级的促进作用是显而易见的。至于外商投资对中国农产品出口升级呈现负向影响的结果，说明外商投资大部分用于制造业生产，或者外商投资并未落到实处。

以上分别运用不用的方法检验中国农产品出口升级的影响因素，结果均显示中国农产品出口二元边际对中国农产品出口升级具有显著的促进作用。此外，双边汇率、研发支出对中国农产品出口升级的影响为正，外商直接投资对中国农产品出口升级的影响为负。

8.4 发达国家农产品出口升级经验借鉴

8.4.1 美国农产品出口升级经验借鉴

美国是世界农产品出口大国，地形以平原为主，属于温带和亚热带的湿润气候，为农业生产提供了良好的先天条件。美国的大豆、玉米、棉花、小麦出口量常年居于世界前列，但美国的农业发展及农产品出口并非一蹴而就，而是优越的先天条件加上后天的努力换来的。美国经济独立之后开始加强同周边国家的经贸合作，此时美国出口的产品以初级产品为主。随着贸易保护主义的兴起，美国开始加强对出口产品的贸易保护。南北战争的爆发促使美国的出口结构发生了变化，在出口产品中初级产品出口比重开始不断下降，与此同时，工业制成品出口比重开始不断增加。20世纪初，美国政府将木材、羊毛、原棉、鞋等产品列为免税品，导致原棉在美国大宗产品中出口量跃至第一位。此后，美国出口产品结构一直处于调整中。目前，美国是世界上最大的农产品出口国，小麦、玉米、棉花、大豆出口量均居于世界第一位。美国出口的产品之所以在国际市场上畅销，与以下原因紧密相连：①政府给予农户较高的补贴；②与其他国家出口的农产品相比，美国出口的农产品价格较低；③出口企业在产品出口之前精心策划产品的分销渠道；④企业花费大量资金对出口产品进行广告和促销；⑤企业对出口产品提供保质保量的售后服务；⑥政府在产品出口之前拨付大量资金用于出口产品的研究与开发；

⑦政府要求对所有出口产品均具有严格的生产标准。

8.4.2 法国农产品出口升级经验借鉴

法国具有自然农业生产条件以及先进的农业机械化水平,每年向世界其他国家出口大量农产品,是欧洲最大的农产品出口国,也是世界农产品的主要出口国。殊不知法国在农业发展及农产品出口升级方面也经历了困难时期。20 世纪 80 年代,由于政府忽略了对化肥农药的监管,许多农户在种植农作物的过程中大量使用化肥和农药,导致土壤板结、肥力下降、生态环境退化,农产品国际竞争力也一路下滑。这种只重视农产品产量却忽略农产品质量和环境的生产模式引发了政府、农民、科技工作者的反思,于是法国政府决定恢复法国农业生产及农产品出口质量,以便促使农业可持续发展。此后,法国政府颁布了《法国 2020 环保农业生产国家计划》,全面禁止化肥农药的使用,倡导绿色种植,注重保护生态环境,同时推行优惠政策,帮助农户规避生产风险,还大力兴建农业基础设施、开展农业科研与农业教育推广等农业公共服务活动,充分调动农民生产的积极性,实现农业可持续发展。通过"理性农业"的实施,法国农民种粮的积极性提高了很多,生态环境也得到了恢复,农产品质量明显得到提高,农产品出口量稳居欧洲国家第一。

8.4.3 加拿大农产品出口升级经验借鉴

加拿大处于北美洲,土地肥沃平坦,适合农作物种植,其生产的小麦、大麦、油籽、蔬菜、奶制品及肉类等农产品出口量居于世界前列。早期的加拿大农业生产具有自给自足性,由于当地土壤条件好,农户种植的小麦很快便成为供应外销的农产品。20 世纪 50 年代,加拿大成为小麦净出口国,由于注意到农产品多样性对居民生活的必要性,当地政府开始鼓励农户种植玉米、大豆、水果、蔬菜,同时大力发展畜牧业。第二次世界大战以后,加拿大政府开始重视农业生产的专业化,加速成立合作社,同时投入资金加强农业生产设备并提高农业生产技术,直到今天,加拿大成为世界第七大粮食生产国。关于加拿大农业发展及农产品出口升级的经验,包括以下几个方面:①政府对农业发展实施积极干预,通过制定法律、法规来保护农业,在农业发展中发挥了至关重要的作用;②在农业生产过程中执行严格的生产管理制度;③重视农业科学研究,支付大量的科研经费用于农业科研;④为农业生产提供先进的生产设备和管理技术。

综上,发达国家农产品出口升级的经验均表明,农产品出口升级离不开完善的法律法规、政府的大力支持、高效的研究与开发、先进的生产技术,以及统一的生产管理制度。

8.5 本章小结

本章基于前面对中国农产品出口边际的测算及分解，测算中国农产品出口升级状况，并研究中国农产品出口升级的影响因素。首先从贸易结构角度对中国农产品出口结构进行分析，包括中国农产品出口总体结构及中国对各国农产品出口结构；其次介绍目前关于产品出口升级的测算方法，并结合各种方法的优劣，从中选取合适的方法测算中国农产品出口升级状况；然后构建模型，研究中国农产品出口升级的影响因素，并对回归结果进行分析；之后分析发达国家农产品出口升级的经验并进行总结；最后是本章小结。

中国农产品出口总体结构变化情况显示，1992—2017年中国农产品出口中初级（加工）农产品比重不断下降（上升）。中国对各国农产品出口结构变化情况显示，1992—2017年中国对日本、美国、韩国出口的初级农产品出口比重不断下降，加工农产品出口比重不断上升，且中国对主要贸易伙伴国出口的初级农产品与加工农产品占农产品出口比重的升降幅度，均大于中国农产品总体结构变化幅度。

目前关于出口产品升级的测度主要是从出口产品结构角度或者通过量化指标进行测度的，主要包括结构优化法、临近距离法、出口技术复杂度法、产品质量法。中国农产品出口升级影响因素的回归结果显示，无论是OLS回归、随机效应回归、还是系统GMM回归，中国农产品出口二元边际对中国农产品出口升级均有促进作用。从中国农产品出口升级的滞后期回归系数看，中国农产品出口升级具有依赖性。从其他影响因素看，双边汇率、研发支出对中国农产品出口升级的影响为正，外商直接投资对中国农产品出口升级的影响为负，其余变量则为影响不显著。

9 结论与展望

企业异质性理论模型指出，企业生产率具有差异性。企业异质性理论还揭示，贸易成本的变化会对企业的出口行为产生影响，使得整个贸易和社会福利发生变化。以往研究中经常使用的引力模型在引入企业异质性后会发生改变。改革开放以来，我国农产品贸易发展迅速，但与世界相比，我国农业生产的自然条件有限，表现为人多地少、内陆水资源占世界比重也较小，此种条件下，中国农业发展本身就面临巨大挑战。随着经济全球化的不断加深，中国要实现世界强国的目标，就必须重视农产品，首先要实现主粮的自给自足，其次实现农产品"走出去"。基于此，本书将研究对象缩至农产品，分别从企业维度和市场维度探讨固定贸易成本、可变贸易成本对贸易边际的影响机理，并运用1992—2017年中国与30多个贸易伙伴国HS1992-6位农产品数据，检验中国与贸易伙伴国贸易成本对中国农产品出口贸易边际的影响，以及中国农产品出口升级的影响因素，为中国农产品出口升级提供参考。

9.1 主要研究结论

（1）1992—2017年亚洲是中国农产品出口第一大洲际市场。在亚洲国家中，日本始终是中国农产品第一大出口目的国。从细分产品种类看，中国各细分农产品出口存在波动。从中国对外贸易及农产品贸易发展进程看，二元边际均呈现上升趋势。具体来看，中国出口贸易额变化速度大于进口贸易额的变化速度；而中国农产品进口贸易的增长速度大于出口贸易的增长速度。

从农产品出口洲际市场看，中国农产品出口洲际市场比重排名依次为亚洲、欧洲、北美洲、非洲、南美洲、大洋洲，研究期间，亚洲国家始终是中国农产品的主要出口市场，中国对其出口的农产品比重始终维持在60%以上。中国对各洲际农产品出口的变化趋势说明中国农产品出口洲际市场的集中度不断下降，正在朝着多元化发展。从农产品出口国别（地区）情况看，中国农产品出口前十大贸易市场基本不变，主要集中在日本、美国、韩国、中国香港、德国、俄罗斯、加拿大、东盟等。日本一直是中国农产品第一大出口市场，但中国对日本出口的农产品比重呈现下降趋势。从细分种类情况看，中国各类细分农产品出口额均有明显增加，其中HS1~5章出口比重有所降低，植物产品（HS6~14）出口比重先下降后上升，食品、饮料、酒及醋、烟草等（HS16~24）出口比重不断上升。

（2）1992—2017年中国与贸易伙伴双边农产品贸易成本、可变贸易成本不断下降；固定贸易成本处于波动变化。分区域看，中国与各大洲、各贸易伙伴的农产品贸易成本均呈现下降趋势。分种类看，HS16~24章双边贸易成本最小，HS15章双边贸易成本最大。

从计算结果看，1992—2017年中国与贸易伙伴农产品贸易成本在小幅波动中逐渐下降。分类别看，中国与贸易伙伴动、植物油、脂、蜡、精致食用油脂双边贸易成本最大，食品、饮料、酒及醋、烟草及制品的双边贸易成本最小。

从固定贸易成本结果看，1992—2017年中国与农产品出口排名前十的贸易伙伴国双边农产品固定贸易成本变化趋势存在差异，其中，中国与日本、韩国、德国、新加坡的农产品固定贸易成本下降，与越南、菲律宾、泰国、南非的农产品固定贸易成本上升，与美国、俄罗斯的农产品固定贸易成本不变。

（3）原有产品的持续出口对中国农产品出口增长的贡献约为94%，新产品对中国农产品出口增长的贡献小于5%，可见中国农产品出口增长主要依赖集约边际。

原有产品的持续出口对中国农产品出口增长的贡献均在94%以上。从横向分析看，原有产品的持续出口在中国农产品出口增长中所占比重最大。基于国家（地区）层面对中国农产品出口边际测度结果表明，中国大陆对日本、中国香港、美国出口的农产品中，原有产品的持续出口比重最大。

农产品出口边际分解表明，中国农产品出口扩展边际的增长率明显小于集约边际的增长率，1992—2017年中国农产品前五大出口市场的扩展边际均维持在0.5以上，集约边际均维持在0.5以下。从指标的变化情况看，中国对各国（地区）的出口集约边际均呈现增加态势，表明源于原有产品出口量增长的贡献在不断上升。以上变化说明，农产品出口集约边际是中国农产品出口增长的主要源泉。

（4）双边固定贸易成本对中国农产品出口扩展边际具有抑制作用；双边固定贸易成本、可变贸易成本对中国农产品出口集约边际均有负向影响。双边农产品固定贸易成本对扩展边际的阻碍作用大于可变贸易成本。

双边农产品固定贸易成本对中国农产品出口扩展边际的影响为负。具体来看，全样本静态面板回归结果表明，中国与贸易伙伴国农产品固定贸易成本每提高1%，中国农产品出口扩展边际将下降约1.1%；农产品可变贸易成本每提高1%，中国农产品出口扩展边际将下降约0.15%。动态面板回归结果表明，农产品固定贸易成本每提高1%，中国农产品出口扩展边际将下降0.59%；农产品可变贸易成本每提高1%，中国农产品出口扩展边际将下降0.14%。进一步对农产品进行分类，运用分类农产品静态面板及动态面板进行回归，回归结果均表明，中国与贸易伙伴国农产品固定贸易成本显著抑制了中国农产品出口扩展边际。

中国与贸易伙伴国农产品可变贸易成本显著抑制了中国农产品出口集约边际。具体来看，全样本静态面板回归结果表明，中国与贸易伙伴国农产品可变贸易成本每提高1%，农产品出口集约边际将下降约0.03%；动态面板回归结果表明，中国与贸易伙伴国农产品固定贸易成本每提高1%，中国农产品出口集约边际将下降约0.14%。进一步对农产品进行分类，运用分类农产品静态面板及动态面板进行回归，回归结果均表明，中国与贸易伙伴国农产品可变贸易成本显著抑制了中国农产品出口集约边际。

（5）目的国劳动工资、目的国偏远指数、外商直接投资、目的国人均GDP、双边贸易协定、地理临近、目的国经济发展水平对中国农产品出口扩展边际具有正向影响，双边汇率、目的国市场规模对中国农产品出口扩展边际具有负向影响；目的国劳动工资、目的国市场规模对中国农产品出口集约边际均有正向影响，目的国偏远指数、外商直接投资、目的国人均GDP、双边贸易协定、地理临近、目的国经济发展水平对中国农产品出口集约边际的影响为负。

目的国市场规模、可变贸易成本、双边汇率对中国农产品出口扩展边际具有负向影响；目的国劳动工资、目的国偏远指数、外商直接投资、目的国人均GDP、双边贸易协定、地理临近、目的国经济发展水平对中国农产品出口扩展边际的影响为正。从集约边际的影响因素看，目的国偏远指数、可变贸易成本、双边汇率、外商直接投资、目的国人均GDP对中国农产品出口集约边际均有负向影响；目的国市场规模、目的国劳动工资、双边贸易协定、地理临近、目的国经济发展水平对中国农产品出口集约边际均有正影响。

GLS回归结果表明，目的国市场规模对各类农产品出口扩展边际的影响均为负；但集约边际的影响却不确定。目的国劳动工资对各类农产品出口扩展边际、集约边际均有促进作用。目的国偏远指数对各类农产品出口扩展边际的影响为正，对出口集约边际的影响为负。双边汇率对各类农产品出口扩展边际、集约边际的影响为负。地理临近、目的国发展水平对分类农产品出口边际具有正影响。GMM 回归结果显示，滞后期的各细分农产品出口边际对当期具有影响，说明农产品出口边际具有依赖性。

（6）1992—2017 年中国农产品中初级（加工）农产品出口比重不断下降（上升）。中国农产品出口二元边际对农产品出口升级具有促进作用。

1992—2017 年中国农产品出口中初级（加工）农产品比重不断下降（上升）。同期间，中国对日本、美国、韩国出口的初级农产品出口比重不断下降，加工农产品出口比重不断上升。

中国农产品出口升级影响因素的回归结果显示，中国农产品出口二元边际有助于中国农产品出口升级。静态面板回归结果表明，中国农产品出口扩展边际每提高 1%，中国农产品出口升级将提升 0.63%；中国农产品出口集约边际每提高 1%，中国农产品出口升级将提升 0.61%。动态面板回归结果表明，中国农产品出口扩展边际每提高 1%，中国农产品出口升级将提升 0.13%；中国农产品出口集约边际每提高 1%，中国农产品出口升级将提升 0.19%。此外，中国农产品出口升级具有依赖性。从其他影响因素看，双边汇率、研发支出对中国农产品出口升级仍然具有正向影响，外商直接投资对中国农产品出口升级仍然具有负向影响，其余变量则变为不显著。

9.2 政策启示

9.2.1 积极采取措施，降低双边农产品贸易成本

9.2.1.1 加强基础设施互联互通，提高贸易服务能力

前面研究表明，双边贸易成本的降低对中国农产品出口边际具有促进作用，而影响双边贸易成本的因素不外乎双边距离、地理临近性、双边基础设施以及海关服务等。众所周知，中国与贸易伙伴国的地理临近性和距离不可改变，那么中国与贸易伙伴国的双边农产品贸易成本就主要取决于双边基础设施以及海关服务。由于中国对贸易伙伴国的基础设施以及海关服务不可控，因此要降低中国与贸易伙伴国的双边农产品贸易成本，就必须从加强国内基础设施、提高海关服务入手。基础设施主要是运输进出口产品的道路，例如铁路、公路等，基础设施的提高能够缩短产品运输时间，提高产品运输效率，可见基础设施对降低双边贸易成本的重要性。世界贸易组织发布的《贸易便利化协定》指出，物流效率是贸易便利化的重要工作之一，国家主席习近平在对中亚国家进行访问时提出的"五通"中，首先提到要实现"道路相通"，由此可见实现基础设施互联互通对于中国农产品对外贸易发展的重要性。改

革开放以来,中国的铁路、公路里程数不断增加,港口数量及货运量也不断增加,但仍旧需要完善国内基础设施建设,以便更好地为农产品对外贸易发展服务。政府应一方面鼓励企业利用地理区位优势优先选择与周边国家进行农产品贸易,与此同时,加大人力和物力提高国内基础设施建设水平,缩小各地基础设施差距;另一方面积极鼓励企业参与全球物流体系建设,降低双边可变贸易成本。

9.2.1.2 完善相关制度建设,为农产品贸易提供制度保障

制度体现了一国的基本情况,是一国经济发展水平的内在体现。由于企业进出口涉及环节较多,而各环节均需要按照相关制度进行,因此制度建设的好坏关系企业进出口是否顺利。一国的制度建设对国内许多方面具有影响,既影响本国对外商投资的吸引程度,又影响该国与贸易伙伴国签署自由贸易协定的顺利程度。前面研究表明,外商投资以及双边自由贸易协定对中国农产品出口边际具有促进作用,那么中国应完善相关制度建设,促进中国农产品出口增长,可以从以下几个方面着手:①加强制度的标准化建设。标准的制度建设使得企业和政策执行者在出口各环节有法可依,现阶段中国与外贸有关的制度建设并未形成完整的标准,中国可以借鉴先进国家的经验,建立一个能够保证贸易顺利实施的政策、法律法规环境。②加强制度透明度建设,提高海关监管管理水平。贸易的进出口流程以及政策实施均需要海关的监管,严格的监管对所有出口企业一视同仁,有助于农产品出口贸易的顺利进行,而且减少了出口手续审核时间,提高了出口效率。③在制度建设中明确规定制度建设的费用标准以及需要提高的项目,如金融扶持力度,并贯彻各项措施的执行。通过以上方面完善中国贸易相关的制度建设,为中国农产品贸易提供最大保障,降低中国与贸易伙伴国的双边农产品贸易成本。

9.2.1.3 积极参与国际合作,与贸易伙伴国保持良好经贸合作关系

区域经济一体化使得各国在全球贸易中的分工不断分割,积极参与全球贸易是各国未来时期获取世界蛋糕的唯一途径,推进贸易便利化、降低贸易成本便成为各国参加全球分工的大势所趋。前面研究表明,双边自由贸易协定不仅有助于中国农产品出口边际的增加,而且有助于中国农产品出口升级,因此中国应积极参与国际合作,降低双边贸易成本,促进中国农产品出口边际,最终加速中国农产品出口升级。具体来说,首先,中国政府应借助"一带一路"倡议,积极加强与先进经济体之间的合作,与更多国家签署自由贸易协定;其次,充分发挥亚洲基础设施投资银行、丝路基金等在全球经济发展中的作用,通过合作形式帮助不发达国家,共同推进世界的贸易自由化。此外,中国应积极参与国际经贸组织,积极参加相关的研讨会及论坛,加强

与其他经济体的合作交流。最后，中国还要积极与贸易伙伴国签署自由贸易协定，降低双边农产品贸易壁垒，并拓展双边农产品贸易合作范围，降低农产品贸易成本。

9.2.2 调整农产品出口模式，提高农产品扩展边际的贡献

9.2.2.1 鼓励企业创新，提高企业生产率

前面研究表明，当前中国农产品出口增长主要依赖集约边际，企业生产率对中国农产品出口边际具有显著的促进作用。尽管企业生产率对中国农产品出口扩展边际和集约边际均有促进作用，但持续依赖集约边际增长的中国农产品贸易发展将不可持续，因此中国要鼓励企业创新，提高企业生产率，提高中国农产品出口扩展边际在农产品贸易增长中的作用。具体可以从如下方面着手：①首先，从政府角度看，政府应成立企业创新基金会，定期对企业创新成果进行评估，并对企业创新成果分等级，对不同等级的创新给予不同的奖励；其次，政府应建立一个企业互帮互助平台，使行业内的所有企业有一个分享交流的机会，这样行业内的先进企业、龙头企业也可以带动其他企业进行创新，共同提高生产率。②从企业角度看，龙头企业可以定期派人到其他企业对技术人员进行培训，并及时分享自身的创新成果，一来可以宣传自己的先进技术，提高自身在行业内的名声，二来可以实现自身价值；而行业内的落后企业也应主动与龙头企业保持良好关系，定期派人对龙头企业进行访问，学习龙头企业的先进技术，转换为自身技术，提高自身的生产率。

9.2.2.2 刺激国内需求，寻求农产品持续出口的比较优势新源泉

农产品是人类生存与生活的必需品，任何一个国家都要面对农产品的供给与需求问题。与世界各国相比，中国人口数量占世界人口数量的20%左右，土地播种面积占世界土地播种面积的7%左右，这种天然的资源分配比例不均导致中国的农产品生产与供给不平衡。在中国农业生产资源天然不足、需求过剩的条件下，中国农产品却由于与世界农产品存在价格差不得不进口，使得国内玉米等农产品产生存储过量问题。由二元边际理论可知，扩展边际是出口福利的重要来源，这一特征在比较优势部门中更加突出。改革开放以来，中国利用国内廉价的劳动力大量出口附加值较低的农产品，但随着劳动力成本的增加以及人民币不断升值，中国的人口红利也不复存在。当前，在中国农产品市场存在扭曲的背景下，中国只能依靠转换贸易政策导向，加强开发内部市场，并注重国际市场；同时注意削减国内贸易成本、利用政策刺激内需，促进农产品出口持续增长。

9.2.2.3 在维持原有贸易伙伴的同时，不断拓展新的贸易伙伴

出口扩展边际包括产品层面的出口扩张和市场层面的出口扩张，因此，

未来时期内中国不仅要加大对新产品的生产，丰富农产品出口集合；而且要在维持原有贸易伙伴的基础上不断拓展新的贸易伙伴。中国农产品出口洲际方向及国别（地区）方向分析表明，中国农产品出口主要维持在亚洲国家，结果导致中国现有的农产品出口市场集中度较高，一旦外部市场发生变化，中国农产品出口很容易受到限制。目前全球贸易生产及加工已形成价值链，而中国主要依靠廉价劳动力生产产品，导致产品技术含量低，长此以往，中国农产品会越来越被锁定在全球价值链的末端。目前，"一带一路"倡议如火如荼，且沿线国家大多为欧亚国家，中国可借助"一带一路"的东风，加强与沿线国家的农产品贸易合作，拓展新的贸易合作伙伴。中国与南美的巴西、智利、阿根廷具有水果贸易互补性优势，中国也需继续深化与南美国家的农产品贸易合作。此外，中国应积极参与全球区域贸易组织，加强与非洲、欧洲、大洋洲等国家的农产品贸易合作。

9.2.3 政府企业共同助力，实现农产品出口升级

9.2.3.1 统一生产标准，提高农产品质量

农产品出口质量提升是实现农产品出口升级的前提，要实现中国农产品贸易的可持续发展，当务之急是提高农产品质量。企业作为农产品生产的主体，也是承担提高农产品质量的主要责任人。从产品生产、加工、出口、售后流程看，企业首先要统一生产标准。提高产品标注化意识和自主品牌意识，标准化意识即产品的生产要按照统一的标准；自主品牌意识即企业要注重自主品牌的建立和培养，逐步提升产品的质量和档次。其次，对于产品生产所使用的原材料严格挑选，原材料是产品生产的根本，更是高质量产品的源头。目前部分企业为了低价出售产品，获取价格优势，在产品生产之前挑选劣质的原材料，达到以次充好的效果，对此现象需要完全杜绝。然后，在产品的生产和加工过程中要加强对员工培训，对产品生产及加工的每一道工序都要严格把关。最后，做好产品的售后工作，对于农产品而言，其售后工作就是对农产品使用过程中出现的质量、包装等问题给予合理的解释，并选择合理的方法促使进口商持续购买产品。

9.2.3.2 发挥政府作用，为农产品出口升级铺路

发达国家农产品出口升级的经验均表明，农产品出口升级离不开政府的引导与帮助。从传统经济学到现代经济学、从传统贸易理论到新新贸易理论，经济发展的核心始终离不开政府和市场，农业有别于制造业和服务业，因此更需要政府干预。要实现中国农产品出口升级，政府应当充分发挥以下作用，①完善农业相关的法律法规，为农业企业发展提供良好的生存环境。②政府

应发挥好农产品市场监管主体的作用，统一农产品生产标准。中国作为人口大国，农产品市场上存在大量的农业企业，数量众多就会导致部分企业生产劣质商品，以次充好，对此类企业政府应当加强监管，严惩故意生产劣质产品的企业。③完善对农户及农业企业的补贴，增强农户及农业企业生产农产品的积极性。④提供先进的农业生产设备，实现农业规模化生产，缩短农产品生产周期。⑤加大对农产品生产的研发支出，实现高效、科研院所及企业的产学研合作。⑥鼓励企业自主创新，加大奖惩力度，在促进企业生产积极性的同时，提高农产品出口质量。⑦注重生态环境保护，促进农业可持续发展。通过以上措施保证政府的引导作用，为中国农产品出口升级奠定基础。

9.2.3.3 加大研发投入，助力农产品出口升级

在全球贸易竞争日益激烈的条件下，技术创新是提高产品竞争力的核心，也是产品生产中最不容易被替代的要素之一。未来一个时期内，中国需要大力支持技术创新，鼓励企业进行自我创新，并提供相应的扶持，可以从以下方面着手：首先，制定完善的企业创新法律法规鼓励企业进行自主创新，企业发展的动向依赖于国内大环境及政府的支持，只有政府给予明确的鼓励创新方向，企业进行创新时才没有后顾之忧。政府需要为自主创新企业提供良好的政策环境及资金支持，对于创新能力突出的企业给予一定的奖励。其次，充分保障企业自主创业的地位，企业在自主创新过程中会遇到各种问题，如各种材料的审批、对项目流程的咨询等，政府应设立专门的监管机构，定时监督相关审批部门，保证自主创新企业在各个流程的顺利进行。最后，加速建立产学研相结合的创新体系。技术含量较高的新产品一般需要技术型人才，这些人才可能是企业所不具有的，而科研院所及高校每年都会培养出一大批高科技人才，因此新产品的研发就需要企业、科研院所与高校之间相互合作，共同实现。由于企业是生产产品的主体，因此在这一合作过程中需要企业作为主导，科研院所和高校提供相应的技术支持，在保证各自利益的前提下团结合作。

9.3 进一步研究的问题

本书基于企业异质性理论阐述了贸易成本对出口边际的影响机理，并运用中国与贸易伙伴HS1992-6位农产品数据进行实证检验，之后测度中国农产品出口升级并检验二元边际对中国农产品出口升级的影响。由于数据有限及个人能力等原因，未来研究中还可从以下几方面改进。

第一，尽管作者分别从企业层面和市场层面分别分析贸易成本对贸易边

际的影响机理，但由于缺乏企业层面的数据，本书只能从市场产品角度入手，分析中国农产品出口的二元边际并进行实证检验。运用企业层面数据可能会得出不一致的结论，这是以后进一步的研究方向。

第二，本书发现，中国农产品出口增长主要依赖于农产品出口集约边际，因此本书建议应通过扩大农产品出口种类，或者开拓新市场等来增加农产品出口扩展边际对于农产品出口增长的贡献。那么对于一个持续的出口贸易增长国来说，扩展边际和集约边际对出口的贡献比重应该维持在一个什么样的水平是最好的呢？这可能与国家的发展水平、贸易阶段有关，这也是未来研究的一个方向。

第三，目前已有很多关于出口升级的文献，但何为升级以及升级的衡量还未有公开的标准，本书选用农产品出口质量衡量农产品出口升级，只可作为出口升级的一个方面，对于农产品出口升级的衡量有待进一步研究，这也是未来研究的方向之一。

参考文献

[1] 安虎森,邹璇.最优城市规模选择与农产品贸易成本[J].财经研究,2008,34(7):74-86+97.

[2] 鲍晓华,朱达明.技术性贸易壁垒与出口的边际效应:基于产业贸易流量的检验[J].经济学(季刊),2014,21(4):1393-1414.

[3] 曹亮,陆蒙华.贸易成本、多产品出口企业与出口增长的二元边际[J].宏观经济研究,2017,10(1):42-53.

[4] 陈耀,冯超.贸易成本、本地关联与产业集群迁移[J].中国工业经济,2008,2(3):76-83.

[5] 陈勇兵,陈宇媚,周世民.贸易成本、企业出口动态与出口增长的二元边际:基于中国出口企业微观数据(2000—2005)[J].经济学(季刊),2012,6(4):1477-1502.

[6] 陈勇兵,陈宇媚.贸易增长的二元边际:一个文献综述[J].国际贸易问题,2011,2(9):160-168.

[7] 陈勇兵,盛月,周世民.生产补贴会促进企业出口吗:来自中国制造业企业的证据[J].21世纪数量经济学,2013,13(1):454-473.

[8] 陈阵,隋岩.贸易成本如何影响中国出口增长的二元边际:多产品企业视角的实证分析[J].世界经济研究,2013,21(10):43-48+88.

[9] 范兆斌,张柳青.中国普惠金融发展对贸易边际及结构的影响[J].数量经济技术经济研究,2017,34(9):57-74.

[10] 方虹,彭博,冯哲,等.国际贸易中双边贸易成本的测度研究:基于改进的引力模型[J].财贸经济,2010,3(5):71-76.

[11] 冯晓玲,马彪.中国对外贸易成本对出口增长二元边际的影响研究[J].国际经贸探索,2018,34(2):18-35.

[12] 付争.贸易成本、实际汇率波动与贸易伙伴国的选择[J].国际贸易问题,2015,5(6):155-165.

[13] 高晓娜,兰宜生.产能过剩对出口产品质量的影响:来自微观企业数据的证据[J].国际贸易问题,2016,4(10):50-61.

[14] 高宇. 贸易成本与纯出口企业的异质性 [J]. 国际贸易问题, 2014, 4 (2): 46-55.

[15] 耿献辉, 张晓恒, 周应恒. 中国农产品出口二元边际结构及其影响因素 [J]. 中国农村经济, 2014, 8 (4): 36-50.

[16] 龚静, 尹忠明. 服务贸易成本测算, 来自全球 40 个经济体及 19 个服务部门的经验研究: 基于 WIOD 数据库的 Novy (2013) 成本测算方法分析 [J]. 对外经济贸易大学学报, 2017, 8 (3): 49-60.

[17] 侯丽芳, 布娲鹣·阿布拉. 中国与中亚五国农产品贸易成本测度及其影响因素分析 [J]. 广东农业科学, 2015, 4 (7): 161-167.

[18] 胡朝霞, 潘夏梦. 贸易成本、比较优势与出口结构: 基于 30 个国家行业面板数据的经验研究 [J]. 数量经济技术经济研究, 2017, 34 (11): 148-161.

[19] 胡宗彪. 企业异质性、贸易成本与服务业生产率 [J]. 数量经济技术经济研究, 2014, 8 (7): 68-84.

[20] 黄梅波, 朱丹丹. "促贸援助" 的贸易成本削减效应研究: 基于 63 个受援国面板数据的实证研究 [J]. 厦门大学学报: 哲学社会科学版, 2014, 7 (1): 138-148.

[21] 黄顺武, 陈杰. 贸易成本与中国加工贸易模式: 理论框架及实证分析 [J]. 贵州财经学院学报, 2011, 7 (6): 43-48.

[22] 黄先海, 胡馨月, 陈航宇. 知识产权保护、创新模式选择与我国贸易扩展边际 [J]. 国际贸易问题, 2016, 7 (9): 110-120.

[23] 贾伟, 宫同瑶, 秦富. 贸易成本对中国各地区农产品贸易增长的影响: 基于可计算一般均衡模型的分析 [J]. 中国农村经济, 2017, 7 (4): 59-74.

[24] 贾伟, 秦富. 中国谷物贸易成本测度及其对贸易增长的影响 [J]. 国际贸易问题, 2013, 7 (4): 62-72.

[25] 景光正, 李平. OFDI 是否提升了中国的出口产品质量 [J]. 国际贸易问题, 2016, 4 (8): 131-142.

[26] 蓝天, 吕文琦. 中国文化创意产品出口增长的二元边际及其影响因素研究 [J]. 国际贸易问题, 2018, 8 (12): 67-81.

[27] 李坤望, 宋立刚. 中国的贸易扩张及其对亚太地区贸易增长的贡献 [J]. 经济学 (季刊), 2006, 8 (1): 591-608.

[28] 李坤望, 王有鑫. FDI 促进了中国出口产品质量升级吗: 基于动态面板系统 GMM 方法的研究 [J]. 世界经济研究, 2013, 45 (5): 60-66+89.

[29] 李敏杰,王健. 东道国贸易保护促进了中国的对外直接投资吗:基于贸易成本的视角 [J]. 经济经纬, 2019, 9 (2): 1-17.

[30] 李永,梁力铭,金珂. 中国双边贸易成本变动与影响实证研究 [J]. 中国软科学, 2012, 56 (12): 41-48.

[31] 梁俊伟,魏浩,代中强. 非对称贸易成本如何影响出口边际 [J]. 国际贸易问题, 2018, 45 (1): 45-57.

[32] 梁俊伟. 中日韩3国多边贸易成本测度:基于投入产出表的方法 [J]. 对外经济贸易大学学报, 2015, 7 (3): 5-14.

[33] 梁琦,李晓萍,吕大国. 市场一体化、企业异质性与地区补贴:一个解释中国地区差距的新视角 [J]. 中国工业经济, 2012, 7 (2): 16-25.

[34] 梁雪,张广胜. 贸易自由化背景下农产品贸易成本初探 [J]. 沈阳农业大学学报,社会科学版, 2012, 45 (1): 17-21.

[35] 林毅夫,蔡昉,李周. 中国的奇迹:发展战略与经济改革 [J]. 青海党的生活, 2017, 8 (8): 61.

[36] 刘宏曼,王梦醒. 贸易便利化对农产品贸易成本的影响:基于中国与"一带一路"沿线国家的经验证据 [J]. 经济问题探索, 2018, 8 (7): 105-112.

[37] 刘洪铎,陈和. 双边贸易成本抑制了中国制造业企业的对外直接投资吗 [J]. 世界经济研究, 2016, 7 (8): 47-58+136.

[38] 刘建,许统生,涂远芬. 交通基础设施、地方保护与中国国内贸易成本 [J]. 当代财经, 2013, 13 (9): 87-99.

[39] 刘磊,张猛. 贸易成本、垂直专业化与制造业产业集聚:基于中美数据的实证分析 [J]. 世界经济研究, 2014, 4 (8): 58-64+89.

[40] 刘莉,王瑞,邓强. 金砖五国农矿产品出口增长方式比较分析:基于贸易边际的视角 [J]. 国际贸易问题, 2013, 9 (7): 45-54.

[41] 刘晴,程玲,谢众. 国际经贸新规则与中国企业贸易边际:基于企业异质性贸易模型的再思考 [J]. 区域与全球发展, 2017, 1 (1): 81-99+157-158.

[42] 刘晴,邵智. 交通基础设施的贸易成本效应:基于二元经济框架的理论分析与中国经验 [J]. 世界经济研究, 2018, 8 (2): 98-112+136.

[43] 刘祥霞,安同信,陈宁宁. 中国制造业出口增长的二元边际和行业结构特征:基于企业异质性贸易理论的实证分析 [J]. 经济问题探索, 2015, 12 (56): 135-142.

[44] 刘晓光,杨连星. 文化贸易存在进口引致出口吗:基于中国文化产

品出口二元边际分析 [J]. 经济理论与经济管理, 2018, 9 (3): 27-42.

[45] 马述忠, 屈艺. 市场整合与贸易成本: 基于中国粮食市场空间价格传导的新证据 [J]. 农业经济问题, 2017, 38 (5): 72-82+112.

[46] 毛其淋, 盛斌. 贸易自由化、企业异质性与出口动态: 来自中国微观企业数据的证据 [J]. 管理世界, 2013, 4 (5): 48-65+68+66-67.

[47] 潘文卿, 李跟强. 中国区域间贸易成本: 测度与分解 [J]. 数量经济技术经济研究, 2017, 34 (2): 55-71.

[48] 钱学锋, 范冬梅. 国际贸易与企业成本加成: 一个文献综述 [J]. 经济研究, 2015, (6) 2: 172-185.

[49] 钱学锋, 龚联梅. 贸易政策不确定性、区域贸易协定与中国制造业出口 [J]. 中国工业经济, 2017, 9 (10): 81-98.

[50] 钱学锋, 梁琦. 测度中国与G-7的双边贸易成本: 一个改进引力模型方法的应用 [J]. 数量经济技术经济研究, 2008, 2 (8): 53-62.

[51] 钱学锋, 熊平. 中国出口增长的二元边际及其因素决定 [J]. 经济研究, 2010, 1 (6): 65-79.

[52] 钱学锋. 企业异质性、贸易成本与中国出口增长的二元边际 [J]. 管理世界, 2008, 9 (8): 48-56+66+187.

[53] 曲如晓, 杨修, 刘杨. 文化差异、贸易成本与中国文化产品出口 [J]. 世界经济, 2015, 38 (9): 130-143.

[54] 尚涛, 殷正阳. 中国与"一带一路"地区的新产品边际贸易及贸易增长研究: 基于不同贸易部门性质的分析 [J]. 国际贸易问题, 2018, 5 (3): 67-84.

[55] 邵军, 冯伟. 企业异质性贸易理论研究进展综述 [J]. 国际贸易问题, 2013, (5) 3: 167-177.

[56] 施炳展. 我国与主要贸易伙伴的贸易成本测定: 基于改进的引力模型 [J]. 国际贸易问题, 2008, 11 (7): 24-30.

[57] 施炳展. 中国出口增长的三元边际 [J]. 经济学 (季刊), 2010, 4 (7): 1311-1330.

[58] 石伟文. 经济一体化与双边贸易成本: 基于异质性贸易制度安排的视角 [J]. 国际经贸探索, 2018, 34 (9): 48-63.

[59] 孙瑾, 刘文革, 周钰迪. 中国对外开放、产业结构与绿色经济增长: 基于省际面板数据的实证检验 [J]. 管理世界, 2014, 9 (6): 172-173.

[60] 孙瑾, 杨英俊. 中国与"一带一路"主要国家贸易成本的测度与影响因素研究 [J]. 国际贸易问题, 2016, (7) 5: 94-103.

[61] 孙志贤, 沈琪, 吕喜环. 国内市场进入成本与"消失的贸易"[J]. 管理世界, 2016, (7) 5: 168-169.

[62] 谭晶荣, 鲍旺虎, 王健, 等. 贸易边际、出口产品升级及其相关研究进展述评: 兼顾农产品贸易领域的研究[J]. 浙江工业大学学报, 社会科学版, 2012, 1 (1): 6-10+56.

[63] 谭晶荣, 童晓乐, 屠行程. 中国31个省市区农产品出口扩展边际及影响因素分析[J]. 国际贸易问题, 2016, 1 (1): 38-49.

[64] 田晖, 黄静. 中国文化产品出口流量及三元边际的影响因素[J]. 河南师范大学学报, 哲学社会科学版, 2018, 45 (2): 37-44.

[65] 万晓宁, 孙爱军. 中国和印度对美国出口农产品贸易成本的比较研究[J]. 世界农业, 2016, 10 (5): 143-149.

[66] 王洪涛. 中国创意产品出口贸易成本的测度与影响因素检验[J]. 国际贸易问题, 2014, 10 (8): 132-143.

[67] 王华, 赖明勇, 柴江艺. 国际技术转移、异质性与中国企业技术创新研究[J]. 管理世界, 2010, 12 (6): 131-142.

[68] 王珏. 多边贸易成本的联立测算方法[J]. 数量经济技术经济研究, 2018, 35 (9): 141-160.

[69] 王晰. 农产品反倾销的异质性: 理论与实践分析[J]. 上海经济研究, 2014, 6 (10): 48-56.

[70] 王孝松, 施炳展, 谢申祥, 等. 贸易壁垒如何影响了中国的出口边际: 以反倾销为例的经验研究[J]. 经济研究, 2014, 11 (2): 58-71.

[71] 王效云. 中拉贸易成本测度与分析[J]. 拉丁美洲研究, 2018, 40 (2): 38-58+155.

[72] 吴飞飞, 唐保庆, 张为付. 地区制度环境与企业出口二元边际: 兼论市场取向的供给侧结构性改革路径[J]. 国际贸易问题, 2018, 9 (11): 31-44.

[73] 吴红梅, 林方升, 程宝栋. 中国与巴基斯坦贸易成本的测算及影响因素的研究[J]. 南亚研究, 2018, 7 (3): 77-88+151.

[74] 吴立元, 刘研召. 贸易成本、要素流动与区域经济差异[J]. 中国经济问题, 2018, 7 (3): 12-22.

[75] 夏先良. 论国际贸易成本[J]. 财贸经济, 2011, 9 (7): 71-79.

[76] 熊立春, 程宝栋. 中国林产品贸易成本测算及其影响因素研究[J]. 国际贸易问题, 2017, 8 (11): 25-35.

[77] 许德友, 梁琦. 贸易成本与国内产业地理[J]. 经济学（季刊）,

2012, 8 (3): 1113-1136.

[78] 许明. 提高劳动报酬有利于企业出口产品质量提升吗 [J]. 经济评论, 2016, 8 (5): 96-98.

[79] 许统生, 陈瑾, 薛智韵. 中国制造业贸易成本的测度 [J]. 中国工业经济, 2011, 7 (1): 15-25.

[80] 许统生, 李志萌, 涂远芬, 等. 中国农产品贸易成本测度 [J]. 中国农村经济, 2012, 7 (3): 14-24.

[81] 许统生, 徐睿. 基于增加值贸易的中国贸易成本: 测算、效应与决定因素 [J]. 经济经纬, 2018, 35 (4): 72-78.

[82] 薛冰, 卫平. APEC 国家双边贸易成本测算: 基于纳入不可观测部分的测算方法 [J]. 世界经济研究, 2017, 8 (5): 28-37+50+135.

[83] 杨成玉, 陈虹. 中国 OFDI 对出口贸易转型升级的影响: 基于中国—中东欧 16 国的实证分析 [J]. 对外经济贸易大学学报, 2016, 9 (6): 83-96.

[84] 易靖韬, 乌云其其克. 中国贸易扩张的二元边际结构及其影响因素研究 [J]. 国际贸易问题, 2013, 20 (10): 53-64.

[85] 易靖韬. 企业异质性、市场进入成本、技术溢出效应与出口参与决定 [J]. 经济研究, 2009, 18 (9): 106-115.

[86] 殷磊磊, 朱晶, 李天祥. 我国与东盟农产品贸易成本研究: 基于异质性视角分析 [J]. 经济研究参考, 2018, 2 (2): 55-66.

[87] 尹志超, 甘犁. 信息不对称、企业异质性与信贷风险 [J]. 经济研究, 2011, 7 (9): 121-132.

[88] 张晓涛, 杜伯钊. 人民币升值、出口退税、贸易成本与出口增长 [J]. 经济问题, 2014, 9 (11): 102-105+117.

[89] 张毓卿, 周才云. 贸易成本对我国出口贸易方式结构影响效应的实证研究 [J]. 经济问题探索, 2016, 9 (9): 78-84.

[90] 赵伟, 赵金亮, 韩媛媛. 异质性、沉没成本与中国企业出口决定: 来自中国微观企业的经验证据 [J]. 世界经济, 2011, 8 (4): 62-79.

[91] 钟腾龙, 祝树金, 段凡. 中国出口二元边际的多维测算: 2000—2013 [J]. 经济学动态, 2018, 8 (5): 86-101.

[92] 周丹, 陆万军. 中国与金砖国家间农产品贸易成本弹性测度与分析 [J]. 数量经济技术经济研究, 2015, 8 (1): 20-35.

[93] 周丹. 中国与巴西贸易成本弹性测度与分析: 基于超对数引力模型 [J]. 拉丁美洲研究, 2015, 37 (3): 61-66.

[94] 周康．政府补贴、贸易边际与出口企业的核心能力：基于倾向值匹配估计的经验研究 [J]．国际贸易问题，2015，9（10）：48-58．

[95] 周明海，肖文，姚先国．企业异质性、所有制结构与劳动收入份额 [J]．管理世界，2010，4（10）：24-33．

[96] 朱丹丹，黄梅波．中国对外援助的贸易成本削减效应研究 [J]．世界经济研究，2015，9（7）：100-107+129．

[97] 朱希伟，金祥荣，罗德明．国内市场分割与中国的出口贸易扩张 [J]．经济研究，2005，4（12）：68-76．

[98] 宗毅君．中国制造业的出口增长边际与贸易条件：基于中国1996—2009年微观贸易数据的实证研究 [J]．产业经济研究，2012，5（1）：17-25．

[99] 陈磊．金融发展与制造业出口的二元边际研究 [D]．天津：南开大学，2012．

[100] 龚向明．经济规模、贸易成本与出口增长路径研究 [D]．上海：复旦大学，2012．

[101] 李世兰．中国出口扩张路径模式 [D]．杭州：浙江大学，2011．

[102] 屈艺．农产品贸易成本研究 [D]．杭州：浙江大学，2017．

[103] 童晓乐．中国农产品贸易持续性与潜力研究 [D]．杭州：浙江工业大学，2017．

[104] 王维薇．中间品进口、全要素生产率与出口的二元边际 [D]．天津：南开大学，2014．

[105] 姚娜．贸易成本与出口扩展边际：中国的实证检验 [D]．沈阳：辽宁大学，2013．

[106] 张凤．出口固定投入成本对扩展边际的影响研究 [D]．济南：山东大学，2014．

[107] 张琳．中国东盟自由贸易区框架下贸易增长的二元边际分析 [D]．天津：南开大学，2010．

[108] 张毓卿．贸易成本对贸易发展的影响 [D]．南昌：江西财经大学，2014．

[109] 周晔．基于贸易二元边际的中国出口增长转型研究 [D]．南昌：江西财经大学，2015．

[110] 罗纳德·哈里·科斯．论生产的制度结构 [M]．上海：上海三联书店，1994．

[111] 谭晶荣，刘莉，邓强．农产品贸易边际测度及出口农产品转型升级问题研究 [M]．北京：经济科学出版社，2014．

[112] AIGINGER K. The use of unit values to discriminate between price and quality competition [J]. Cambridge Journal of Economics, 1997.

[113] AMURGO PACHECO A, PIEROLA M D. Patterns of export diversification in developing countries: intensive and extensive margins [J]. Policy Research Working Paper, 2007.

[114] ANDERSON J E, WINCOOP E V. Gravity with gravitas: a solution to the border puzzle [J]. American Economic Review, 2003.

[115] ANDERSON J E, WINCOOP E V. Trade costs [J]. Journal of Economic literature, 2004.

[116] ANDERSON J E. A theoretical foundation for the gravity equation [J]. American Economic Review, 1979.

[117] ANDERSON K, MARTIN W, VAN DER MENSBRUGGHE D. Distortions to world trade: impacts on agricultural markets and farm incomes [J]. Applied Economic Perspectives and Policy, 2006.

[118] BAIER SL, BERGSTRAND JH. Bonus vetus OLS: a simple method for approximating international trade-cost effects using the gravity equation [J]. Journal of International Economics, 2009.

[119] BALDWIN RE, FORSLID R. Trade liberalization with heterogeneous firms [J]. Review of Development Economics, 2010.

[120] BERGGREN N, JORDAHL H. Does free trade really reduce growth? Further testing using the economic freedom index [J]. Public Choice, 2005.

[121] BERGIN PR, CORSETTI G. The extensive margin and monetary policy [J]. Journal of Monetary Economics, 2008.

[122] BERNARD A B, EATON J, JENSEN J B, et al. Plants and productivity in international trade [J]. American Economic Review, 2003.

[123] BERNARD A B, JENSEN JB. Why some firms export? [J]. Review of Economics and Statistics, 2004.

[124] BERNARD AB, JENSEN JB, REDDING SJ, et al. Firms in international trade [J]. The Journal of Economic Perspectives, 2007.

[125] BERNARD AB, JENSEN JB, REDDING SJ, et al. The margins of US trade [J]. The American Economic Review, 2009.

[126] BERNARD AB, JENSEN JB, SCHOTT PK. Trade costs, firms and productivity [J]. Journal of monetary Economics, 2006.

[127] BESEDE? T, PRUSA T J. Ins, outs, and the duration of trade [J].

Canadian Journal of Economics/Revue canadienned'économique, 2006.

[128] BESEDEŠT, PRUSA T J. The role of extensive and intensive margins and export growth [J]. Journal of Development Economics, 2007.

[129] CHANEY T. Distorted gravity: the intensive and extensive margins of international trade [J]. The American Economic Review, 2008.

[130] CHANEY T. Liquidity constrained exporters [J]. Journal of Economic Dynamics and Control, 2016.

[131] CHEN N, JUVENAL L. Quality, trade, and exchange rate pass-through [J]. Journal of International Economics, 2016.

[132] CHEN N, NOVY D. Gravity, trade integration, and heterogeneity across industries [J]. Journal of International Economics, 2011.

[133] CIPOLLINA M, SALVATICI L. EU and developing countries: an analysis of preferential margins on agricultural trade flows [J]. Trade Ag Project WP, 2007.

[134] DEBAERE P, MOSTASHARI S. Do tariffs matter for the extensive margin of international trade? An empirical analysis [J]. Journal of International Economics, 2010 Jul 31; 81 (2): 163-9.

[135] DEN BUTTER F A G, MOSCH R H J. Trade, trust and transaction costs [J]. Social Science Electronic Publishing, 2003.

[136] DIXIT A K, STIGLITZ J E. Monopolistic competition and optimum product Diversity [J]. American Economic Review, 1977.

[137] DJANKOV S, FREUND C, PHAM CS. Trading on time [J]. The Review of Economics and Statistics, 2010.

[138] DORNBUSH R, FISCHER S, SAMUELSON P A. Comparative advantage, trade, and payments in a Ricardian model with a continuum of goods [J]. The American Economic Review, 1977.

[139] EATON J, KORTUM S, KRAMARZ F. Dissecting trade: firms, industries, and export destinations [J]. American Economic Review, 2004.

[140] FEENSTRA R C, KEE H L. Export variety and country productivity [J]. Policy Research Working Paper, 2004.

[141] FEENSTRA R C. New product varieties and the measurement of international prices [J]. The American Economic Review, 1994.

[142] FELBERMAYR GJ, KOHLER W. Exploring the intensive and extensive margins of world trade [J]. Review of World Economics, 2006.

[143] FINK C, MATTOO A, NEAGU IC. Assessing the impact of communication costs on international trade [J]. Journal of International Economics, 2005.

[144] FLAM H, HELPMAN E. Vertical product differentiation and North-South trade [J]. The American Economic Review, 1987.

[145] GEHLHAR M J, HERTEL T W, MARTIN W. Economic growth and the changing structure of trade and production in the pacific rim [J]. American Journal of Agricultural Economics, 1994.

[146] GHIRONI F, MELITZ MJ. International trade and macroeconomic dynamics with heterogeneous firms [J]. National Bureau of Economic Research, 2004.

[147] GOLDBERG P K, VERBOVEN F. The evolution of price dispersion in the European car market [J]. The Review of Economic Studies, 2001.

[148] GREEN W. Fixed effects and bias due to the incidental parameters problem in the tobit model [J]. Econometric Reviews, 2004.

[149] HALLAK J C, SCHOTT P K. Estimating cross-country differences in product quality [J]. The Quarterly Journal of Economics, 2011.

[150] HAUSMANN R, HWANG J, RODRIK D. What you export matters [J]. Journal of Economic Growth, 2007.

[151] HAUSMANN R, RODRIK D. Economic development as self-discovery [J]. Journal of Development Economics, 2003.

[152] HAUSMANN, RICARDO, CESAR HIDALGO. Country diversification, product ubiquity, and economic divergence [J]. Social Science Electronic Publishing, 2010.

[153] HEAD K, MAYER T. Gravity, market potential and economic development [J]. Journal of Economic Geography, 2010.

[154] HEAD K, RIES J. Heterogeneity and the FDI versus export decision of Japanese manufacturers [J]. Journal of the Japanese and International Economies, 2003.

[155] HELPMAN E, MELITZ M, RUBINSTEIN Y. Estimating trade flows: trading partners and trading volumes [J]. Quarterly Journal of Economics, 2008.

[156] HELPMAN E, MELITZ MJ, YEAPLE SR. Export versus FDI [J]. National Bureau of Economic Research, 2003.

[157] HELPMAN E. A simple theory of international trade with multinational corporations [J]. Journal of Political Economy, 1984.

[158] HIDALGO C A, HAUSMANN R. The building blocks of economic complexity [J]. Proc Natl Acad Sci U S A, 2009.

[159] HIDALGO C A, KLINGER B, BARABáSI A L, et al. The product space conditions the development of nations [J]. Science, 2007.

[160] HUMMELS D L, ISHII J, YI KM. The nature and growth of vertical specialization in world trade [J]. Journal of international Economics, 2001.

[161] HUMMELS D L, KLENOW PJ. The variety and quality of a nation's exports [J]. The American Economic Review, 2005.

[162] HUMMELS D L, SCHAUR G. Time as a trade barrier [J]. American Economic Review, 2013.

[163] HUMMELS D L. Toward a geography of trade costs [J]. Available at SSRN, 1999.

[164] HUMMELS D L. Transportation costs and international trade over time [J]. Journal of Economic Perspectives, Forthcoming, 2008.

[165] HUMMELS, DAVID L, SCHAUR, et al. Time as a trade barrier [J]. Social Science Electronic Publishing, 2001.

[166] HUMPHREY J, SCHMITZ H. How does insertion in global value chains affect upgrading in industrial clusters? [J]. Regional Studies, 2002.

[167] JACKS DS, MEISSNER CM, NOVY D. Trade costs, 1870—2000 [J]. The American Economic Review, 2008.

[168] KANCS DA. Trade growth in a heterogeneous firm model: evidence from South Eastern Europe [J]. The World Economy, 2007.

[169] KEHOE T J, RUHL K J. How important is the new goods margin in international trade? [J]. Journal of Political Economy, 2013.

[170] KHANDELWAL A. The long and short (of) quality ladders [J]. The Review of Economic Studies, 2010.

[171] KIM GH, AN SH, KANG KI. Comparison of construction cost estimating models based on regression analysis, neural networks, and case–based reasoning [J]. Building and Environment, 2004.

[172] KNELLER R, PISU M. Industrial linkages and export spillovers from FDI [J]. World Economy, 2007.

[173] KRUGMAN P. Urban concentration: the role of increasing returns and transport costs [J]. International Regional Science Review, 1996.

[174] KRUGMAN. Increasing returns, monopolistic competition, and international trade [J]. Journal of International Economics, 1979.

[175] LAWLESS M. Deconstructing gravity: trade costs and extensive and in-

tensive margins [J]. Canadian Journal of Economics/Revue canadienne d'économique, 2010.

[176] LAWLESS M. Firm export dynamics and the geography of trade [J]. Journal of International Economics, 2009.

[177] MEDIN H. Firms'export decisions: fixed trade costs and the size of the export market [J]. Journal of International Economics, 2003.

[178] MELITZ MJ, REDDING SJ. New trade models, new welfare implications [J]. The American Economic Review, 2015.

[179] MELITZ MJ. The impact of trade on intra-industry reallocations and aggregate industry productivity [J]. Econometric, 2003.

[180] MIROUDOT S, SAUVAGE J, SHEPHERD B. Measuring the cost of international trade in services [J]. World Trade Review, 2013.

[181] NOVY D. Gravity redux: measuring international trade costs with panel data [J]. Economic Inquiry, 2012.

[182] NOVY D. Is the iceberg melting less quickly? international trade costs after World War II [J]. Social Science Electronic Publishing, 2006.

[183] NOVY MARX R. An equilibrium model of investment under uncertainty [J]. Review of Financial Studies, 2007.

[184] PERSSON M. Trade facilitation and the extensive margin [J]. The Journal of International Trade & Economic Development, 2013.

[185] PIEROLA. Patterns of export diversification in developing countries: intensive and extensive margins [J]. Policy Research Working Paper, 2007.

[186] RABALLAND G, KUNTH A, AUTY R. Central Asia's transport cost burden and its impact on trade [J]. Economic Systems, 2005.

[187] RADUKIC S, MARKOVIC M. Limitation of trade margins as a measure of food price controls: experience of Serbia [J]. Ekonomika Poljoprivrede, 2015.

[188] ROSE A K. One money, one market: the effect of common currencies on trade [J]. Economic policy, 2000.

[189] SAMUELSON PA. The pure theory of public expenditure [J]. The Review of Economics and Statistics, 1954.

[190] WEN S, ZHENG J, LIU X. An analysis on China's agricultural bilateral trade costs? 1995—2007 [J]. China Agricultural Economic Review, 2013.

[191] YEAPLE SR. A simple model of firm heterogeneity, international trade, and wages [J]. Journal of International Economics, 2005.

[192] ARKOLAKIS, MUENDLER. The extensive margin of exporting goods: a firm-level analysis [D]. San Diego: University of California, 2009.

[193] HAUSMANN, KLINGER. Structural transformation and patterns of comparative advantage in the product space [D]. Cambridge: Harvard University, 2006.

[194] HUMMELS. Have international transportation costs declined? [D]. Chicago: University of Chicago. 1999.

[195] KANG. The path of export variety (extensive margin): theory and evidence [D]. San Diego: University of California, 2004.

致　谢

在此书付梓之际，谨以此文对所有关心、帮助、支持我的老师、同学、朋友表示最诚挚的感谢。

本书是在本人博士论文基础上完成的一部著作，首先感谢我的恩师武拉平老师，本书从最开始的选题到最终成为一部可以面世的著作，每个环节都离不开导师的智慧和心血。武老师谦逊的为人态度、渊博的知识体系、严谨的治学态度以及宽以待人的高尚品格时刻影响着我，让我受益匪浅。在学习上，武老师指导我要用国际视角和宏观思维来思考和把握问题。在科研上，武老师要求我勤读文献，并经常将国内外优秀文献推送给我；此外，老师鼓励我勤动手，练习写作能力，并鼓励我多参加学术会议，这不仅提高了我的科研和交流能力，还拓宽了我的视野。在生活上，武老师淡泊名利、宁静致远的态度，教会我待人接物与为人处事的原则和方法。至此本书完成之际，首先向我的恩师武拉平教授致以最崇高的敬意，感谢您对我科研、学习、生活给予的指导和帮助，学生将铭记于心！

感谢在我博士在读期间任课的方向明教授、郑志浩教授、田志宏教授、白军飞教授、陈祁晖教授、林海教授、刘宏曼副教授、赵启然副教授、朱晨副教授等给予我经济学理论和学习方法的指导，这些理论和方法使我博士论文的开展更加顺利。

感谢在我博士论文开题、中期检查、预答辩等环节给予我指导的各位老师。感谢论文的评审专家和参加最终答辩的各位专家，谢谢各位老师给予的宝贵建议。

感谢平时一起学习的同门师兄弟姐妹们，很荣幸能加入"精武门"这个温暖的大家庭。武老师严谨的治学态度、淡泊名利的生活态度、宽以待人的处事方式使得"精武门"不仅有良好的学术氛围，而且有互帮互助的生活习惯。

最后，感谢我的家人，是家人不断的支持和理解给予我莫大的勇气和动力，使我顺利完成学业。感谢郭磊的陪伴与支持，你从来不会给我压力，在我遇到困难时总是鼓励我。感谢我的妹妹，在学习上我们相互鼓励，在生活上遇到困难时我们相互扶持。家人是我坚强的后盾，也是我前进的动力，没有你们我无法顺利完成此书，希望我的家人平平安安，幸福快乐！

由于个人水平有限，书中难免存在疏漏及错误之处，恳请各位专家、老师和同学批评指正。

附 录

附表1　1995—2017年中国农产品进出口贸易额　（亿美元）

年份	贸易总额	出口额	进口额	贸易差额
1995	254.2	145.8	108.4	37.4
1996	250	144.1	105.9	38.2
1997	245.8	147.3	98.5	48.8
1998	228.6	141.5	87.1	54.4
1999	221.3	138.7	82.6	56.1
2000	257.9	152.6	105.3	47.3
2001	279	160.7	118.3	42.4
2002	304.7	180.2	124.5	55.7
2003	401.7	212.4	189.3	23.1
2004	511.2	230.9	280.3	-49.4
2005	558.3	271.8	286.5	-14.7
2006	630.2	310.3	319.9	-9.6
2007	775.9	366.2	409.7	-43.5
2008	985.5	402.2	583.3	-181.1
2009	913.8	392.1	521.7	-129.6
2010	1 207	488.8	719.2	-230.4
2011	1 540.3	601.3	939.1	-337.8
2012	1 739.5	625	1 114.4	-489.4
2013	1 850	671	1 179.1	-508.1
2014	1 928.2	713.4	1 214.8	-501.4
2015	1 861	701.8	1 159.2	-457.4
2016	1 832.3	726.1	1 106.1	-380
2017	1 023.9	755.3	1 258.6	-503

资料来源：商务部对外贸易司。

附表2 中国与西亚各国农产品双边贸易成本

年份	中阿（联酋）	中卡（塔尔）	中阿（拉伯）	中土（耳其）	中伊（拉克）	中伊（朗）	中约（旦）	中阿（塞拜疆）	中格（鲁吉亚）
1992	1.97	3.42	4.86	3.12	6.41	1.97	3.83	7.03	5.04
1993	1.98	2.22	3.68	3.37	8.75	1.84	4.06	5.55	4.73
1994	2.03	1.99	3.59	2.42	7.13	2.14	3.30	2.24	9.34
1995	2.05	3.85	4.30	2.83	7.61	3.18	3.82	3.54	8.56
1996	1.72	3.24	4.03	2.99	7.54	3.66	4.80	5.33	6.41
1997	1.57	4.00	4.25	2.54	3.37	2.46	4.66	4.14	6.52
1998	1.94	4.10	3.35	2.76	3.12	2.34	3.89	4.61	7.46
1999	2.10	3.82	2.98	2.41	2.50	2.30	3.32	9.21	6.30
2000	1.88	4.32	3.02	2.19	3.22	2.06	3.90	4.95	5.21
2001	2.02	3.90	3.24	2.06	3.52	2.46	3.12	4.51	5.88
2002	2.13	3.68	3.22	2.17	3.53	2.18	4.79	4.42	3.91
2003	1.65	3.89	3.38	1.95	3.97	1.56	4.33	3.42	3.17
2004	1.97	3.84	3.86	2.10	3.34	2.16	2.75	3.29	3.68
2005	1.95	3.66	3.33	2.13	2.92	1.63	3.91	2.74	2.75
2006	1.83	3.78	3.72	2.14	2.85	2.01	4.36	2.82	2.22
2007	1.21	3.73	3.18	1.98	2.62	1.89	3.07	2.98	2.49
2008	1.37	3.87	2.87	1.92	2.53	1.91	3.11	3.32	2.58
2009	1.29	3.79	2.78	2.03	2.78	2.03	4.78	4.01	2.43
2010	0.77	3.73	2.61	1.96	2.84	1.59	3.17	3.88	2.30
2011	1.74	2.30	2.64	1.87	2.58	1.84	3.42	2.78	2.08
2012	1.44	4.11	3.02	1.87	2.68	2.01	3.02	2.69	2.08
2013	1.31	6.75	3.03	1.86	2.90	2.12	4.94	2.37	2.01
2014	1.40	4.23	2.94	1.81	2.76	2.03	3.23	2.60	1.96
2015	1.52	3.82	2.61	1.78	2.66	1.89	3.25	3.50	1.94
2016	1.92	5.69	2.67	1.80	2.40	1.91	2.83	3.11	1.77
2017	1.77	4.48	2.12	1.60	2.57	1.98	2.53	2.79	1.58

注：表中结果由作者计算整理得出。

附表 3　中国与南亚各国农产品双边贸易成本

年份	中孟（加拉国）	中尼（泊尔）	中斯（里兰卡）	中印（度）	中巴（基斯坦）
1992	3.15	2.56	2.46	2.03	1.74
1993	2.46	2.60	1.96	1.96	2.07
1994	2.62	2.53	2.54	1.68	1.94
1995	2.79	3.15	3.51	1.78	1.90
1996	2.73	2.23	3.20	1.63	1.63
1997	2.70	1.98	2.98	1.61	2.05
1998	2.75	2.15	2.75	1.55	2.15
1999	2.57	1.95	2.48	1.60	1.98
2000	2.49	2.10	2.27	1.55	1.80
2001	2.85	2.33	2.25	1.63	2.02
2002	2.90	2.30	2.14	1.68	2.05
2003	2.41	2.23	1.97	1.65	1.98
2004	2.46	2.30	2.03	1.56	1.93
2005	2.21	2.19	2.01	1.52	1.66
2006	2.00	2.39	1.93	1.36	1.74
2007	1.81	2.69	1.83	1.35	1.75
2008	1.94	2.86	1.96	1.32	1.76
2009	1.80	2.80	2.01	1.42	1.66
2010	1.70	3.03	1.71	1.30	1.52
2011	1.75	2.56	1.70	1.27	1.58
2012	1.74	2.20	1.59	1.26	1.46
2013	1.68	2.02	1.58	1.31	1.56
2014	1.64	2.10	1.57	1.39	1.55
2015	1.68	2.63	1.48	1.54	1.52
2016	1.67	3.38	1.45	1.60	1.53
2017	1.72	2.20	1.48	1.55	1.63

注：表中结果由作者计算整理得出。

附表4　中国与东亚各国农产品双边贸易成本

年份	中蒙（古）	中俄（罗斯）	中韩（国）	中日（本）
1992	1.24	1.12	1.37	1.08
1993	0.95	1.09	1.26	1.02
1994	1.19	1.08	1.14	0.92
1995	1.30	1.11	1.16	0.93
1996	1.30	1.09	1.16	0.94
1997	1.24	1.12	1.09	0.93
1998	1.38	1.02	1.08	0.94
1999	1.46	1.11	1.10	0.89
2000	1.31	1.10	0.98	0.89
2001	1.40	1.05	1.00	0.87
2002	1.44	0.95	0.98	0.88
2003	1.44	0.94	0.93	0.86
2004	1.39	0.98	0.96	0.86
2005	1.36	0.93	0.91	0.82
2006	1.33	0.92	0.94	0.80
2007	1.48	0.92	0.90	0.82
2008	1.48	0.98	0.91	0.88
2009	1.39	0.98	0.93	0.88
2010	1.34	0.97	0.90	0.85
2011	1.33	0.97	0.86	0.93
2012	1.35	1.00	0.87	0.93
2013	1.33	1.00	0.86	0.91
2014	1.31	1.00	0.86	0.87
2015	1.24	0.97	0.86	0.86
2016	1.15	0.93	0.82	0.86
2017	1.02	1.06	0.82	0.88

注：表中结果由作者计算整理得出。

附表5　中国与中亚各国农产品双边贸易成本

年份	中哈（萨克斯坦）	中吉（尔吉斯斯坦）	中塔（吉克斯坦）	中土（库曼斯坦）	中乌（兹别克斯坦）
1992	1.88	2.07	2.94	3.57	2.51
1993	1.53	1.69	2.23	2.63	2.62
1994	1.29	1.39	2.75	1.94	1.46
1995	1.31	1.18	1.89	1.86	1.67
1996	1.40	1.55	2.09	2.43	1.58
1997	1.27	1.58	2.22	2.36	1.44
1998	1.36	1.74	2.30	2.29	1.83
1999	1.46	1.98	2.76	2.28	2.08
2000	1.50	1.93	2.47	2.25	2.09
2001	1.49	1.83	2.52	2.56	2.31
2002	1.63	2.09	2.60	2.94	1.82
2003	1.39	1.86	1.74	2.52	1.49
2004	1.49	1.75	2.23	2.30	1.36
2005	1.48	1.53	2.16	2.08	1.35
2006	1.45	1.31	2.06	2.42	1.33
2007	1.53	1.31	2.40	2.25	1.40
2008	1.57	1.32	2.23	2.05	1.39
2009	1.69	1.50	2.20	2.09	1.52
2010	1.57	1.41	2.12	2.02	1.34
2011	1.70	1.49	2.55	2.06	1.38
2012	1.46	1.52	2.10	2.15	1.33
2013	1.49	1.47	2.28	2.23	1.38
2014	1.34	1.45	2.29	2.20	1.51
2015	1.39	1.45	2.07	2.15	1.53
2016	1.30	1.55	2.56	2.00	1.67
2017	1.25	1.54	2.34	1.65	1.55

注：表中结果由作者计算整理得出。

附表6 中国与东盟各国农产品双边贸易成本

年份	中菲(律宾)	中柬(埔寨)	中老(挝)	中马(来西亚)	中缅(甸)	中泰(国)	中文(莱)	中印(度尼西亚)	中越(南)	中新(加坡)
1992	1.97	3.89	2.16	0.86	1.37	1.00	4.01	1.35	1.70	1.02
1993	1.60	4.56	2.57	0.84	1.30	0.97	4.04	1.36	1.24	1.02
1994	1.07	4.35	2.21	0.71	1.39	0.85	3.84	1.18	1.20	1.04
1995	1.15	2.54	1.79	0.79	1.44	0.87	4.02	1.24	1.08	1.09
1996	1.18	3.13	2.24	0.92	1.57	1.00	3.91	1.39	1.22	1.20
1997	1.34	2.84	2.32	0.78	1.82	0.94	3.88	1.24	1.42	1.23
1998	1.09	2.91	2.44	0.70	1.77	0.99	4.05	1.01	1.44	1.28
1999	1.34	2.66	2.67	0.67	1.95	0.86	3.93	1.06	1.46	1.26
2000	1.25	2.32	2.41	0.70	1.73	0.70	4.07	1.04	1.32	1.26
2001	1.27	2.29	2.49	0.70	1.55	0.38	3.93	1.13	1.15	1.26
2002	1.24	2.33	2.51	0.59	1.60	0.79	3.86	1.04	1.06	1.10
2003	1.13	2.46	2.59	0.45	1.62	0.82	3.94	1.00	0.97	1.11
2004	1.21	2.10	2.77	0.57	1.66	0.78	4.23	0.99	1.04	1.07
2005	1.22	2.13	2.68	0.59	1.67	0.79	2.59	1.00	1.00	1.11
2006	1.15	2.19	2.41	0.59	1.62	0.78	1.76	0.96	0.92	1.02
2007	1.19	2.18	2.41	0.48	1.57	0.77	2.85	0.90	0.88	0.99
2008	1.20	2.32	2.31	0.61	1.51	0.76	3.28	0.92	0.92	0.91
2009	1.17	2.31	2.01	0.34	1.56	0.68	2.72	0.95	0.85	0.88
2010	1.11	2.36	1.83	0.40	1.49	0.71	2.67	0.90	0.85	0.81
2011	1.07	2.12	2.04	0.36	1.57	0.67	2.63	0.86	0.76	0.73
2012	1.09	2.03	1.80	0.38	1.52	0.66	2.47	0.88	0.73	0.78
2013	1.07	1.82	1.71	0.49	1.45	0.66	2.49	0.94	0.75	0.73
2014	1.02	1.70	1.73	0.49	1.38	0.56	2.45	0.90	0.71	0.77
2015	1.02	1.62	1.59	0.50	1.39	0.47	2.53	0.92	0.68	0.67
2016	1.01	1.61	1.60	0.52	1.35	0.47	2.17	0.92	0.65	0.73
2017	1.07	1.63	1.63	0.63	0.95	0.61	1.92	0.93	0.64	0.74

注：表中结果由作者计算整理得出。

附表7 中国与西亚各国农产品固定贸易成本

年份	中阿（联酋）	中卡（塔尔）	中阿（拉伯）	中土（耳其）	中伊（拉克）	中伊（朗）	中约（旦）	中阿（塞拜疆）	中格（鲁吉亚）
1992	0.37	0.30	0.51	0.48	0.40	0.44	0.36	0.39	0.40
1993	0.37	0.29	0.51	0.48	0.41	0.44	0.35	0.38	0.39
1994	0.39	0.29	0.51	0.47	0.41	0.44	0.32	0.39	0.40
1995	0.38	0.29	0.51	0.47	0.41	0.45	0.41	0.37	0.39
1996	0.39	0.28	0.51	0.48	0.41	0.45	0.40	0.38	0.38
1997	0.39	0.28	0.51	0.47	0.41	0.45	0.40	0.37	0.38
1998	0.39	0.28	0.51	0.49	0.41	0.45	0.40	0.37	0.38
1999	0.40	0.28	0.52	0.48	0.41	0.45	0.40	0.38	0.37
2000	0.40	0.31	0.51	0.48	0.41	0.45	0.40	0.38	0.37
2001	0.41	0.31	0.52	0.47	0.42	0.45	0.40	0.38	0.37
2002	0.41	0.31	0.52	0.48	0.42	0.45	0.41	0.38	0.37
2003	0.40	0.30	0.51	0.48	0.41	0.45	0.40	0.37	0.37
2004	0.39	0.30	0.51	0.49	0.40	0.45	0.41	0.37	0.37
2005	0.39	0.30	0.51	0.49	0.41	0.45	0.41	0.38	0.37
2006	0.38	0.31	0.52	0.49	0.41	0.45	0.41	0.38	0.37
2007	0.38	0.31	0.51	0.49	0.41	0.47	0.41	0.39	0.36
2008	0.37	0.32	0.52	0.49	0.41	0.46	0.41	0.39	0.37
2009	0.37	0.31	0.52	0.49	0.42	0.47	0.42	0.40	0.36
2010	0.32	0.32	0.51	0.49	0.42	0.46	0.43	0.39	0.36
2011	0.45	0.32	0.52	0.49	0.42	0.46	0.42	0.39	0.36
2012	0.45	0.32	0.52	0.49	0.43	0.48	0.43	0.40	0.36
2013	0.45	0.32	0.52	0.49	0.43	0.48	0.43	0.40	0.36
2014	0.45	0.33	0.52	0.48	0.43	0.48	0.44	0.40	0.36
2015	0.46	0.31	0.53	0.49	0.43	0.48	0.45	0.40	0.36
2016	0.47	0.34	0.53	0.49	0.43	0.48	0.45	0.39	0.36
2017	0.47	0.34	0.45	0.48	0.43	0.48	0.35	0.38	0.35

注：表中结果由作者计算整理得出。

附表8 中国与南亚各国农产品固定贸易成本

年份	中孟（加拉国）	中尼（泊尔）	中斯（里兰卡）	中印（度）	中巴（基斯坦）
1992	0.45	0.39	0.40	0.52	0.46
1993	0.44	0.39	0.40	0.52	0.46
1994	0.45	0.40	0.40	0.53	0.46
1995	0.45	0.40	0.41	0.52	0.46
1996	0.45	0.40	0.41	0.53	0.46
1997	0.45	0.40	0.41	0.53	0.46
1998	0.45	0.40	0.42	0.53	0.47
1999	0.46	0.40	0.41	0.53	0.47
2000	0.46	0.40	0.40	0.53	0.47
2001	0.46	0.41	0.41	0.54	0.47
2002	0.46	0.41	0.39	0.53	0.47
2003	0.45	0.40	0.39	0.53	0.47
2004	0.45	0.41	0.39	0.53	0.47
2005	0.45	0.41	0.39	0.54	0.47
2006	0.45	0.41	0.39	0.54	0.48
2007	0.45	0.40	0.39	0.54	0.47
2008	0.45	0.41	0.40	0.54	0.48
2009	0.46	0.41	0.40	0.55	0.48
2010	0.45	0.41	0.40	0.55	0.48
2011	0.45	0.42	0.40	0.55	0.48
2012	0.46	0.42	0.40	0.55	0.48
2013	0.46	0.42	0.40	0.55	0.48
2014	0.46	0.42	0.40	0.55	0.49
2015	0.47	0.42	0.41	0.56	0.50
2016	0.47	0.43	0.41	0.56	0.50
2017	0.47	0.42	0.41	0.56	0.50

注：表中结果由作者计算整理得出。

附表9 中国与东亚各国农产品固定贸易成本

年份	中蒙（古）	中俄（罗斯）	中韩（国）	中日（本）
1992	0.36	0.49	0.48	0.53
1993	0.34	0.49	0.48	0.52
1994	0.35	0.48	0.48	0.53
1995	0.36	0.48	0.48	0.52
1996	0.36	0.48	0.48	0.52
1997	0.35	0.48	0.48	0.51
1998	0.36	0.46	0.46	0.51
1999	0.35	0.46	0.47	0.52
2000	0.35	0.47	0.48	0.52
2001	0.35	0.47	0.48	0.51
2002	0.35	0.47	0.48	0.51
2003	0.35	0.48	0.47	0.50
2004	0.36	0.48	0.47	0.50
2005	0.36	0.48	0.47	0.50
2006	0.36	0.49	0.47	0.49
2007	0.36	0.49	0.47	0.48
2008	0.37	0.50	0.46	0.49
2009	0.37	0.49	0.46	0.49
2010	0.36	0.49	0.46	0.49
2011	0.37	0.49	0.46	0.49
2012	0.38	0.49	0.46	0.49
2013	0.38	0.49	0.46	0.48
2014	0.38	0.49	0.46	0.48
2015	0.38	0.48	0.46	0.48
2016	0.38	0.48	0.46	0.49
2017	0.36	0.49	0.46	0.49

注：表中结果由作者计算整理得出。

附表10　中国与中亚各国农产品固定贸易成本

年份	中哈（萨克斯坦）	中吉（尔吉斯斯坦）	中塔（吉克斯坦）	中土（库曼斯坦）	中乌（兹别克斯坦）
1992	0.44	0.38	0.36	0.35	0.43
1993	0.42	0.38	0.36	0.37	0.42
1994	0.42	0.37	0.35	0.38	0.43
1995	0.40	0.37	0.36	0.36	0.42
1996	0.40	0.37	0.36	0.35	0.42
1997	0.40	0.37	0.35	0.36	0.42
1998	0.39	0.37	0.35	0.37	0.43
1999	0.39	0.36	0.35	0.37	0.43
2000	0.39	0.36	0.34	0.37	0.43
2001	0.40	0.37	0.35	0.38	0.42
2002	0.40	0.37	0.35	0.38	0.42
2003	0.40	0.37	0.36	0.38	0.41
2004	0.40	0.37	0.36	0.39	0.41
2005	0.41	0.37	0.36	0.39	0.41
2006	0.41	0.37	0.36	0.39	0.42
2007	0.41	0.37	0.36	0.39	0.42
2008	0.41	0.37	0.37	0.39	0.42
2009	0.42	0.37	0.37	0.39	0.43
2010	0.41	0.36	0.37	0.39	0.42
2011	0.42	0.36	0.38	0.39	0.43
2012	0.42	0.37	0.38	0.40	0.43
2013	0.43	0.37	0.39	0.40	0.43
2014	0.42	0.37	0.39	0.40	0.44
2015	0.42	0.37	0.39	0.40	0.44
2016	0.41	0.37	0.39	0.41	0.44
2017	0.41	0.36	0.39	0.33	0.43

注：表中结果由作者计算整理得出。

附表 11　中国与东盟各国农产品固定贸易成本

年份	中菲（律宾）	中柬（埔寨）	中老（挝）	中马（来西亚）	中缅（甸）	中泰（国）	中文（莱）	中印（度尼西亚）	中越（南）	中新（加坡）
1992	0.45	0.39	0.37	0.42	0.41	0.43	0.30	0.48	0.42	0.44
1993	0.45	0.39	0.37	0.43	0.42	0.40	0.31	0.48	0.42	0.44
1994	0.46	0.39	0.38	0.42	0.41	0.31	0.31	0.48	0.43	0.45
1995	0.46	0.39	0.38	0.42	0.42	0.42	0.31	0.48	0.43	0.44
1996	0.46	0.39	0.38	0.42	0.42	0.43	0.31	0.49	0.44	0.45
1997	0.46	0.39	0.38	0.42	0.42	0.41	0.31	0.48	0.43	0.44
1998	0.44	0.39	0.37	0.40	0.42	0.42	0.31	0.45	0.44	0.43
1999	0.45	0.39	0.38	0.39	0.43	0.38	0.31	0.48	0.44	0.44
2000	0.45	0.39	0.38	0.41	0.43	0.37	0.31	0.47	0.42	0.44
2001	0.45	0.39	0.38	0.40	0.42	0.30	0.32	0.48	0.42	0.43
2002	0.45	0.39	0.38	0.40	0.42	0.39	0.32	0.48	0.42	0.42
2003	0.44	0.39	0.37	0.37	0.43	0.41	0.32	0.48	0.42	0.41
2004	0.44	0.39	0.38	0.40	0.42	0.41	0.32	0.48	0.42	0.41
2005	0.44	0.40	0.38	0.40	0.42	0.42	0.32	0.48	0.42	0.41
2006	0.45	0.40	0.38	0.41	0.43	0.42	0.31	0.48	0.42	0.41
2007	0.45	0.40	0.38	0.39	0.43	0.42	0.31	0.48	0.41	0.40
2008	0.46	0.40	0.39	0.43	0.44	0.42	0.31	0.49	0.43	0.39
2009	0.46	0.41	0.39	0.35	0.45	0.41	0.31	0.50	0.43	0.40
2010	0.45	0.40	0.38	0.37	0.45	0.43	0.31	0.50	0.43	0.39
2011	0.46	0.41	0.39	0.37	0.45	0.43	0.31	0.50	0.43	0.37
2012	0.46	0.41	0.38	0.37	0.44	0.44	0.31	0.50	0.44	0.37
2013	0.46	0.41	0.38	0.40	0.44	0.45	0.31	0.50	0.44	0.37
2014	0.46	0.41	0.39	0.39	0.44	0.42	0.31	0.50	0.44	0.37
2015	0.46	0.41	0.39	0.39	0.44	0.41	0.32	0.51	0.45	0.36
2016	0.47	0.41	0.39	0.40	0.44	0.41	0.32	0.51	0.45	0.37
2017	0.47	0.41	0.39	0.41	0.45	0.44	0.32	0.51	0.45	0.38

注：表中结果由作者计算整理得出。

附表12 中国与东欧各国农产品固定贸易成本

年份	中乌（克兰）	中拉（脱维亚）	中立（陶宛）
1992	0.46	0.37	0.38
1993	0.46	0.37	0.38
1994	0.45	0.36	0.35
1995	0.44	0.35	0.35
1996	0.41	0.34	0.36
1997	0.43	0.33	0.36
1998	0.42	0.33	0.36
1999	0.41	0.34	0.36
2000	0.42	0.35	0.35
2001	0.43	0.35	0.33
2002	0.42	0.35	0.34
2003	0.41	0.35	0.32
2004	0.42	0.34	0.33
2005	0.42	0.32	0.35
2006	0.42	0.28	0.34
2007	0.41	0.30	0.36
2008	0.40	0.27	0.36
2009	0.32	0.33	0.30
2010	0.38	0.33	0.31
2011	0.39	0.30	0.30
2012	0.40	0.33	0.35
2013	0.37	0.30	0.35
2014	0.33	0.33	0.36
2015	0.32	0.32	0.36
2016	0.34	0.29	0.35
2017	0.37	0.32	0.29

注：表中结果由作者计算整理得出。

附表13 中国与中欧各国农产品固定贸易成本

年份	中波(兰)	中捷(克)	中匈(牙利)	中德(国)	中斯(洛伐克)
1992	0.44	0.49	0.38	0.41	0.41
1993	0.44	0.37	0.39	0.42	0.41
1994	0.42	0.39	0.39	0.42	0.41
1995	0.43	0.39	0.38	0.42	0.41
1996	0.43	0.39	0.39	0.42	0.40
1997	0.42	0.38	0.37	0.40	0.39
1998	0.42	0.38	0.37	0.40	0.40
1999	0.42	0.38	0.37	0.35	0.39
2000	0.42	0.38	0.37	0.38	0.39
2001	0.42	0.38	0.37	0.40	0.38
2002	0.41	0.38	0.37	0.37	0.38
2003	0.40	0.37	0.37	0.38	0.36
2004	0.41	0.37	0.39	0.38	0.37
2005	0.38	0.31	0.37	0.37	0.32
2006	0.52	0.32	0.34	0.31	0.33
2007	0.52	0.48	0.36	0.32	0.36
2008	0.52	0.48	0.38	0.40	0.36
2009	0.52	0.48	0.35	0.37	0.34
2010	0.52	0.47	0.37	0.40	0.35
2011	0.52	0.48	0.30	0.42	0.37
2012	0.52	0.48	0.37	0.31	0.36
2013	0.52	0.48	0.31	0.41	0.36
2014	0.52	0.48	0.36	0.43	0.37
2015	0.51	0.48	0.36	0.35	0.36
2016	0.51	0.48	0.37	0.41	0.36
2017	0.51	0.48	0.35	0.27	0.33

注：表中结果由作者计算整理得出。

附表 14　中国与南欧各国农产品固定贸易成本

年份	中罗（马尼亚）	中保（加利亚）	中克（罗地亚）	中西（班牙）	中意（大利）	中希（腊）	中斯（洛文尼亚）
1992	0.43	0.39	0.37	0.47	0.49	0.44	0.37
1993	0.43	0.39	0.38	0.47	0.48	0.44	0.37
1994	0.44	0.39	0.38	0.46	0.48	0.44	0.36
1995	0.43	0.40	0.38	0.45	0.47	0.44	0.36
1996	0.43	0.35	0.38	0.46	0.48	0.44	0.36
1997	0.43	0.39	0.38	0.45	0.47	0.43	0.36
1998	0.43	0.39	0.39	0.45	0.48	0.44	0.36
1999	0.43	0.39	0.39	0.45	0.48	0.44	0.36
2000	0.42	0.39	0.38	0.45	0.47	0.43	0.35
2001	0.43	0.39	0.39	0.45	0.47	0.43	0.35
2002	0.43	0.39	0.39	0.44	0.47	0.44	0.36
2003	0.44	0.39	0.38	0.45	0.47	0.44	0.34
2004	0.45	0.39	0.39	0.44	0.47	0.44	0.36
2005	0.44	0.38	0.38	0.43	0.46	0.44	0.35
2006	0.44	0.38	0.38	0.41	0.45	0.42	0.34
2007	0.43	0.36	0.38	0.41	0.45	0.42	0.32
2008	0.44	0.37	0.39	0.41	0.44	0.41	0.33
2009	0.43	0.34	0.39	0.40	0.43	0.42	0.31
2010	0.42	0.29	0.38	0.40	0.41	0.41	0.31
2011	0.42	0.33	0.37	0.42	0.42	0.40	0.32
2012	0.40	0.33	0.36	0.43	0.41	0.39	0.34
2013	0.41	0.35	0.36	0.43	0.42	0.39	0.33
2014	0.40	0.36	0.35	0.42	0.39	0.39	0.34
2015	0.39	0.34	0.34	0.40	0.38	0.39	0.35
2016	0.38	0.33	0.31	0.39	0.46	0.38	0.35
2017	0.39	0.34	0.37	0.39	0.46	0.36	0.36

注：表中结果由作者计算整理得出。

附表15 中国与北欧各国农产品固定贸易成本

年份	中丹（麦）	中芬（兰）	中挪（威）	中瑞（典）
1992	0.34	0.43	0.42	0.44
1993	0.39	0.42	0.38	0.43
1994	0.39	0.42	0.38	0.43
1995	0.38	0.42	0.38	0.43
1996	0.39	0.42	0.36	0.43
1997	0.25	0.42	0.32	0.42
1998	0.29	0.42	0.31	0.42
1999	0.35	0.42	0.29	0.42
2000	0.31	0.42	0.32	0.41
2001	0.32	0.42	0.26	0.41
2002	0.35	0.42	0.33	0.41
2003	0.35	0.42	0.34	0.41
2004	0.35	0.42	0.32	0.41
2005	0.38	0.42	0.34	0.40
2006	0.37	0.41	0.36	0.35
2007	0.38	0.41	0.35	0.38
2008	0.30	0.41	0.32	0.36
2009	0.35	0.42	0.38	0.36
2010	0.38	0.41	0.39	0.34
2011	0.34	0.41	0.33	0.36
2012	0.37	0.41	0.32	0.35
2013	0.33	0.41	0.33	0.36
2014	0.34	0.41	0.33	0.29
2015	0.41	0.41	0.30	0.35
2016	0.41	0.42	0.33	0.28
2017	0.44	0.41	0.33	0.42

注：表中结果由作者计算整理得出。

附表 16　中国与西欧各国农产品固定贸易成本

年份	中英（国）	中法（国）
1992	0.47	0.49
1993	0.43	0.48
1994	0.43	0.40
1995	0.43	0.40
1996	0.43	0.41
1997	0.40	0.42
1998	0.39	0.43
1999	0.40	0.44
2000	0.36	0.45
2001	0.35	0.46
2002	0.38	0.44
2003	0.38	0.43
2004	0.41	0.43
2005	0.38	0.40
2006	0.38	0.37
2007	0.38	0.43
2008	0.34	0.43
2009	0.32	0.32
2010	0.37	0.36
2011	0.40	0.37
2012	0.41	0.40
2013	0.40	0.40
2014	0.38	0.34
2015	0.38	0.42
2016	0.33	0.41
2017	0.33	0.38

注：表中结果由作者计算整理得出。

附表17 中国与美洲各国农产品固定贸易成本

年份	南美洲					北美洲		
	中阿（根廷）	中巴（西）	中智（利）	中秘（鲁）	中乌（拉圭）	中加（拿大）	中美（国）	中墨（西哥）
1992	0.46	0.48	0.40	0.41	0.39	0.42	0.51	0.47
1993	0.43	0.48	0.40	0.41	0.38	0.42	0.50	0.47
1994	0.44	0.50	0.41	0.41	0.37	0.41	0.51	0.47
1995	0.42	0.49	0.41	0.41	0.37	0.41	0.50	0.44
1996	0.42	0.49	0.36	0.42	0.36	0.40	0.50	0.45
1997	0.42	0.48	0.37	0.41	0.36	0.42	0.51	0.46
1998	0.42	0.49	0.37	0.42	0.37	0.43	0.51	0.46
1999	0.40	0.47	0.34	0.41	0.36	0.44	0.51	0.47
2000	0.41	0.48	0.33	0.42	0.36	0.44	0.52	0.47
2001	0.39	0.47	0.31	0.41	0.36	0.43	0.52	0.47
2002	0.40	0.47	0.37	0.41	0.35	0.43	0.51	0.47
2003	0.37	0.47	0.36	0.41	0.33	0.44	0.52	0.46
2004	0.38	0.46	0.36	0.40	0.33	0.44	0.52	0.46
2005	0.39	0.46	0.37	0.40	0.34	0.44	0.52	0.46
2006	0.35	0.46	0.39	0.40	0.33	0.43	0.51	0.46
2007	0.26	0.47	0.38	0.40	0.34	0.43	0.50	0.46
2008	0.38	0.47	0.32	0.41	0.37	0.42	0.49	0.46
2009	0.40	0.48	0.36	0.42	0.34	0.34	0.49	0.45
2010	0.38	0.48	0.40	0.41	0.32	0.38	0.49	0.45
2011	0.35	0.48	0.34	0.41	0.36	0.41	0.50	0.45
2012	0.37	0.48	0.32	0.42	0.35	0.39	0.49	0.45
2013	0.40	0.48	0.31	0.42	0.35	0.40	0.51	0.45
2014	0.41	0.48	0.34	0.42	0.35	0.44	0.49	0.45
2015	0.37	0.45	0.39	0.42	0.30	0.44	0.49	0.45
2016	0.41	0.47	0.39	0.42	0.36	0.43	0.51	0.44
2017	0.37	0.44	0.39	0.42	0.36	0.44	0.51	0.42

注：表中结果由作者计算整理得出。

附表18　中国与大洋洲、非洲各国农产品固定贸易成本

年份	大洋洲	非洲	
	中澳（大利亚）	中南（非）	中乌（干达）
1992	0.41	0.42	0.39
1993	0.40	0.42	0.40
1994	0.39	0.42	0.40
1995	0.39	0.42	0.41
1996	0.39	0.41	0.41
1997	0.39	0.41	0.41
1998	0.40	0.41	0.41
1999	0.38	0.41	0.41
2000	0.39	0.40	0.40
2001	0.39	0.40	0.40
2002	0.42	0.40	0.40
2003	0.39	0.41	0.39
2004	0.40	0.41	0.39
2005	0.42	0.40	0.40
2006	0.41	0.41	0.40
2007	0.39	0.41	0.40
2008	0.41	0.40	0.40
2009	0.40	0.40	0.42
2010	0.41	0.37	0.41
2011	0.41	0.37	0.41
2012	0.42	0.33	0.42
2013	0.42	0.33	0.42
2014	0.39	0.32	0.42
2015	0.40	0.38	0.42
2016	0.40	0.40	0.42
2017	0.43	0.43	0.41

注：表中结果由作者计算整理得出。

附表19　中国与西亚各国农产品可变贸易成本

年份	中阿（联酋）	中卡（塔尔）	中阿（拉伯）	中土（耳其）	中伊（拉克）	中伊（朗）	中约（旦）	中阿（塞拜疆）	中格（鲁吉亚）
1992	10.53	25.45	54.51	23.64	90.25	10.80	32.43	107.96	55.76
1993	10.64	12.16	32.18	27.16	171.08	9.78	36.00	67.03	49.25
1994	11.06	10.19	30.82	15.27	112.05	12.38	24.31	12.96	195.37
1995	11.26	31.33	43.11	19.94	127.85	24.24	33.09	28.24	162.12
1996	8.65	22.88	38.20	22.01	125.79	31.14	50.91	61.54	89.14
1997	7.56	33.62	42.09	16.57	26.35	15.54	47.98	37.81	91.86
1998	10.40	35.16	27.23	19.20	23.03	14.37	34.15	46.29	121.19
1999	11.79	30.84	22.17	15.26	15.73	13.99	25.55	187.66	85.56
2000	9.97	39.70	22.66	13.07	24.22	11.69	34.16	53.23	58.57
2001	11.11	32.68	25.66	11.73	28.54	15.55	22.81	44.59	74.66
2002	12.07	29.29	25.33	12.89	28.83	12.80	50.64	42.88	33.90
2003	8.14	32.39	27.69	10.84	35.55	7.69	41.85	26.55	23.14
2004	10.63	31.56	35.25	12.20	25.81	12.63	18.43	24.83	30.31
2005	10.43	28.74	26.88	12.52	20.40	8.23	34.58	18.06	18.01
2006	9.41	30.71	32.99	12.56	19.56	11.27	42.39	18.97	12.65
2007	5.26	30.03	24.80	11.13	17.00	10.27	22.37	20.91	15.24
2008	6.20	32.31	20.68	10.64	16.00	10.45	22.82	25.45	16.22
2009	5.72	30.95	19.66	11.62	18.86	11.52	50.83	35.96	14.61
2010	3.06	30.14	17.58	10.99	19.60	7.97	23.81	33.79	13.29
2011	9.04	13.08	18.01	10.22	16.67	9.86	27.18	18.59	11.34
2012	6.86	36.09	22.71	10.25	17.80	11.40	21.89	17.63	11.38
2013	6.05	95.85	22.85	10.12	20.39	12.39	54.35	14.29	10.81
2014	6.66	38.37	21.62	9.73	18.78	11.54	24.66	16.66	10.38
2015	7.48	31.37	17.72	9.48	17.55	10.33	25.13	28.00	10.23
2016	10.51	68.47	18.36	9.63	14.85	10.49	19.69	22.63	8.85
2017	9.34	43.03	12.20	8.11	16.62	11.09	15.52	18.70	7.45

注：表中结果由作者计算整理得出。

附表20 中国与南亚各国农产品可变贸易成本

年份	中孟（加拉）	中尼（泊尔）	中斯（里兰卡）	中印（度）	中巴（基斯坦）
1992	23.69	16.25	15.18	11.76	9.06
1993	15.50	16.66	10.54	11.10	11.77
1994	17.30	15.97	16.03	8.83	10.69
1995	19.15	23.23	28.30	9.57	10.38
1996	18.57	12.90	24.09	8.49	8.27
1997	18.15	10.72	21.20	8.27	11.64
1998	18.76	12.17	18.46	7.86	12.59
1999	16.81	10.52	15.48	8.27	11.07
2000	15.88	11.82	13.32	7.87	9.58
2001	20.00	13.95	13.13	8.50	11.42
2002	20.67	13.70	12.09	8.82	11.70
2003	15.05	12.97	10.58	8.62	11.08
2004	15.56	13.61	11.07	7.93	10.66
2005	13.02	12.64	10.90	7.68	8.46
2006	11.18	14.49	10.27	6.58	9.11
2007	9.58	17.76	9.48	6.52	9.21
2008	10.60	19.67	10.60	6.32	9.24
2009	9.52	19.01	10.98	6.99	8.50
2010	8.70	21.80	8.62	6.25	7.52
2011	9.09	16.34	8.50	6.06	7.92
2012	9.05	12.74	7.71	5.98	7.08
2013	8.61	11.17	7.63	6.32	7.80
2014	8.33	11.87	7.61	6.82	7.72
2015	8.64	17.23	7.05	7.87	7.57
2016	8.61	26.72	6.82	8.31	7.62
2017	23.69	12.77	7.02	7.97	8.35

注：表中结果由作者计算整理得出。

附表21 中国与东亚各国农产品可变贸易成本

年份	中蒙（古）	中俄（罗斯）	中韩（国）	中日（本）
1992	5.41	5.02	6.49	4.91
1993	3.88	4.87	5.79	4.57
1994	5.07	4.81	5.16	4.05
1995	5.75	4.95	5.25	4.09
1996	5.78	4.86	5.23	4.15
1997	5.37	5.02	4.83	4.07
1998	6.18	4.46	4.78	4.11
1999	6.73	4.92	4.88	3.92
2000	5.79	4.87	4.30	3.89
2001	6.32	4.65	4.35	3.78
2002	6.54	4.13	4.26	3.83
2003	6.54	4.09	4.00	3.73
2004	6.26	4.27	4.19	3.74
2005	6.13	4.02	3.90	3.53
2006	5.93	3.99	4.06	3.42
2007	6.88	3.99	3.87	3.53
2008	6.91	4.33	3.89	3.82
2009	6.31	4.31	3.99	3.82
2010	6.02	4.22	3.83	3.68
2011	5.95	4.28	3.65	4.07
2012	6.12	4.39	3.73	4.05
2013	6.02	4.42	3.68	3.93
2014	5.85	4.38	3.68	3.77
2015	5.47	4.25	3.68	3.70
2016	4.96	4.05	3.50	3.72
2017	4.26	4.71	3.50	3.79

注：表中结果由作者计算整理得出。

附表22　中国与中亚各国农产品可变贸易成本

年份	中哈（萨克斯坦）	中吉（尔吉斯斯坦）	中塔（吉克斯坦）	中土（库曼斯坦）	中乌（兹别克斯坦）
1992	10.09	11.43	20.25	28.37	15.93
1993	7.41	8.33	12.68	16.75	17.04
1994	5.84	6.33	17.93	10.32	6.94
1995	5.94	5.10	9.83	9.51	8.36
1996	6.45	7.37	11.45	14.55	7.76
1997	5.66	7.59	12.50	13.97	6.79
1998	6.18	8.69	13.29	13.34	9.66
1999	6.85	10.51	17.96	13.22	11.74
2000	7.13	10.16	14.83	12.97	11.80
2001	7.04	9.34	15.46	16.14	13.83
2002	8.01	11.48	16.26	20.38	9.51
2003	6.42	9.56	8.67	15.67	7.12
2004	7.05	8.75	12.68	13.57	6.24
2005	6.99	7.20	12.03	11.55	6.19
2006	6.82	5.83	11.22	14.71	6.08
2007	7.37	5.86	14.36	13.07	6.52
2008	7.62	5.91	12.80	11.26	6.50
2009	8.50	7.03	12.51	11.59	7.36
2010	7.66	6.39	11.82	11.07	6.16
2011	8.62	6.90	16.02	11.38	6.45
2012	6.93	7.11	11.67	12.16	6.14
2013	7.13	6.80	13.31	12.91	6.47
2014	6.19	6.68	13.44	12.68	7.33
2015	6.48	6.67	11.43	12.23	7.49
2016	5.90	7.36	16.17	10.90	8.44
2017	5.63	7.23	13.96	7.86	7.57

注：表中结果由作者计算整理得出。

附表23 中国与东盟各国农产品可变贸易成本

年份	中菲（律宾）	中柬（埔寨）	中老（挝）	中马（来西亚）	中缅（甸）	中泰（国）	中文（莱）	中印（度尼西亚）	中越（南）	中新（加坡）
1992	11.04	33.85	12.11	3.60	6.35	4.31	34.19	6.38	8.56	4.41
1993	7.92	45.70	16.20	3.53	5.89	4.11	34.73	6.41	5.57	4.39
1994	4.53	41.91	12.65	2.98	6.50	3.57	31.62	5.34	5.37	4.52
1995	5.07	15.98	9.13	3.29	6.77	3.67	34.48	5.73	4.72	4.77
1996	5.26	22.95	12.93	3.89	7.69	4.30	32.80	6.66	5.49	5.39
1997	6.27	19.29	13.64	3.24	9.54	3.96	32.26	5.72	6.73	5.58
1998	4.78	20.14	14.76	2.90	9.11	4.17	34.98	4.41	6.85	5.85
1999	6.26	17.33	17.20	2.78	10.62	3.57	33.06	4.69	7.00	5.74
2000	5.70	13.80	14.57	2.89	8.84	2.86	35.47	4.60	6.03	5.72
2001	5.82	13.49	15.34	2.91	7.51	1.68	33.27	5.04	5.04	5.74
2002	5.64	13.89	15.52	2.48	7.89	3.27	32.06	4.57	4.58	4.81
2003	4.99	15.18	16.39	1.98	8.03	3.39	33.37	4.38	4.11	4.85
2004	5.45	11.75	18.41	2.41	8.33	3.22	38.16	4.32	4.47	4.61
2005	5.49	12.01	17.34	2.48	8.43	3.28	15.84	4.40	4.29	4.80
2006	5.14	12.52	14.60	2.47	8.06	3.25	8.57	4.17	3.89	4.37
2007	5.34	12.47	14.56	2.10	7.72	3.21	18.53	3.91	3.70	4.17
2008	5.40	13.79	13.62	2.59	7.32	3.14	23.78	4.00	3.90	3.79
2009	5.26	13.71	10.97	1.62	7.66	2.83	17.24	4.17	3.57	3.66
2010	4.90	14.19	9.41	1.83	7.20	2.97	16.65	3.92	3.56	3.32
2011	4.69	11.94	11.16	1.69	7.75	2.80	16.17	3.75	3.19	2.96
2012	4.83	11.18	9.18	1.77	7.39	2.80	14.60	3.83	3.09	3.16
2013	4.70	9.43	8.55	2.12	6.94	2.80	14.76	4.13	3.15	2.98
2014	4.47	8.53	8.66	2.11	6.45	2.40	14.40	3.93	2.97	3.13
2015	4.47	8.01	7.73	2.17	6.53	2.07	15.29	4.03	2.87	2.73
2016	4.40	7.94	7.78	2.24	6.31	2.07	11.92	4.05	2.75	2.95
2017	4.70	8.03	7.96	2.63	4.06	2.60	9.78	4.08	2.72	3.00

注：表中结果由作者计算整理得出。

附表24　中国与东欧各国农产品可变贸易成本

年份	中乌（克兰）	中拉（脱维亚）	中立（陶宛）
1992	26.01	64.02	20.28
1993	19.08	17.79	25.30
1994	11.84	48.27	23.10
1995	17.32	93.88	56.02
1996	21.74	23.79	63.91
1997	19.84	14.85	63.02
1998	19.74	43.59	24.36
1999	28.02	24.55	19.41
2000	26.53	17.06	9.60
2001	17.99	12.67	8.85
2002	12.11	10.81	7.78
2003	11.15	11.73	5.98
2004	9.95	13.30	7.10
2005	9.46	11.84	8.70
2006	8.20	6.86	8.44
2007	7.74	8.01	9.81
2008	6.84	7.57	10.02
2009	4.67	8.45	6.55
2010	5.86	8.10	7.12
2011	5.57	6.06	5.83
2012	5.53	7.45	8.33
2013	3.76	5.63	8.55
2014	2.76	7.90	10.02
2015	2.55	8.41	11.46
2016	2.84	5.76	9.04
2017	3.95	7.59	4.90

注：表中结果由作者计算整理得出。

附表 25 中国与中欧各国农产品可变贸易成本

年份	中波(兰)	中捷(克)	中匈(牙利)	中德(国)	中斯(洛伐克)
1992	11.24	27.72	17.42	3.58	80.82
1993	13.92	30.72	14.31	3.77	49.76
1994	10.78	23.70	13.70	3.31	27.57
1995	13.18	21.20	17.31	3.39	75.21
1996	9.83	13.55	20.12	4.03	54.36
1997	8.72	19.77	14.42	3.61	39.16
1998	8.80	30.72	18.40	3.39	74.22
1999	6.08	15.17	11.81	2.58	40.88
2000	8.94	14.42	10.27	3.07	99.58
2001	6.35	10.26	10.33	3.55	22.90
2002	7.40	11.02	12.00	2.98	24.67
2003	6.15	8.18	9.47	3.14	30.25
2004	7.04	8.46	10.81	3.19	18.95
2005	5.76	6.69	10.42	2.73	29.83
2006	11.46	7.11	7.72	1.70	34.73
2007	12.42	15.88	10.80	1.84	23.22
2008	12.87	15.43	12.15	3.30	22.55
2009	12.82	16.11	10.32	2.81	16.65
2010	11.75	13.28	10.55	3.09	20.32
2011	11.83	14.29	5.69	3.42	18.73
2012	11.28	13.71	10.07	1.52	17.44
2013	9.79	13.75	5.99	2.87	17.64
2014	9.49	13.82	9.21	3.16	15.01
2015	9.57	13.97	7.24	1.83	12.10
2016	10.27	14.22	7.18	2.60	12.34
2017	10.17	13.04	6.51	0.95	12.36

注:表中结果由作者计算整理得出。

附表26 中国与南欧各国农产品可变贸易成本

年份	中罗（马尼亚）	中保（加利亚）	中克（罗地亚）	中西（班牙）	中意（大利）	中希（腊）	中斯（洛文尼亚）
1992	42.08	49.00	63.98	11.87	12.34	15.83	58.95
1993	39.60	10.88	93.92	10.31	10.16	63.91	78.37
1994	53.86	39.95	30.00	9.40	9.72	18.43	63.84
1995	23.48	57.07	99.93	7.91	10.05	17.84	32.50
1996	21.15	28.68	88.98	9.99	11.06	14.26	30.18
1997	16.39	16.43	67.31	7.72	10.69	20.84	25.00
1998	24.42	28.52	83.54	6.86	9.62	26.31	41.86
1999	11.01	22.97	64.00	6.73	9.20	17.51	26.11
2000	10.38	17.76	59.62	6.29	7.80	16.46	45.77
2001	80.70	16.17	55.23	6.39	7.71	18.58	39.71
2002	27.89	14.03	50.02	7.14	7.57	17.77	21.45
2003	33.77	16.77	45.06	6.81	7.75	10.67	22.20
2004	21.21	16.47	31.63	6.23	7.77	10.67	24.17
2005	12.14	12.92	24.53	5.27	6.80	10.86	15.04
2006	20.25	13.00	29.30	4.34	6.09	9.59	13.78
2007	16.30	10.29	21.02	4.60	5.77	10.97	10.45
2008	12.23	9.72	22.43	4.59	5.39	9.77	9.65
2009	12.31	9.24	20.86	4.05	5.30	10.69	12.23
2010	11.66	6.11	18.74	3.69	4.44	9.13	9.22
2011	12.37	8.28	14.19	3.90	4.27	7.05	9.03
2012	10.47	8.50	12.35	4.12	4.42	6.79	9.69
2013	11.49	8.84	13.68	4.10	4.38	6.69	9.11
2014	9.15	7.19	13.93	3.81	3.62	8.14	9.48
2015	8.77	6.19	11.99	3.32	3.27	8.12	9.97
2016	7.36	7.49	6.85	2.72	5.21	7.03	9.50
2017	8.33	6.81	11.65	2.73	5.57	6.83	10.62

注：表中结果由作者计算整理得出。

附表 27　中国与北欧各国农产品可变贸易成本

年份	中丹（麦）	中芬（兰）	中挪（威）	中瑞（典）
1992	5.86	14.12	14.25	11.03
1993	6.89	10.71	11.17	11.47
1994	8.37	11.17	9.34	11.51
1995	6.31	14.26	8.64	11.45
1996	7.63	13.75	6.75	12.36
1997	2.23	12.07	5.04	11.72
1998	2.92	10.22	4.48	11.14
1999	4.44	12.28	3.67	11.89
2000	3.16	10.78	4.86	10.11
2001	3.50	10.32	2.60	9.62
2002	4.89	10.26	4.88	10.15
2003	3.99	10.10	4.58	9.03
2004	3.67	9.45	3.88	8.37
2005	4.32	9.44	4.19	7.31
2006	3.95	9.06	4.96	5.02
2007	4.28	8.80	4.43	6.19
2008	2.22	9.11	3.62	5.21
2009	3.42	8.45	5.17	5.17
2010	4.00	8.41	4.95	4.63
2011	3.02	8.68	3.53	5.20
2012	3.65	8.14	3.03	4.80
2013	2.78	8.39	3.46	5.01
2014	2.78	8.24	3.33	2.69
2015	4.38	7.78	2.62	4.63
2016	4.30	7.99	3.41	2.58
2017	5.25	7.70	4.72	3.98

注：表中结果由作者计算整理得出。

附表28 中国与西欧各国农产品可变贸易成本

年份	中英（国）	中法（国）
1992	5.91	5.80
1993	5.21	7.04
1994	6.05	4.58
1995	4.70	3.35
1996	4.45	4.29
1997	4.12	4.79
1998	4.32	4.70
1999	4.09	4.75
2000	3.19	4.81
2001	3.20	5.26
2002	4.01	5.02
2003	3.64	4.45
2004	4.21	4.36
2005	3.23	3.35
2006	3.16	2.72
2007	3.36	3.62
2008	2.54	3.57
2009	2.15	1.73
2010	3.05	2.39
2011	3.52	2.46
2012	3.75	2.87
2013	3.50	2.91
2014	2.95	1.88
2015	3.07	3.10
2016	2.03	2.96
2017	1.92	2.57

注：表中结果由作者计算整理得出。

附表29 中国与美洲各国农产品可变贸易成本

年份	南美洲					北美洲		
	中阿（根廷）	中巴（西）	中智（利）	中秘（鲁）	中乌（拉圭）	中加（拿大）	中美（国）	中墨（西哥）
1992	14.42	11.19	10.55	9.17	14.49	3.35	3.97	14.74
1993	9.42	11.16	10.45	7.34	14.59	3.75	4.14	21.61
1994	8.20	7.50	13.21	7.24	11.30	3.40	3.91	15.59
1995	7.94	6.73	13.91	8.04	11.55	3.31	3.20	12.40
1996	6.78	6.22	7.23	6.60	13.35	3.23	3.51	12.51
1997	6.44	6.14	8.14	8.71	12.31	4.28	3.60	11.92
1998	6.40	6.72	7.72	11.00	10.47	4.06	3.76	11.96
1999	5.99	7.12	6.94	6.01	9.63	4.44	3.78	12.18
2000	5.69	7.42	5.52	6.83	7.92	3.93	3.47	11.04
2001	5.07	6.51	4.35	8.55	8.16	3.64	3.44	10.75
2002	6.73	5.66	5.66	6.56	8.78	3.91	3.19	10.26
2003	3.72	5.42	5.34	7.62	6.91	4.01	2.93	8.97
2004	4.26	4.99	5.33	6.76	5.87	3.50	2.91	7.78
2005	4.31	4.49	5.17	6.22	5.58	3.50	2.86	6.98
2006	3.30	4.39	5.45	5.90	4.81	3.57	2.62	6.69
2007	1.31	4.37	4.64	5.69	5.19	3.29	2.51	6.96
2008	3.25	3.73	2.67	5.37	6.04	3.01	2.29	6.66
2009	4.34	3.93	3.70	5.66	4.88	1.71	2.35	6.98
2010	3.46	3.51	4.50	5.31	3.48	2.23	2.27	6.62
2011	2.82	3.40	2.78	5.11	4.50	2.69	2.30	5.53
2012	3.29	3.17	2.30	5.39	3.87	2.28	2.14	6.02
2013	4.24	3.07	2.04	5.73	3.55	2.46	2.39	6.00
2014	4.53	3.23	2.50	5.54	3.78	3.06	2.24	6.16
2015	3.43	2.85	3.38	5.34	2.50	3.10	2.24	5.79
2016	4.46	3.08	3.11	5.47	4.34	2.76	2.46	5.50
2017	3.48	2.65	2.99	5.42	4.60	2.89	2.55	4.86

注：表中结果由作者计算整理得出。

附表30 中国与大洋洲、非洲各国农产品可变贸易成本

年份	大洋洲	非洲	
	中澳（大利亚）	中南（非）	中乌（干达）
1992	3.97	18.34	84.27
1993	3.63	10.52	80.39
1994	3.06	11.49	58.23
1995	3.43	7.96	77.37
1996	3.08	8.38	52.03
1997	3.19	8.71	26.89
1998	3.71	7.70	88.27
1999	2.96	7.35	72.98
2000	2.89	6.83	57.54
2001	2.84	6.30	46.60
2002	3.19	5.85	39.23
2003	2.79	5.72	34.59
2004	2.65	6.46	18.97
2005	2.91	5.82	17.67
2006	2.78	5.51	19.29
2007	2.48	4.83	21.71
2008	2.74	4.70	21.62
2009	2.56	4.45	19.76
2010	2.59	3.64	19.47
2011	2.38	3.47	17.41
2012	2.53	2.64	19.90
2013	2.50	2.69	18.76
2014	2.12	2.31	15.35
2015	2.28	3.66	15.71
2016	2.28	4.23	16.23
2017	2.69	4.99	17.95

注：表中结果由作者计算整理得出。

续表

年份	泰国		马来西亚		菲律宾		俄罗斯		德国	
	EM	IM	EM	IM	EM	IM	EM	IM	EM	IM
1992	0.62	0.12	0.52	0.19	0.31	0.08	0.56	0.16	0.32	0.03
1993	0.64	0.07	0.59	0.13	0.31	0.09	0.79	0.19	0.34	0.03
1994	0.62	0.10	0.55	0.19	0.47	0.17	0.83	0.08	0.40	0.02
1995	0.54	0.06	0.58	0.09	0.45	0.27	0.66	0.07	0.35	0.03
1996	0.37	0.07	0.46	0.08	0.49	0.20	0.60	0.07	0.38	0.02
1997	0.40	0.08	0.55	0.16	0.47	0.19	0.61	0.05	0.41	0.02
1998	0.53	0.05	0.57	0.19	0.47	0.37	0.54	0.06	0.48	0.02
1999	0.50	0.08	0.56	0.17	0.42	0.17	0.62	0.04	0.43	0.02
2000	0.63	0.08	0.60	0.21	0.48	0.12	0.62	0.04	0.50	0.02
2001	0.60	0.05	0.65	0.14	0.67	0.07	0.49	0.06	0.47	0.03
2002	0.62	0.08	0.63	0.18	0.72	0.08	0.68	0.07	0.47	0.02
2003	0.71	0.08	0.57	0.28	0.73	0.13	0.67	0.08	0.46	0.03
2004	0.46	0.12	0.64	0.14	0.60	0.12	0.57	0.08	0.53	0.02
2005	0.79	0.08	0.61	0.19	0.71	0.11	0.61	0.07	0.57	0.03
2006	0.70	0.10	0.63	0.20	0.71	0.14	0.52	0.08	0.52	0.03
2007	0.76	0.12	0.67	0.18	0.76	0.13	0.54	0.09	0.52	0.04
2008	0.63	0.14	0.61	0.18	0.75	0.09	0.48	0.09	0.49	0.04
2009	0.78	0.16	0.54	0.22	0.50	0.19	0.48	0.09	0.52	0.04
2010	0.77	0.18	0.55	0.24	0.48	0.17	0.49	0.09	0.50	0.04
2011	0.72	0.21	0.52	0.25	0.48	0.19	0.51	0.10	0.51	0.04
2012	0.74	0.21	0.50	0.25	0.46	0.22	0.53	0.09	0.53	0.04
2013	0.75	0.26	0.65	0.24	0.54	0.23	0.54	0.09	0.49	0.04
2014	0.75	0.28	0.57	0.28	0.56	0.19	0.66	0.09	0.53	0.04
2015	0.71	0.40	0.66	0.25	0.59	0.23	0.68	0.10	0.51	0.04
2016	0.75	0.33	0.66	0.26	0.58	0.26	0.61	0.12	0.50	0.04
2017	0.74	0.30	0.65	0.23	0.54	0.29	0.60	0.11	0.49	0.04

注：表中结果由作者计算得出。

续表

年份	印度尼西亚		荷兰		澳大利亚		孟加拉国		巴西	
	EM	IM	EM	IM	EM	IM	EM	IM	EM	IM
1992	0.54	0.12	0.31	0.04	0.47	0.03	0.03	0.22	0.02	0.13
1993	0.52	0.16	0.29	0.05	0.46	0.03	0.18	0.11	0.29	0.01
1994	0.55	0.21	0.34	0.05	0.50	0.03	0.09	0.10	0.08	0.06
1995	0.59	0.10	0.31	0.05	0.52	0.04	0.08	0.07	0.08	0.06
1996	0.19	0.13	0.35	0.05	0.50	0.04	0.19	0.06	0.08	0.07
1997	0.26	0.18	0.31	0.06	0.58	0.04	0.02	0.36	0.10	0.06
1998	0.58	0.20	0.41	0.04	0.56	0.04	0.14	0.06	0.19	0.03
1999	0.76	0.12	0.41	0.04	0.61	0.04	0.14	0.15	0.18	0.03
2000	0.58	0.17	0.43	0.05	0.60	0.04	0.21	0.12	0.10	0.04
2001	0.70	0.09	0.45	0.05	0.61	0.05	0.21	0.08	0.12	0.04
2002	0.79	0.16	0.45	0.03	0.66	0.05	0.26	0.14	0.17	0.05
2003	0.78	0.15	0.45	0.03	0.60	0.07	0.32	0.07	0.15	0.05
2004	0.55	0.15	0.48	0.03	0.65	0.07	0.06	0.24	0.12	0.09
2005	0.52	0.15	0.55	0.03	0.63	0.07	0.11	0.23	0.21	0.10
2006	0.67	0.14	0.51	0.04	0.69	0.08	0.39	0.08	0.22	0.09
2007	0.74	0.13	0.49	0.05	0.69	0.08	0.34	0.10	0.18	0.11
2008	0.52	0.14	0.49	0.04	0.69	0.08	0.49	0.05	0.20	0.17
2009	0.52	0.20	0.49	0.04	0.68	0.09	0.41	0.11	0.22	0.14
2010	0.58	0.21	0.48	0.04	0.71	0.09	0.31	0.14	0.26	0.23
2011	0.45	0.23	0.47	0.04	0.75	0.10	0.24	0.15	0.24	0.23
2012	0.53	0.18	0.46	0.04	0.70	0.10	0.32	0.11	0.27	0.23
2013	0.53	0.17	0.47	0.04	0.74	0.10	0.16	0.22	0.31	0.22
2014	0.52	0.18	0.49	0.04	0.74	0.09	0.31	0.13	0.28	0.20
2015	0.54	0.20	0.50	0.04	0.76	0.09	0.29	0.15	0.30	0.21
2016	0.49	0.23	0.50	0.05	0.73	0.10	0.30	0.16	0.26	0.23
2017	0.45	0.23	0.51	0.05	0.78	0.08	0.28	0.12	0.27	0.19

注：表中结果由作者计算得出。

续表

年份	加拿大		智利		丹麦		法国		墨西哥	
	EM	IM	EM	IM	EM	IM	EM	IM	EM	IM
1992	0.38	0.02	0.03	0.06	0.15	0.01	0.30	0.03	0.04	0.07
1993	0.40	0.03	0.11	0.05	0.20	0.01	0.33	0.03	0.06	0.04
1994	0.40	0.03	0.04	0.08	0.21	0.01	0.29	0.02	0.06	0.02
1995	0.40	0.02	0.06	0.03	0.17	0.01	0.33	0.01	0.03	0.03
1996	0.38	0.02	0.07	0.02	0.16	0.02	0.34	0.01	0.03	0.03
1997	0.40	0.02	0.07	0.03	0.19	0.02	0.34	0.01	0.04	0.04
1998	0.45	0.02	0.07	0.04	0.17	0.02	0.37	0.01	0.07	0.04
1999	0.41	0.02	0.07	0.02	0.21	0.01	0.36	0.01	0.08	0.03
2000	0.52	0.02	0.10	0.02	0.16	0.02	0.37	0.01	0.12	0.02
2001	0.53	0.02	0.12	0.02	0.20	0.01	0.42	0.01	0.12	0.03
2002	0.59	0.02	0.13	0.03	0.20	0.01	0.39	0.01	0.15	0.02
2003	0.53	0.03	0.15	0.03	0.25	0.02	0.40	0.01	0.12	0.05
2004	0.54	0.03	0.15	0.03	0.22	0.02	0.39	0.01	0.13	0.11
2005	0.55	0.04	0.16	0.04	0.32	0.02	0.42	0.01	0.16	0.09
2006	0.62	0.03	0.22	0.03	0.37	0.03	0.45	0.01	0.20	0.08
2007	0.65	0.03	0.25	0.05	0.34	0.02	0.49	0.01	0.19	0.08
2008	0.63	0.04	0.25	0.06	0.37	0.02	0.48	0.02	0.19	0.09
2009	0.61	0.04	0.27	0.06	0.36	0.03	0.48	0.02	0.21	0.09
2010	0.62	0.04	0.29	0.07	0.32	0.03	0.49	0.02	0.19	0.10
2011	0.65	0.04	0.38	0.07	0.36	0.03	0.50	0.02	0.22	0.10
2012	0.59	0.05	0.39	0.06	0.39	0.03	0.49	0.02	0.23	0.08
2013	0.62	0.04	0.32	0.09	0.33	0.03	0.52	0.02	0.26	0.08
2014	0.64	0.04	0.39	0.10	0.33	0.03	0.51	0.02	0.32	0.06
2015	0.68	0.04	0.39	0.13	0.39	0.03	0.50	0.02	0.26	0.09
2016	0.68	0.04	0.36	0.14	0.37	0.03	0.51	0.02	0.30	0.09
2017	0.71	0.04	0.42	0.10	0.37	0.03	0.49	0.02	0.30	0.09

注：表中结果由作者计算得出。

续表

年份	印度		伊朗		意大利		哈萨克斯坦		巴基斯坦	
	EM	IM	EM	IM	EM	IM	EM	IM	EM	IM
1992	0.26	0.28	0.05	0.58	0.25	0.05	0.92	0.97	0.20	0.11
1993	0.27	0.29	0.12	0.32	0.20	0.07	0.86	0.73	0.12	0.17
1994	0.39	0.37	0.16	0.10	0.28	0.04	0.75	0.25	0.18	0.10
1995	0.19	0.41	0.00	0.04	0.24	0.03	0.76	0.09	0.16	0.10
1996	0.11	0.57	0.06	0.00	0.21	0.03	0.54	0.09	0.13	0.25
1997	0.14	0.30	0.01	0.10	0.24	0.03	0.35	0.24	0.17	0.21
1998	0.26	0.18	0.05	0.34	0.27	0.03	0.42	0.18	0.28	0.05
1999	0.26	0.27	0.06	0.10	0.29	0.03	0.42	0.14	0.27	0.07
2000	0.22	0.31	0.13	0.07	0.33	0.03	0.34	0.12	0.38	0.16
2001	0.36	0.16	0.03	0.06	0.32	0.03	0.26	0.18	0.34	0.07
2002	0.23	0.29	0.09	0.09	0.32	0.03	0.28	0.27	0.36	0.10
2003	0.27	0.18	0.23	0.40	0.32	0.03	0.29	0.21	0.37	0.06
2004	0.25	0.19	0.11	0.05	0.32	0.02	0.33	0.13	0.43	0.06
2005	0.20	0.22	0.27	0.23	0.34	0.02	0.49	0.11	0.29	0.22
2006	0.19	0.22	0.25	0.05	0.33	0.03	0.45	0.09	0.46	0.08
2007	0.17	0.27	0.31	0.06	0.37	0.03	0.51	0.09	0.48	0.07
2008	0.27	0.15	0.13	0.08	0.28	0.04	0.48	0.12	0.33	0.09
2009	0.18	0.24	0.18	0.10	0.36	0.03	0.42	0.17	0.42	0.13
2010	0.22	0.17	0.17	0.12	0.36	0.03	0.50	0.21	0.39	0.12
2011	0.26	0.14	0.24	0.08	0.37	0.03	0.50	0.22	0.39	0.12
2012	0.25	0.13	0.15	0.08	0.31	0.03	0.40	0.16	0.39	0.12
2013	0.21	0.18	0.16	0.07	0.39	0.03	0.45	0.16	0.25	0.16
2014	0.21	0.17	0.33	0.06	0.35	0.03	0.51	0.15	0.27	0.16
2015	0.19	0.16	0.19	0.20	0.34	0.04	0.49	0.19	0.45	0.12
2016	0.27	0.12	0.38	0.14	0.41	0.03	0.58	0.16	0.47	0.11
2017	0.26	0.12	0.18	0.25	0.38	0.03	0.54	0.21	0.47	0.10

注：表中结果由作者计算得出。

续表

年份	波兰		沙特阿拉伯		新加坡		南非		西班牙	
	EM	IM	EM	IM	EM	IM	EM	IM	EM	IM
1992	0.20	0.13	0.30	0.09	0.70	0.12	0.23	0.00	0.25	0.01
1993	0.20	0.10	0.25	0.11	0.80	0.10	0.31	0.08	0.26	0.01
1994	0.18	0.08	0.38	0.05	0.78	0.09	0.22	0.09	0.29	0.02
1995	0.18	0.04	0.19	0.10	0.67	0.13	0.14	0.16	0.31	0.02
1996	0.19	0.05	0.27	0.10	0.73	0.13	0.11	0.14	0.28	0.02
1997	0.19	0.09	0.23	0.08	0.70	0.10	0.29	0.07	0.33	0.02
1998	0.21	0.11	0.21	0.06	0.75	0.08	0.34	0.09	0.34	0.03
1999	0.21	0.13	0.24	0.05	0.72	0.07	0.31	0.09	0.33	0.03
2000	0.21	0.12	0.24	0.05	0.69	0.07	0.33	0.10	0.39	0.03
2001	0.28	0.11	0.19	0.09	0.76	0.07	0.35	0.10	0.40	0.03
2002	0.30	0.11	0.26	0.08	0.74	0.08	0.37	0.13	0.37	0.02
2003	0.28	0.18	0.20	0.08	0.69	0.08	0.41	0.16	0.36	0.02
2004	0.24	0.15	0.19	0.06	0.71	0.08	0.37	0.08	0.38	0.02
2005	0.30	0.08	0.21	0.06	0.67	0.08	0.33	0.11	0.37	0.04
2006	0.26	0.09	0.39	0.04	0.72	0.07	0.38	0.12	0.41	0.04
2007	0.30	0.08	0.57	0.03	0.73	0.07	0.37	0.13	0.40	0.04
2008	0.24	0.09	0.35	0.04	0.68	0.08	0.38	0.12	0.40	0.04
2009	0.29	0.07	0.30	0.06	0.69	0.08	0.43	0.14	0.39	0.04
2010	0.26	0.08	0.28	0.07	0.67	0.08	0.38	0.13	0.44	0.05
2011	0.25	0.07	0.32	0.06	0.69	0.07	0.34	0.14	0.47	0.05
2012	0.27	0.06	0.30	0.05	0.71	0.07	0.30	0.16	0.44	0.04
2013	0.29	0.05	0.30	0.06	0.75	0.08	0.33	0.15	0.45	0.05
2014	0.33	0.05	0.34	0.05	0.75	0.09	0.42	0.12	0.46	0.05
2015	0.37	0.04	0.32	0.05	0.77	0.10	0.39	0.12	0.46	0.05
2016	0.31	0.04	0.34	0.05	0.77	0.09	0.39	0.12	0.48	0.05
2017	0.38	0.04	0.31	0.06	0.72	0.08	0.44	0.11	0.47	0.06

注：表中结果由作者计算得出。

续表

年份	瑞典		斯里兰卡		英国		阿联酋	
	EM	IM	EM	IM	EM	IM	EM	IM
1992	0.15	0.03	0.36	0.26	0.33	0.03	0.30	0.06
1993	0.16	0.04	0.22	0.36	0.41	0.02	0.48	0.05
1994	0.22	0.03	0.22	0.18	0.41	0.02	0.31	0.06
1995	0.21	0.02	0.03	0.10	0.36	0.02	0.27	0.07
1996	0.16	0.02	0.03	0.13	0.37	0.02	0.38	0.06
1997	0.14	0.03	0.10	0.15	0.41	0.01	0.38	0.06
1998	0.14	0.03	0.15	0.18	0.42	0.01	0.35	0.05
1999	0.17	0.03	0.12	0.16	0.46	0.01	0.31	0.07
2000	0.28	0.02	0.15	0.17	0.45	0.02	0.38	0.05
2001	0.22	0.03	0.21	0.21	0.47	0.02	0.46	0.04
2002	0.16	0.02	0.17	0.21	0.44	0.02	0.44	0.05
2003	0.31	0.01	0.40	0.13	0.48	0.02	0.48	0.05
2004	0.36	0.01	0.35	0.07	0.50	0.02	0.45	0.08
2005	0.30	0.02	0.13	0.18	0.53	0.02	0.55	0.07
2006	0.32	0.02	0.26	0.11	0.54	0.02	0.60	0.06
2007	0.26	0.03	0.45	0.08	0.54	0.02	0.64	0.06
2008	0.32	0.02	0.34	0.08	0.52	0.02	0.57	0.06
2009	0.34	0.03	0.32	0.13	0.55	0.02	0.55	0.06
2010	0.26	0.04	0.45	0.10	0.55	0.03	0.58	0.06
2011	0.24	0.04	0.21	0.21	0.58	0.03	0.50	0.06
2012	0.27	0.03	0.21	0.28	0.57	0.03	0.44	0.06
2013	0.27	0.03	0.26	0.24	0.60	0.03	0.47	0.07
2014	0.28	0.03	0.35	0.17	0.60	0.03	0.52	0.06
2015	0.29	0.04	0.33	0.30	0.58	0.03	0.51	0.06
2016	0.25	0.04	0.52	0.20	0.59	0.03	0.56	0.06
2017	0.27	0.04	0.43	0.21	0.59	0.03	0.58	0.05

注：表中结果由作者计算得出。

附 录

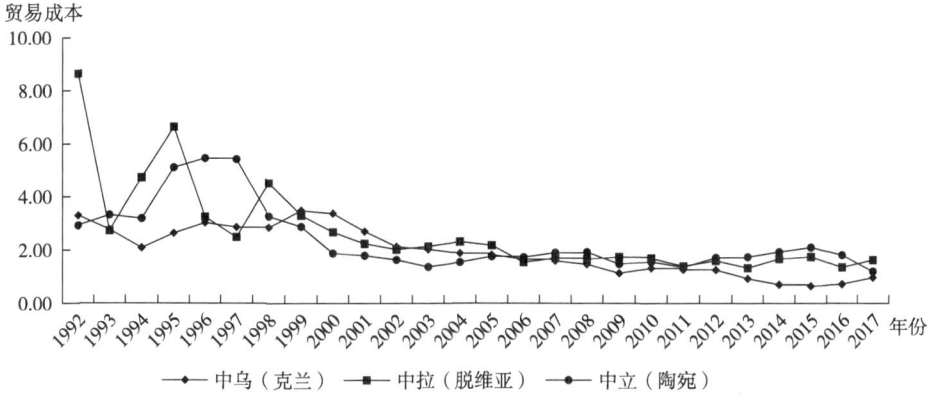

附图 1　中国与东欧各国农产品双边贸易成本

注：图中结果由作者计算整理得出。

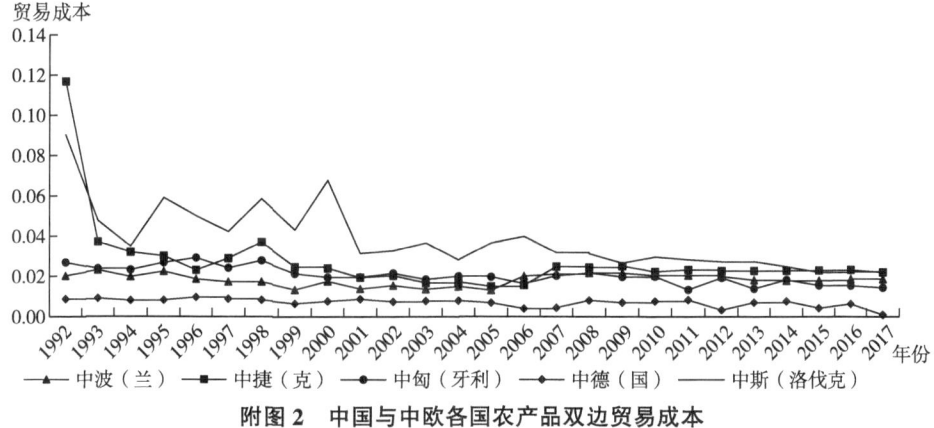

附图 2　中国与中欧各国农产品双边贸易成本

注：图中结果由作者计算整理得出。

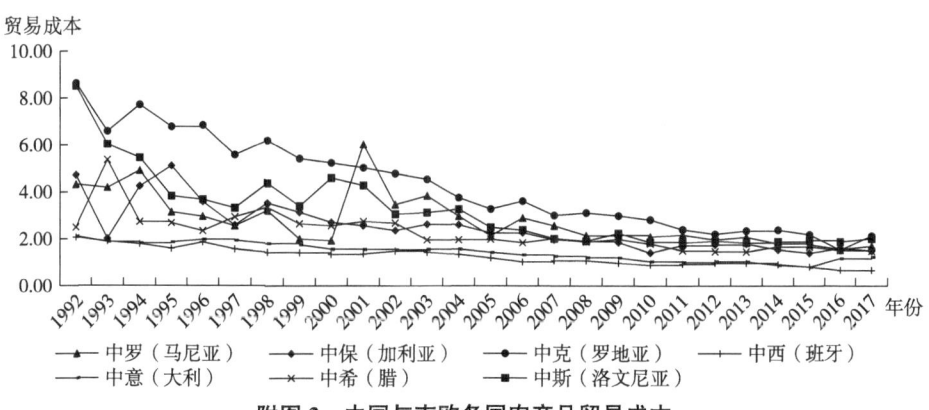

附图 3　中国与南欧各国农产品贸易成本

注：图中结果由作者计算得出。

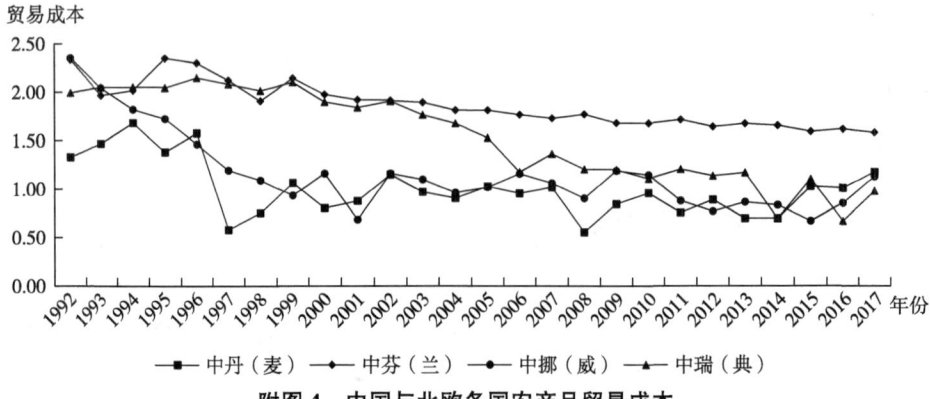

附图4　中国与北欧各国农产品贸易成本

注：图中结果由作者计算整理得出。

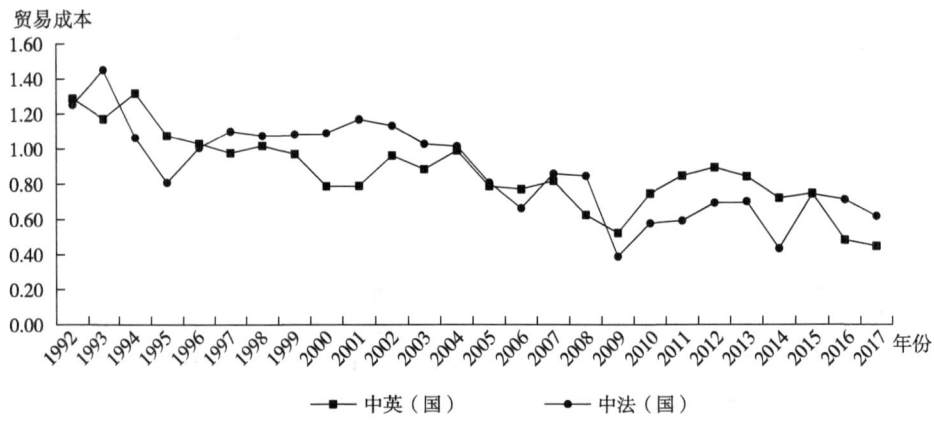

附图5　中国与西欧各国农产品贸易成本

注：图中结果由作者计算整理得出。

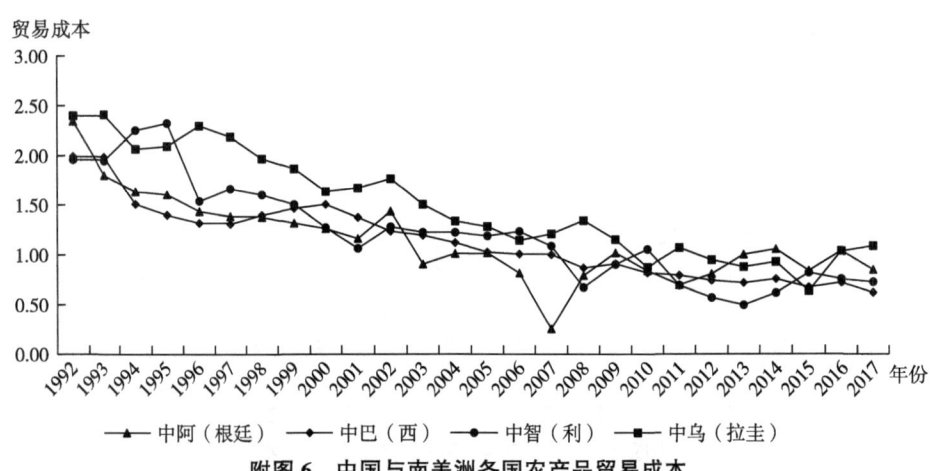

附图6　中国与南美洲各国农产品贸易成本

注：图中结果由作者计算整理得出。

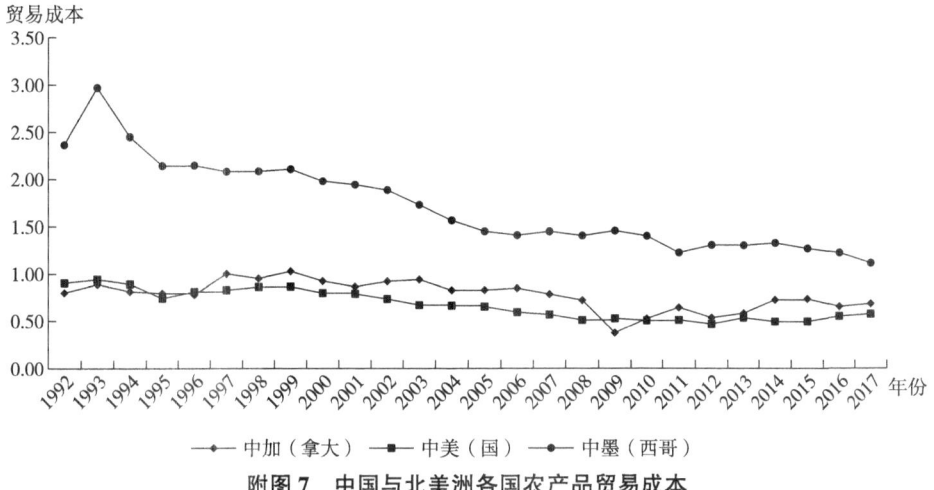

附图7　中国与北美洲各国农产品贸易成本

注：图中结果由作者计算整理得出。